GESTÃO DA CULTURA NA
ADVOCACIA

Mudança, ações eficazes e espírito empreendedor

ÍSIS P. FONTENELE

GESTÃO DA CULTURA NA
ADVOCACIA

Mudança, ações eficazes e espírito empreendedor

Publisher
Henrique José Branco Brazão Farinha
Editora
Cláudia Elissa Rondelli Ramos
Revisão
Ariadne Martins
Vitória Doretto
Projeto gráfico de miolo e diagramação
Lilian Queiroz | 2 estúdio gráfico
Capa
Rubens Lima
Impressão
BMF Gráfica

Copyright © 2019 by Ísis P. Fontenele
Todos os direitos reservados à Editora Évora.
Rua Sergipe, 401 – Cj. 1.310 – Consolação
São Paulo – SP – CEP 01243-906
Telefone: (11) 3562-7814/3562-7815
Site: http://www.evora.com.br
E-mail: contato@editoraevora.com.br

Dados Internacionais de Catalogação na Publicação (CIP) de acordo com ISBD

F683g	Fontenele, Ísis P.
	Gestão da cultura na advocacia: mudança, ações eficazes e espírito empreendedor / Ísis P. Fontenele. - São Paulo : Évora, 2019.
	272 p. ; 16cm x 23cm.
	Inclui bibliografia e anexo.
	ISBN: 978-85-8461-206-2
	1. Advocacia. 2. Gestão de processos. 3. Empreendedorismo. I. Título.
	CDD 658.421
2019-1610	CDU 65.016

Elaborado por Odilio Hilario Moreira Junior - CRB-8/9949

Índice para catálogo sistemático:
1. Empreendedorismo 658.421
2. Empreendedorismo 65.016

AGRADECIMENTOS

Agradeço aos advogados, aos meus clientes de consultoria, aos alunos e demais colegas com quem aprendo constantemente.

Aos grandes líderes da área jurídica que, gentilmente, me concederam suas entrevistas, contando um pouco das histórias de suas bancas, já consagradas no mercado jurídico, agregando muito valor ao livro.

Aos meus pais, que trazem amor para a minha vida, dando-me a força necessária para que eu possa lutar e vencer todos os desafios.

Ao meu esposo, sempre me apoiando e me incentivando, por ter tido compreensão com as horas de ausência durante a dedicação a esta obra.

À querida amiga Mônica Simionato, que me deu a honra de prefaciar este livro.

Sou grata a todos aqueles que, em algum momento, cruzaram meu caminho e contribuíram para que eu adquirisse conhecimento e experiência.

A todas as pessoas que confiam no meu trabalho e no meu profissionalismo.

A Deus, fonte de luz, amor, inspiração e sabedoria.

E, por último, minha gratidão a você, leitor, que me motiva cada vez mais a pensar novas ideias para ajudá-lo a alcançar os seus objetivos.

A todos vocês, muito obrigada, de coração!

SUMÁRIO

Prefácio, 11
Introdução, 15
Apresentação, 21

PARTE I – MUDANÇAS NA HISTÓRIA E A CULTURA DA ADVOCACIA, 23

Capítulo 1
De onde vem a advocacia, 27
    Grécia e Roma, 28
    Idade Média e Renascimento, 29
    Séculos XVIII a XX: os direitos humanos, 32
    O Direito e os advogados do Brasil, 34

Capítulo 2
Onde está a advocacia, 39
    Uma nova advocacia?, 41
    Desafios dos novos cenários, 45

Capítulo 3

Para onde vai a advocacia, 51

   O futuro é agora, 53

   Certeza da incerteza, 56

Capítulo 4

Mudar é... humano! (E advogar é estar em constante mudança.), 65

   Entendendo a inteligência natural, 68

   Desenvolvimento humano, 70

   Mindset e mudança de *mindset* na advocacia, 72

Capítulo 5

Admirável mercado novo e espírito empreendedor, 77

   Empreendedorismo e inovação, 80

   Desafios do advogado empreendedor, 82

   Empreendedorismo na advocacia, 88

Capítulo 6

Administração & administrar na advocacia, 95

   Teorias para quê?, 96

   Administração, gestão, liderança, 104

Capítulo 7

Liderança: entre a teoria e a prática, 111

   A alma da advocacia, 113

   O líder na advocacia e os "novos" estilos de liderar, 115

   Quem é você, afinal?, 118

Liderança e motivação, 122
Liderança e propósito, 126
Liderança e inovação, 129

PARTE II – ENTENDENDO A ESSÊNCIA, ENFRENTANDO E FAZENDO
MUDANÇAS, 133

Capítulo 8
O papel da liderança na construção e na transformação da cultura
organizacional, 137
Ajustes fundamentais, 138
O papel da cultura organizacional, 142

Capítulo 9
Gestão da cultura na advocacia – conceito e prática, 145
Princípios da cultura organizacional, 149
Um evento jurídico inovador e a mesa, 154
Cultura, comportamento e clima organizacional, 157
O poder da cultura organizacional, 161
Cultura brasileira e advocacia, 174

Capítulo 10
Gestão jurídica: uma cultura alinhada aos novos tempos, 181
Foco no empreendedorismo, 184
Vamos falar sobre gestão de pessoas?, 187
Gestão do conhecimento, 189
Stakholders e *compliance*, 190
Planejamento estratégico, 191

Capítulo 11

Cultura e Gestão de mudanças – desafios e implementação de ações eficazes na advocacia, 195

Novos conceitos e modelos, 197

Ferramentas práticas e ágeis, 205

SCRUM, 208

Design Thinking, 212

Endomarketing e comunicação interna na advocacia, 214

Comunicação interna, 215

Endomarketing, 217

O valor do feedback e do networking, 218

Capítulo 12

É hora de vencer a resistência à mudança, alinhar a cultura e colocar em prática a gestão jurídica, 221

Vencendo a resistência à mudança na advocacia, 223

Ajustes necessários, 225

Conclusão

Empreendendo, aprendendo e mudando, 229

Referências bibliográficas, 235

Apêndice

Entrevistas feitas em destacados escritórios de advocacia do Brasil, 243

PREFÁCIO

Eu gostei bastante de ler o livro da Ísis por quatro razões: a primeira é que com ele aprendi algo novo; a segunda porque ler sobre um tema conhecido ajuda a entender melhor o que se pratica e a perceber outros pontos de vista; a terceira, porque as conexões existentes entre liderança e cultura são muito bem tecidas; e, por fim, a Ísis apresenta para um advogado empreendedor características que já deveriam estar incorporadas à sua carreira hoje em dia.

Assim como ocorreu com o empreendedor, *tout court*, a profissão de advogado evoluiu muito. Mas mesmo possuindo uma competência técnica gigante, o advogado que atualmente não se abre para o horizonte complexo e sinérgico de nossa época está destinado a ficar no seu canto, ultrapassado pelos colegas que já estão abertos para a Quarta Revolução Industrial, a revolução tecnológica que inclui, na minha visão, também um jeito de ser, uma abertura cultural à evolução da sociedade.

Uma das principais qualidades que destaco neste livro é nos conduzir a uma leitura rica de forma clara/assertiva conectando conceitos ainda distantes ou pouco explorados pelos advogados, como a cultura organizacional, a gestão da mudança, o empreendedorismo e a liderança nos escritórios jurídicos.

Hoje em dia, novos campos de saber e de interação se abrem para os profissionais da área: Direito informático, Direito ambientalista, Direito do consumidor, somente para mencionar alguns. As competências de jurisprudência se casam com saberes de outras disciplinas, como biologia, ecologia, biotecnologia, administração e assim por diante. O advogado está envolvido dentro deste mundo em evolução mesmo que não queira ou que ainda não perceba.

Como consultora para advogados e seus escritórios, na área de liderança, e tendo ministrado aulas na FGV Law de São Paulo (Fundação Getulio Vargas), me chamou especial atenção as explicações de Ísis sobre o líder e a sua importância na mudança da cultura nas organizações. Tenho entre meus queridos amigos dezenas de advogados e posso afirmar que a realidade do mundo jurídico apresenta aspectos extremamente peculiares.

Por exemplo, a cultura dos escritórios de advocacia, com poucas exceções, está completamente atrelada ao seu fundador, sobretudo nos escritórios de médio e pequeno porte. O fundador, por sua vez, como um artesão de alto padrão, criou o seu próprio negócio e suas competências dia após dia com bastante estudo, dedicação e pouquíssimos períodos de férias. O mantra, velado ou explícito, dos escritórios consiste em trabalhar, trabalhar e trabalhar focando nos assuntos jurídicos, estudando-os e dedicando-se fortemente à causa. E, mesmo os novos advogados que chegam ao escritório, são levados a assimilar os comportamentos herdados do fundador ou do seu presidente honorário.

Simplificando em uma frase, diz-se que o jeito de fazer as coisas representa a cultura de um escritório – o que leva à grande questão trazida por este livro: qual o jeito de fazer as coisas no seu escritório?

Qualquer que seja a sua resposta, ela nos oferecerá um retrato instantâneo dessa cultura – e fatalmente mostrará também como trabalha o seu líder, uma vez que, como mostra a minha experiência na área e o conteúdo deste livro destaca, cabe ao líder criar e afirmar essa cultura contínua e incessantemente, como em um círculo virtuoso (ou vicioso!).

O líder é o responsável direto pela criação, modelagem e proposta de uma cultura, deve ser o seu exemplo, o seu modelo e inspirador.

Não adianta ter um escritório com um bom slogan, um website jovem e palatável nem escrever frases motivacionais nas paredes se a cultura implícita é outra. Gestos, comportamentos, emoções mal trabalhadas vão continuar mantendo o passado no presente, mesmo exibindo um logotipo com novas cores.

Portanto, o dever moral da liderança, qualquer que seja e onde quer que esteja, consiste em tomar consciência disso. Quando estamos conscientes de que nosso comportamento, mais do que nossa fala, dita como se comportar, já estamos avançando no entendimento do papel da liderança e de quanto conta na cultura. Nosso papel social e pessoal contribui para a criação da cultura.

E agora a dica mais importante: a cultura se faz envolvendo as pessoas, não mandando. Se o leitor quer promover uma mudança cultural no escritório, as pessoas que estão lá devem ser envolvidas, escutadas e valorizadas. Portanto, é bastante importante se cercar de colaboradores que têm valores e visões parecidas.

Uma cultura está forte quando tem aderência profunda aos valores que transmite. E os valores são fortes quando as pessoas concordam entusiasticamente. Esta visão de cultura compartilhada tem como outro aspecto positivo que, em geral, a partir dela as pessoas terão um desempenho mais elevado e uma satisfação maior em trabalhar nesse ambiente. Tudo isso está atrelado também a uma melhor saúde psicológica e física.

Portanto, a sugestão que posso oferecer para todos os leitores está em observar a cultura do seu lugar de trabalho e perceber em quais pontos você está aderente, em quais discorda e em quais está com dúvidas. Nosso corpo manda sinais bem evidentes se concordamos, entusiasmo, vontade de fazer mais, alívio, e manda sinais evidentíssimos se não concordamos, como gastrite, azia, úlcera, dor de cabeça e peso emocional, insatisfação, má vontade de começar e terminar as tarefas. Claramente estou lançando indícios e cada situação precisa ser avaliada de perto, porém os trilhos o leitor já tem!

A vantagem deste livro é mostrar que a resistência à mudança pode ser vencida quando se conhece todos os aspectos, dos históricos e antropológicos aos psicológicos, que envolvem as pessoas, a cultura organizacional em geral e a dos escritórios jurídicos em particular, além das principais ferramentas para introduzir as transformações necessárias.

Por fim, em apêndice, Ísis apresenta reflexões importantes a partir das entrevistas realizadas com as lideranças dos grandes escritórios de advocacia, relatando as suas experiências sobre a história e a mudança de sua cultura organizacional.

Quem está em posição de liderança sabe que é o principal responsável, o *starter* do processo de mudança ou implantação cultural. Para mudar a sua cultura, o líder precisa estar por dentro. Sempre lembrando, é claro, que cultura se faz junto com as pessoas, e não apesar das pessoas!

Monica Simionato[1]

---

[1] Antropóloga italiana, mora no Brasil e está agora em período sabático no Canadá, onde conduz sua pesquisa de doutorado sobre programas para pessoas em posição de liderança: como "sobreviver" ao cargo salvaguardando a saúde emocional.

Além das especializações tradicionais, como análise transacional, Programação Neuro-Linguística (PNL), anger management (gestão da raiva) e em prevenção dos conflitos, este último ministrado pela CIA (Central Intelligence Agency), Estados Unidos, Monica é formada em Somatic Experiencing® (tratamento para trauma e para PTSD) e está terminando a formação em TRE® (Trauma and Tension Release Exercises).

Também foi consultora científica do filme *Tratamento de choque*, sendo que as teorias e alguns dos exercícios utilizados no filme foram amplamente explicados no livro de sua autoria, *Competências emocionais*. Seu livro foi utilizado nos cursos de inteligência emocional da FDC. Escreveu uma dezena de livros sobre liderança e fator emocional e negociação e fator emocional, publicados entre Brasil e Itália. Congressista internacional e professora universitária, lecionou na Itália, na Suécia, nos Estados Unidos, na França e no Brasil.

Poliglota, atendeu clientes como Nike, Fiat, Gambro, Randstad, Ajilon, Telecom Itália, Vodafone, Cyrela, TIM, Gerdau, Danone, Natura, Vale, Johnson & Johnson e Oi, entre outros. Faz parte do board de diretores do Foundation for Human Enrichment FHE/Somatic Experiencing Trauma Institute (SETI) de Boulder/Colorado (Estados Unidos).

INTRODUÇÃO

Sou formada em Direito. Desde pequena, muito questionadora, adorava indagar se determinada situação era justa ou não. Achava lindo o trabalho de quem ia em busca dessa justiça, o que me encantou no Direito, além do fato, talvez, de meu pai ser advogado e ter tantos livros sobre leis em casa.

Muito inteligente e preparado, meu pai trabalhou para grandes escritórios e empresas de advocacia durante anos, até ingressar no funcionalismo público, em um setor da Receita Federal.

Minha mãe também admirava a área, dizia que quando jovem quis ser juíza, mas depois se interessou por Biologia e acabou seguindo por esse caminho profissional, especificamente como professora da rede pública.

Quando decidi fazer Direito, cansei de ouvir meus pais me aconselharem a prestar concurso público, argumentando que seria o caminho para uma vida estável e tranquila. Mas será que eu queria essa estabilidade e tranquilidade?

Nasci em Goiânia, onde vivi grande parte da minha vida. Tenho dois irmãos e uma irmã, sou a caçula da família. Pensava em ser jornalista no futuro, adorava escrever. Cogitei também fazer Psicologia, entender o ser humano sempre me instigou. Na época, me chamou a atenção uma amiga ter escolhido Administração, achei que seria bacana trabalhar cuidando de empresas, mas segundo meus pais nada disso me daria a tal "estabilidade".

Escolhi o Direito. Mas não foi por acaso, tudo tem um porquê.

Por circunstâncias da vida, precisei trancar a faculdade por três vezes e, quando estava no último ano do curso, passei a procurar estágio na área. Desde muito jovem já trabalhava, tinha uma grande bagagem profissional, mas não na área jurídica.

O primeiro contato real com a profissão foi no Tribunal de Justiça de Goiás. Atuei em uma área dedicada à execução penal e vivi ali uma experiência muito interessante, que representou um sinal para o futuro que, eu não imaginava, iria se desenhar na minha carreira.

A vara criminal em que eu atuava recebia muitos processos e, para enfrentar tamanho volume, a equipe criou e implantou um manual de rotinas. O resultado foi ótimo, deu mais agilidade ao atendimento e acabou rendendo um Prêmio Innovare.

Essa experiência me despertou, na época, para o valor da organização e gestão para o sucesso de uma equipe e de uma instituição. Uma equipe de verdade, que buscou em conjunto obter bons resultados. Gostei da experiência e me senti muito à vontade naquela situação.

Após me formar, passei a trabalhar na Secretaria de Segurança Pública do Estado de Goiás e na Assistência Judiciária da Execução Penal, em uma sala que ficava dentro do Tribunal de Justiça de Goiás. Ali, eu me lembrei da ideia premiada do manual de rotinas de trabalho, criado pela equipe da Vara de Execuções Penais, e pensei em desenvolver um projeto semelhante.

Planejei e organizei tudo sozinha e me inscrevi no Prêmio Innovare, relatando como aquela área na qual eu atuava ajudava a família de presos, em uma cidade onde na época ainda não existia Defensoria Pública. A prática não chegou a ser premiada, mas foi deferida por ser considerada humanizada e importante.[1]

---

[1] Prêmio Innovare: edição VII, 2010. Disponível em: <https://premioinnovare.com.br/proposta/assistencia--judiciaria-da-execucao-penal-desburocratizacao-na-execucao-penal-por-meio-da-advocacia-especializada/print>. Acesso em: 20 mar. 2019.

Toda a experiência que vivi naquele setor foi realizadora para mim, aprendi bastante, não somente sobre a organização e gestão para uma entrega de serviço melhor à sociedade, mas sobre a realidade humana vivendo em uma das condições mais dolorosas. Eu entrava nos presídios, tinha contato com os presos, com as suas famílias, e isso para mim valia como um grande aprendizado.

Sempre me senti bem lidando com o público e conseguia muito retorno das pessoas, que ficavam confortáveis conversando comigo. Era recompensador ver que se sentiam acolhidas, e não julgadas.

Naquele mesmo ano surgiu uma nova oportunidade para mim. Os promotores que vinham observando o meu trabalho, o meu engajamento na assistência judiciária, me indicaram para o Ministério Público. Aceitei, pois na época a área da Assistência Judiciária em que eu atuava estava sendo reformulada devido à criação de uma Defensoria Pública no Estado e tudo parecia incerto quanto à minha próxima lotação.

Levei para o Ministério Público a mesma prática que sempre utilizei nas outras áreas em que atuei: engajamento, foco e organização. O trabalho só terminava quando os processos chegavam ao término.

Até aquele momento eu pensava estar realizada profissionalmente. Mas a verdade é que o funcionalismo público já não me atraía como antes, vivi diferentes experiências por lá, conheci muitos juízes, promotores, delegados, admirava muitos, mas no dia a dia passei a não me identificar mais com nenhuma dessas profissões. Até relutei em concluir que o serviço público não era uma boa opção para mim, afinal cresci ouvindo que era a melhor possibilidade...

Foi quando, ainda trabalhando no Ministério Público, conheci meu esposo, executivo de carreira, com formação em administração e marketing e grande experiência de mercado. Depois de um ano de namoro, nos casamos e ele acabou apresentando um mundo completamente novo para mim.

Sim, existia vida fora do serviço público e aquilo me parecia muito mais instigante e encantador.

Um dia, ouvindo as histórias dele e o seu sonho de montar um negócio próprio, eu o questionei. Por que não? E montamos juntos uma consultoria para empresas.

Passei a ler muito sobre o assunto, ir a palestras, cursos e pensar por que em outras áreas profissionais havia uma dinâmica de gestão totalmente alinhada com os novos tempos, e na advocacia não – e eu, como sempre, muito questionadora, me perguntei qual seria a razão. Concluí que se eu tivesse meu próprio escritório, poderia adotar as mesmas práticas de gestão.

Não pensei duas vezes. Como já ajudava meu esposo na consultoria que ele mantinha e queria partir para a advocacia privada, falei com um amigo que era advogado, que me incentivou muito a seguir em frente. Lembro de ele falar na época: "Está na hora de alçar novos voos, Ísis".

Pois eu alcei. Pedi exoneração no Ministério Público e parti para uma parceria com esse amigo e sua esposa, para atender nas áreas criminal, cível, entre outras. E, trabalhando na consultoria empresarial, eu já pensava em oferecer um trabalho diferenciado no escritório.

Por coincidência, nesse mesmo período meu esposo recebeu um convite de um amigo mexicano, que morava nos Estados Unidos, para negociar uma futura parceria no Brasil. Como a empresa ficava em Nova York, ele me convidou para acompanhá-lo.

A empresa do franqueador ficava em um dos pontos mais nobres de Manhattan, em um prédio enorme, onde estavam instalados também grandes e respeitados escritórios de advocacia.

Ao passar por eles, perguntei ao nosso contato como funcionavam. Ele respondeu com simplicidade: "Como todas as empresas. Com boa gestão e organização".

Aquela afirmativa me impactou fortemente. Passei a me dedicar seriamente ao assunto. Cursei MBA em Gestão Empresarial, na Fundação Getulio Vargas (FGV), fiz vários cursos no Sebrae, me tornei presença obrigatória em eventos que envolviam gestão, inovação e cultura organizacional.

INTRODUÇÃO 19

Passei também a fazer *networking*, integrando-me a várias associações ligadas à área de empreendedorismo, e a frequentar cada vez mais a seção local da Ordem dos Advogados do Brasil (OAB).

Ou seja, investi em conhecimentos relacionados à gestão, mas mantive meu carinho especial pela advocacia. Sentia que poderia unir as duas áreas, que havia um grande *gap* no mercado a ser preenchido.

E quando vi que definitivamente estava pronta, passei a fazer consultoria. Em 2014, eu já dava treinamento de coaching nos escritórios, o que na época não era comum e febril como hoje. Vi que meu negócio era lidar com gente. Mas foi somente em 2015 que abri a minha própria empresa de consultoria especializada, atuando na gestão (organização, reestruturação e profissionalização) dos escritórios e departamentos jurídicos.

Passei também a dar cursos e palestras sobre gestão para advogados. Em 2016, criei na OAB de Goiânia a Comissão de Inovação e Gestão, e assumi a sua presidência. Considero que essa comissão foi pioneira em levar a democratização da gestão jurídica – as iniciativas existentes eram focadas nos grandes e médios escritórios. Eu quis torná-las acessíveis a todos.

Na área educacional, desenvolvi um projeto de pós-graduação em Gestão Jurídica para uma conceituada instituição, e abrimos cursos em várias cidades do país, levando ao operador do Direito o conceito de empreendedorismo na advocacia, assunto pouco explorado nas universidades de Direito no Brasil.

Para mim, porém, essas conquistas representam também um ganho humano incomparável.

Como sempre trouxe comigo aquele conceito de Justiça, de querer melhorar a vida das pessoas, muitas vezes trabalhei *pro bono* – ia para cidades distantes, no interior, passava o dia nelas dando palestras e cursos, mas isso me alimentava muito, humanamente falando.

O próprio trabalho que realizo na OAB de Goiás também tem cunho social, ganho com a realização dos sonhos dos advogados que ali passam e se destacam em suas carreiras.

Espero que este livro seja proveitoso e evolutivo para todos os profissionais que atuam em prol da Justiça e desejam estar em dia com os intensos e inesperados desafios desses tempos de transição mundial e "modernidade líquida", como diz Zygmunt Bauman,[2] que todos estamos vivenciando.

---

[2] BAUMAN, 2001.

APRESENTAÇÃO

Muito tem se falado de uma nova advocacia, que veio para quebrar as barreiras de uma advocacia arcaica, considerada, por muitos, quase inatingível.

Mas será que estamos preparados para essa mudança? Ela é realmente importante? Será a única forma de sobreviver a esse mercado? O que é certo e o que é errado em tudo o que se tem ouvido, visto e lido sobre essa nova forma de advogar? Como se preparar e inserir essa transformação no dia a dia de forma satisfatória, sem nos contaminar com os alardes dos pregadores de uma advocacia "disruptiva"?

O intuito deste livro é ir além de dar respostas a essas perguntas. Busco, antes de tudo, o entendimento profundo da essência da profissão de advogado, desde os seus primórdios e dos fatores que alicerçaram a sua poderosa cultura para, a partir daí, apropriar-me de conhecimentos administrativos, técnicas, ferramentas e novas práticas que levem efetivamente a um alinhamento com as atuais condições do mercado.

Para tanto, apresento, nas próximas páginas, os meios de trilhar os novos caminhos da gestão, do empreendedorismo e da inovação, de forma coerente com a vocação e o amor do advogado pela Justiça.

Não estou falando aqui em adotar regras de mercado para esse setor profissional. Longe disso, o meu objetivo é direcionar o seu trabalho para o seu conceito de sucesso, sem deixar de lado a essência dessa indispensável profissão.

Escrever este livro envolveu muito amor e dedicação e vem consolidar as melhores ideias e experiências que vivenciei como advogada e gestora durante mais de dez anos de atuação profissional em órgãos públicos e privados. Acredito que essas vivências representem a maior força que conquistei para ir até a essência dessa profissão.

Advocacia não é um trabalho fácil se não for vivido intensamente. E você, advogado, mais do que ninguém, sabe sobre o que estou falando. Os desafios são diários e exigem muito de cada um.

Mas foi exatamente a partir desse conhecimento que me senti à vontade para dedicar meu tempo à consultoria organizacional voltada para a gestão jurídica e a grandes projetos educacionais do setor.

Vem também daí a minha certeza de que todos os advogados podem ter uma carreira de excelência, seja trabalhando como autônomo, no seu próprio negócio, ou em ambiente corporativo, independentemente do porte do escritório ou do tipo de cliente ou pessoas a que atenda.

Do conceitual ao prático, você poderá encontrar nas próximas páginas informações que julgo as melhores para se chegar a essa excelência o mais rápido possível e inserir o seu trabalho nesse novo mercado.

E, como ressaltei anteriormente, antes de tudo, por considerar da maior importância, farei um breve mergulho na origem da essência cultural da nossa profissão.

Bom proveito!

PARTE I

MUDANÇAS NA HISTÓRIA
E A CULTURA DA ADVOCACIA

Tente mover o mundo –
o primeiro passo será mover a si mesmo.

Platão

Sob o ponto de vista de carreira, a advocacia não pode ser compreendida hoje sem um maior aprofundamento dos contextos culturais que foram sendo construídos através da sua história.

É provável que você já tenha lido ou ouvido falar sobre os primórdios da profissão, mas talvez não tenha dado a devida importância ao poder dessa influência na formação das diretrizes que norteiam a cultura advocatícia até hoje.

Felizmente, quando cursei a faculdade de Direito tive aulas de História do Direito e Direito Romano, disciplinas que atualmente ou não constam mais nas grades, ou não têm a sua importância reconhecida. No entanto, nunca como agora elas se tornaram fundamentais para enfrentarmos os desafios da nova realidade mundial e, consequentemente, de mercado.

Mas por quê? O que essas disciplinas têm a ver com os temas atuais, como cultura organizacional, inovação, gestão, empreendedorismo e mudança de comportamento?

Minha resposta é: TUDO!

Primeiro porque, ao compreender a história da advocacia, chegaremos à origem dos seus modelos arraigados e entenderemos mais facilmente a dificuldade do profissional em transformá-los de modo a fazer uma passagem mais natural em direção à mudança.

Segundo porque, afinal, é sobre MUDANÇA que estamos tratando neste livro e não se pode mudar o que não se conhece.

Reforço, portanto, meu convite inicial para que você dê especial atenção ao que irei abordar a seguir. Certamente você conhece muito do que será dito, mas quero destacar alguns pontos que considero fundamentais para argumentar a favor de uma nova abordagem da profissão de advogado.

CAPÍTULO 1

DE ONDE VEM A ADVOCACIA

Pensar o passado para compreender o presente e idealizar o futuro.
Heródoto

Como todos sabem, a advocacia é uma das profissões mais antigas do mundo e possui uma forte tradição de lutas e conquistas. Embora diferentes povos também possuam valiosas e representativas histórias nessa área – como os egípcios, babilônios e chineses –, iremos aqui retomar resumidamente apenas os principais pontos da cultura greco-romana, raiz do Direito no Ocidente e, consequentemente, na Europa e nas Américas.

Foi em Roma que surgiu o termo **advogado** – do latim ad vocatus (*ad* = para junto, e *vocatus* = chamado), ou seja, chamado para ajudar o outro perante a Justiça. Portanto, a própria palavra advocatio carrega o sentido de assistência, de defesa, como definiu Cícero (106-43 a.C) em suas Cartas Familiares.[1]

---

[1]   MAMEDE, 1999.

Grécia e Roma

Nos primórdios dos tempos a **defesa da justiça** era considerada uma missão quase divina, exercida por algumas pessoas que se dispunham a ajudar quem se sentisse injustiçado, buscando a verdade e o seu direito.

A Grécia foi o berço de oradores brilhantes, considerados por seu saber jurídico e sua rica retórica. Seus primeiros grandes advogados foram Demóstenes, Péricles, Isócrates e Aristides.

Uma importante herança dos gregos para nossa área foi a **simbologia da Justiça** pela imagem da deusa Themis, que representa a Justiça no sentido da moral, do sentimento da verdade, da equidade, da humanidade, acima das paixões humanas. No Olimpo, essa divindade, que aparece ao lado do trono do poderoso Zeus, auxiliava-o com os seus conselhos, todos inspirados na prudência e no **amor à Justiça**.

Embora a Grécia tenha dado início a enormes avanços para a Justiça e a advocacia, foi na Roma antiga que essa atividade cresceu e ganhou caráter profissional.

Não há advogado hoje que não conheça os **princípios do Direito Romano**, o primeiro a reunir, organizar e tornar conhecidas – através da Lei das Doze Tábuas[2] –, as normas que regulamentavam a vida do cidadão perante a Justiça, separando o público e o privado.

Os patronos *(patronus)*, homens de **profundo saber jurídico**, eram então encarregados do aconselhamento e da defesa de seus clientes, principalmente aqueles considerados "de fora", embora vivessem em Roma. Cabia a eles se dirigirem às autoridades para resolver litígios na presença do Senado ou do imperador.

Também em Roma foi relatada pela primeira vez o exercício da função de *advocatus* **por mulheres**, entre as quais Hortencia, Amasia,

---

[2] A Lei das Doze Tábuas surgiu em 462 a.C, na República Romana. Segundo alguns autores, foi proposta por um tribuno, Terentílio Arsa, e não pelo povo, porque as leis do período monárquico não se adaptavam à nova forma de governo, republicana. Foi inspirada nas leis gregas, criadas por Sólon. O esclarecimento está no livro de Antonio Baptista Gonçalvez (GONÇALVEZ, 2008, p. 7).

Fulvia, Gaia e Sempronia,[3] que fizeram história no período do Imperador Augusto (63 a.C. a 14 d.C.).

Uma das principais causas da queda do Império Romano foi a chegada dos chamados povos "bárbaros", no século IV, principalmente os germânicos, que desconheciam a cultura greco-romana e não falavam latim. Novas comunidades se formaram e a mescla de suas culturas marcou o início do período histórico conhecido como Idade Média, quando importantes transformações ocorreram no mundo ocidental. Ressalto aqui a **importância da cultura** dos povos no processo de **grandes mudanças**.

Idade Média e Renascimento

Nos tempos medievais, entre os séculos V e XV, a Igreja ganhou enorme força e importância sobre a vida espiritual e material da sociedade, por ter sido bem-sucedida junto aos invasores, e se sobrepôs também nas leis. Desenvolveu a Lei Canônica, estabelecendo sua jurisdição em várias áreas, entre as quais **o direito da família e herança**.

Portanto, apesar de este período ter ficado conhecido também como a Idade das Trevas, principalmente pela perseguição aos não cristãos e o uso de tortura para obter confissões ou cumprimento de penalidade, a busca por novas normas e regras para a harmonia e segurança social acabou propiciando um importante **desenvolvimento da história do Direito e do perfil de trabalho do advogado**.

Justiniano I, imperador bizantino que governou Roma de 527 a 565, havia criado a Ordem dos Advogados, estabelecendo diretrizes de caráter deontológico no *Corpus Iuris Civilis* (Corpo de Direito Civil), entre 529 e 534.[4] Esse conjunto de leis é considerado até hoje

---

[3] GLENN, 1997.

[4] RADDING; CIARALLI, 2007.

fundamental na Jurisprudência, tendo separado o **Direito Canônico do Direito Civil**.

No início, o candidato a trabalhar na Justiça era recrutado apenas entre os clérigos mais versados em leis, particularmente as romanas. Segundo o estudioso Hélcio Madeira,[5] ele precisava provar o seu conhecimento "demonstrando ter cursado os estudos de direito no prazo legal ou trazendo doutores e jurisperitos que o atestassem por juramento".[6] A partir daí, obtinha o título de mestre e poderia receber taxas pelo seu trabalho. Foi estabelecida ainda a diferença entre **advogados, consultores, litigantes e auditores** – sendo que estes últimos representavam o que hoje são os estagiários.

Apenas no século XIII a advocacia passou a ser exercida também por leigos possuidores de saber jurídico, mas ainda conservando a dimensão religiosa. Foi o caso de Guy Foulques, advogado e grande jurista, casado e com filhos, que depois seguiu uma carreira na Igreja, tornando-se o primeiro bispo, depois arcebispo, até chegar a papa, sob o nome de Clemente IV, posição que ocupou de 1265 a 1268. Clemente IV foi um grande líder político e amigo de São Tomás de Aquino, que também teve importante papel no Direito.[7]

A Teologia católica utilizava o conceito de justiça como algo natural, inato, que era da vontade de Deus, e os homens justos seriam santificados, utilizando-se para isso a terminologia "justificação". Como aponta Antonio Bento Betioli, "o cristianismo exerceu uma influência profunda e decisiva na evolução do **jusnaturalismo**, situando-o numa perspectiva global renovada".[8] A Justiça era parte da essência do Direito e servia como fundamento e maior busca pelos advogados.

---

[5] Hélcio Maciel França Madeira é mestre e doutor em Direito pela Faculdade de Direito da Universidade de São Paulo (USP), com especialização em Direito Romano pela Università di Roma La Sapienza.

[6] MADEIRA, 2002, p. 72.

[7] São Tomás dividiu a Justiça em duas: uma de princípios absolutos, ligados às leis divinas e sagradas; e outra ligada às relações particulares, descobertas pela razão e criadas pelos humanos para viver em sociedade, embora inspiradas nas leis eternas.

[8] BETIOLI, 2015, p. 462.

Como sabem os advogados, o jusnaturalismo é uma

> corrente jurisfilosófica de fundamentação do **direito justo** que remonta às representações primitivas da ordem legal de origem divina, passando pelos sofistas, estoicos, padres da igreja, escolásticos, racionalistas dos séculos XVII e XVIII, até à filosofia do direito natural do século XX.[9] (SOARES, 2010, p. 27)

São Tomás de Aquino dizia que **a essência da Justiça** consistia em dar a outrem o que lhe é devido, segundo uma igualdade – e que essa seria como um centro animador de todas as virtudes,[10] conceito que inspiraria mais tarde a criação da **Declaração Universal dos Direitos Humanos**.

Outro personagem de destaque para a advocacia nessa época foi o juiz eclesiástico Yves Hélory de Kermartin (1253-1303) que, por sua imparcialidade e defesa dos injustiçados, ficou conhecido como **"advogado dos pobres"**. Nascido em uma família nobre e formado pela Universidade de Paris em Letras, Direito e Teologia, depois de sua morte foi canonizado pelo Papa Clemente VI (1291-1352) como **Santo Ivo** (Saint Yves) e considerado o **padroeiro dos advogados, juízes e tabeliães**.[11]

O fim da Idade Média, entre os séculos XIV e XVI, é marcado pelo movimento conhecido como Renascimento e pelo início da chamada Idade Moderna, quando grandes mudanças sociais, culturais, artísticas e técnicas ocorreram na Europa. Durante esse período foi inventada a imprensa, o que permitiu maior acesso à informação. Também representa a era dos grandes viajantes além-mar, com o descobrimento da América, disputas territoriais e o aumento do fluxo de pessoas entre territórios e comércios.

No Direito, passaram a ser mais definidas as diferenças entre os sistemas jurídicos de origem romano-germânica e o inglês, de origem

---

[9] SOARES, 2010.

[10] BETIOLI, op. cit.

[11] NEVES, 2018.

32 PARTE I MUDANÇAS NA HISTÓRIA E A CULTURA DA ADVOCACIA

anglo-saxônica, embora ambos herdeiros do direito romano. A diferença do sistema inglês foi ter adotado o uso da jurisprudência e o aumento do poder do juiz,[12] que ficou conhecido como *common law*.

Séculos XVIII a XX: os direitos humanos

Com a Revolução Industrial, no século XVIII, as transformações sociais levaram a novas e **grandes mudanças no Direito e no trabalho do advogado**. Cresceu a importância do coletivo, o ser humano pertence a um grupo e como tal também precisaria ser protegido – trabalhadores, idosos, portadores de necessidades especiais, ou outras condições de vulnerabilidade – pelo Estado dos exageros daqueles que detinham a produção e o capital.

Nos Estados Unidos, em 1776, Thomas Jefferson[13] aprovou a Declaração dos Direitos do Estado de Virgínia, que serviu também como base da Declaração de Independência americana, considerado o primeiro texto em forma de **Carta de direitos**.

Como preciosa curiosidade, publicada no livro *A invenção dos direitos humanos*: uma história, da professora de História Europeia na Universidade da Califórnia Lynn Hunt, reproduzimos aqui um rascunho desse documento de 1776, de Thomas Jefferson, respeitando a grafia original:

> Consideramos que essas verdades são sagradas e inegáveis, que todos os homens são criados iguais & independentes (sic), que dessa criação igual derivam direitos inerentes & inalienáveis, entre os quais estão a preservação da vida, a liberdade & busca da felicidade.[14]

---

[12] BILLIER; MARYIOLI, 2005.

[13] Thomas Jefferson (1743-1826) foi presidente dos Estados Unidos e principal autor da declaração da independência dos Estados Unidos. Exerceu dois mandatos, entre 1801 e 1809.

[14] HUNT, 2009, p. 13.

Mais de uma década mais tarde, fortemente influenciada pela declaração americana da independência, foi adotada na França, durante a Revolução, a **Declaração dos Direitos do Homem e do Cidadão.**[15]

O documento tratava da proteção e dos **direitos básicos individuais**, em nome da preservação da dignidade da pessoa humana e de sua liberdade. A partir daí vários países adotaram os mesmos princípios.

Ainda nesse período, houve grande avanço pela reconquista da **independência do trabalho do advogado**. Os advogados e a Ordem foram reintegrados, as bancas provinciais foram constituídas e lhes foi concedida imunidade total quando no cumprimento de seu dever. **A profissão ganhou status de liberal** e, em 1851, a defesa dos pobres tornou-se obrigatória.

O fim do século XIX é marcado também pela presença de mulheres na profissão em vários países do mundo. No Brasil, **a primeira mulher advogada** foi Myrthes Gomes de Campos (1875-1965). Nascida em Macaé, no estado do Rio de Janeiro, foi delegada fiscal no Ministério da Justiça e Negócios.

No século XX, em 1948, finalmente é aprovada pela Organização das Nações Unidas a Declaração Universal dos Direitos Humanos, invocando os princípios da cooperação mútuas entre os estados-membros, entre os quais o Brasil, para proteção, respeito e efetivação dos direitos da pessoa humana.

Entretanto, devido à Guerra Fria, "os dois blocos (capitalista e comunista) não acordaram sobre o peso a ser dado aos direitos de primeira geração ou aos direitos sociais, de segunda geração". Foram elaborados então "dois tratados, o Pacto Internacional de Direitos Civis e Políticos e o Pacto Internacional de Direitos Econômicos, Sociais e Culturais".[16]

Embora tenham sido considerados dois dos mais importantes instrumentos internacionais de proteção dos direitos humanos com

---

[15] RAMOS, 2018. Nessa época, Thomas Jefferson estava em Paris.

[16] RAMOS, 2016, p. 136.

34   PARTE I   MUDANÇAS NA HISTÓRIA E A CULTURA DA ADVOCACIA

valor contratual no Direito Internacional e estivessem elaborados desde 1966, esses pactos só entraram em vigor em 1972, após a ratificação por um número suficiente de Estados.

Evidentemente existem muito mais informações sobre a **História da advocacia** – e espero ter despertado em você, leitor, o desejo de conhecê-la mais profundamente nas milhares de publicações inteiramente dedicadas ao tema –, mas este não é o objetivo maior deste livro.

O que nos interessa aqui é **demonstrar a importância desta história na construção da cultura**, principalmente ocidental, desta profissão, marcada por ideais intangíveis como a igualdade, a ética, e a democracia, e que teve o seu ponto mais alto na Declaração dos Direitos Humanos, promulgada pela Organização das Nações Unidas (ONU), em 10 de dezembro de 1948.

O Direito e os advogados do Brasil

A história do Direito em nosso país é marcada pela influência das ideias iluministas trazidas da Europa por filhos de brasileiros ricos que estudavam em países como Portugal, Itália, França e Alemanha. Um exemplo dessa influência está no processo separatista conhecido como Inconfidência Mineira, abortado pela Coroa em 1789.

Mesmo depois da **criação do curso de Direito** sob o nome de Ciências Jurídicas e Sociais, em São Paulo e Olinda, em 11 de agosto de 1827, a profissão continuou a ser privilégio de uma elite, sendo regulada pelo **Instituto dos Advogados Brasileiros** (IAB), criado em 1843, com estatutos aprovados pelo imperador Pedro II.[17]

---

[17] O IAB deu origem, mais tarde, em 1930, à Ordem dos Advogados do Brasil, durante o governo de Getúlio Vargas.

CAPÍTULO 1 DE ONDE VEM A ADVOCACIA 35

Inclusive, como relata Roberto Pompeu de Toledo,[18] era comum esses estudantes virem a São Paulo, "eles eram senhorzinhos, acompanhados de um ou mais escravos, para seu serviço pessoal".

Em 1891, foi promulgada a primeira constituição republicana do nosso país,[19] conhecida como Constituição de Rui Barbosa,[20] por ter contado, na redação, com a contribuição desse **advogado, jurista e diplomata**.[21]

Segundo alguns estudiosos, essa Constituição revelava grande influência norte-americana, inclusive no nome oficial do país, que é citado como: República dos Estados Unidos do Brazil – o que só seria eliminado em 1967, quando passou a chamar-se Constituição do Brasil. Em 1969, porém, uma emenda configurou o texto de 1967 nomeado como Constituição da República Federativa do Brasil, nome mantido até hoje.

Desde a primeira Constituição, o Brasil teve, ao todo, oito constituições, sendo a última promulgada pela Assembleia Nacional Constituinte em outubro de 1988, também conhecida como Constituição Cidadã.

Em seu artigo 133, consta que "o advogado é indispensável à administração da Justiça, sendo inviolável por seus atos e manifestações no exercício da profissão, nos limites da lei".

Partindo desse enunciado e do resumo histórico que pontuamos ao longo deste capítulo, concordo com o conceito do importante jurista e desembargador José Oswaldo de Oliveira Leite, um dos maiores nomes

---

[18] TOLEDO, 2003, p. 122.

[19] A primeira Constituição brasileira foi sancionada pelo então imperador D. Pedro I, em 1824: Constituição Imperial do Estado, que foi inspirada "nos ideais políticos modernos de uma monarquia constitucional", segundo a autora CHUEIRI (2009, p. 18).

[20] Rui está grafado com i em respeito à Organização do Vocabulário Ortográfico da Língua Portuguesa (12 de agosto de 1943) e à lei número 5.765, de 18/12/1971.

[21] Rui Barbosa de Oliveira (1849-1923) formou-se em 1870 pela Faculdade de Direito – Universidade de São Paulo, conhecida como Faculdade de Direito de São Francisco. Ficou famoso também como grande orador. Destacou-se ainda como político, filólogo, jornalista e tradutor, tendo sido membro-fundador da Academia Brasileira de Letras e seu presidente entre 1908 e 1919.

na advocacia brasileira, de que "o advogado é um fator humano com presença certa nos melhores momentos da História de todo o mundo".[22]

O conceito de Justiça, portanto, está implícito no conceito de Direito, sendo o fundamento último e a busca maior por parte dos advogados.

A responsabilidade de se buscar sempre a Justiça é, e continuará sendo, o princípio fundamental do Direito, cabendo ao advogado atuar como elemento de ligação entre essa responsabilidade e o cidadão que busca justiça, confiando a esse profissional, muitas vezes, a sua vida.

Em 1930 foi criada a Ordem dos Advogados do Brasil, com o objetivo de registrar a profissão da advocacia e fazer todo o acompanhamento da carreira do advogado, além de servir a sociedade na defesa da Constituição da República Federativa do Brasil, desenvolvendo um importante papel social e democrático.

Na OAB, o advogado passou a exercer essa função social por meio dos conselhos, das comissões temáticas, entre tantas outras atividades. Essas atividades são de suma importância também para o seu destaque profissional, pois assim poderá usar todo seu conhecimento para que a justiça cumpra seu papel na sociedade.

Hoje, a instituição passa também a ter grande responsabilidade na transformação da advocacia. Ao órgão cabe acompanhar as mudanças do mercado e ajudar o advogado a passar por elas com mais segurança.

Esse foi um dos motivos pelo qual me empenhei quando criei a Comissão de Inovação e Gestão em 2016 na OAB de Goiás.

Entendemos, portanto, que **a advocacia mudou**, mas é fato que a **sua base continua a ser a relação de pessoas**, por isso está inserida como profissão primeira na área de humanas.

Segundo Gladston Mamede, onde há ser humano, há sociedade; onde há sociedade, há Direito. Portanto, onde há ser humano, há Direito.[23] E acrescento: **onde há sociedade, sempre existirá a figura do advogado**.

---

[22] BRETAS, [s.d.].

[23] MAMEDE, 2009.

E assim, com uma história tão antiga, tão civilizatória, como a que envolve o Direito, é fácil entender, portanto, **por que possui uma cultura tão forte**. Falar em Direito é falar em justiça, ética, dignidade humana, democracia – valores que são e devem ser preservados através do tempo. Até mesmo os discursos e as obras jurídicas da Antiguidade são inspiração ainda hoje.

A questão é que a cultura é extremamente importante e deve ser vista hoje não como algo estático, mas que pode ser adaptada ao longo dos anos, sendo um fator hoje de transformação na vida profissional do advogado. O mundo está mudando muito – e rapidamente. O crescimento demográfico, a predominância da vida urbana, o maior acesso à educação universitária e, mais recentemente, a tecnologia fazem cada vez mais o trabalho do advogado ser desafiado.

CAPÍTULO 2

ONDE ESTÁ A ADVOCACIA

Raízes não são âncoras...
Na vida, nós devemos ter raízes, e não âncoras. Raiz alimenta, âncora
imobiliza. Quem tem âncoras vive apenas a nostalgia e não a saudade.
Nostalgia é uma lembrança que dói, saudade é uma lembrança que alegra.
Mario Sergio Cortella

Como vimos, desde a Antiguidade **a advocacia já se destacava na sociedade** e, assim que se tornou profissão liberal, passou a ser cobiçada por diferentes camadas sociais – o que não mudou com o tempo. A imagem do advogado lutando com seus argumentos em busca da Justiça atravessou séculos e despertou em muitos jovens a vontade de abraçar essa missão.

Nunca faltou trabalho a quem escolheu trilhar por esse caminho, uma vez que **o Direito é essencial à vida humana**. Por outro lado, foi ficando cada vez mais distante aquela imagem inspiradora do "causídico" vestido de preto defendendo com veemência o seu cliente. A profissão vem passando por inúmeras mudanças, principalmente nas últimas décadas.

O século XX, considerado a era da globalização, sobretudo econômica, foi, sem dúvida, o período das mais rápidas transformações da História, não apenas para a advocacia, mas para todas as profissões e para a sociedade em geral.

Marcado por duas grandes guerras de alcance mundial; novos modelos políticos, o progresso industrial e técnico; a conquista do voto feminino e os movimentos feministas; o aumento da participação de minorias étnicas na profissão; o surgimento e enfraquecimento do sindicalismo; o desenvolvimento da classe média e da sociedade de consumo; a invenção e explosão de novas mídias, como cinema, rádio, televisão e internet – todos fomos atingidos de alguma forma por esses e outros acontecimentos desse período, seja por meio de nossos avós, pais ou por nossa experiência pessoal.

Segundo os estudiosos, os primeiros sintomas da globalização surgiram no final do século XIX com o início do avanço tecnológico, a abertura das economias e a sua interdependência. Mas o fenômeno mostrou toda a sua força, as consequências e que havia vindo para ficar, a partir da década de 1980 – época em que o conceito de **pós-profissionalismo**[1] já estava rondando os meios acadêmicos e o mercado de trabalho.

O emprego formal ganhou maior flexibilidade, a terceirização e a informalidade começaram a se tornar mais comuns, levando à multiplicação de pequenas empresas e **iniciativas empreendedoras que iriam refletir também nos escritórios de advocacia**. Como principal consequência, houve um aumento da competitividade, forçando todas as áreas a buscarem novos modelos de prestação de serviço – e não foi diferente com os advogados.

---

[1] Pós-profissionalismo não significa o fim do profissionalismo, mas a sua reformulação para enfrentar os novos tempos, segundo conceito de Herbert M. Kritzer, professor da Law School da Universidade de Minnesota (Estados Unidos), autor de *The professions are dead, long live the professionals*: legal practice in a postprofessional world.

Uma nova advocacia?

Não, não existe uma nova advocacia, e sim **uma nova forma de advogar**. A profissão jamais se tornará velha ou obsoleta e o advogado sempre será indispensável, nunca abandonando a sua responsabilidade de buscar a justiça. Porém, o seu modelo de prestação de serviço não pode ser o mesmo de anos atrás.

Como vimos no capítulo anterior, o mundo vem mudando em uma velocidade extremamente acelerada e as pessoas também, inclusive na forma como buscam os seus direitos – o que vai deixando cada vez mais para trás aquela imagem do advogado como uma "divindade da justiça" para dar lugar a de **"guerreiro da justiça"**.

Mas, assim como aconselha Sun Tzu, em *A arte da guerra*,[2] "somente quando conheces cada detalhe da condição do terreno é que podes manobrar e lutar". **O advogado agora precisa estar antenado com as mudanças do mercado e se preparar para as batalhas do dia a dia com muita estratégia e ousadia.**

Ninguém está dizendo que é fácil. Estamos em plena realidade V.U.C.A[3] e modernidade líquida, sobre a qual falarei mais detalhadamente adiante, e estamos todos vivendo desafios sem precedentes na História, mas é possível, sim, "ter um lugar ao sol", a partir de tudo que falaremos aqui neste livro e a partir da sua atitude para torná-lo concreto.

Enquanto você lê este parágrafo, uma infinidade de bits e bytes são processadas no mundo. A um clique do seu computador, tablet ou celular, você pode se entreter, comprar, fazer reuniões com pessoas em outros países, reservar passagens, hospedagens e mais uma infinidade de possibilidades. Em segundos, é possível obter informações

---

[2] TZU, 2007, p. 134.

[3] Acrônimo em inglês que significa: *volatility* (volatilidade), *uncertainty* (incerteza), *complexity* (complexidade) e *ambiguity* (ambiguidade).

de qualquer lugar do mundo – e esse tsunami de dados vai gerando transformações na maneira como pensamos, agimos e reagimos.

Nem mesmo a industrialização, que veio substituir várias formas de trabalho humano, foi tão exigente. Na era industrial as máquinas passaram a realizar manuseios, trabalhos repetitivos, mas não os processos cognitivos – **diferente do que estamos vivenciando agora**.

Historicamente, o ser humano enfrentou lutas pelo poder, guerras, novos modelos econômicos, políticos, sociais, mas nunca a possibilidade de as máquinas se tornarem uma extensão da nossa vida, como estamos visualizando para um futuro próximo.

Mas acredito que, passado o susto, o ser humano só terá a ganhar, assim como ocorreu com a industrialização. Basta lembrar que foi após as primeiras Revoluções Industriais que as áreas de ciências biológicas, humanas e sociais cresceram. Medicina, psicologia, direitos humanos e até mesmo o lazer experimentaram grande desenvolvimento.

Por essa razão, concordo com o que disse o pai da administração moderna, Peter F. Drucker, de que "não seremos limitados pela informação que temos. Seremos limitados por nossa habilidade de processar esta informação".[4]

Mas será que estamos sabendo desenvolver essa habilidade? Como unir tantas informações com as técnicas que aprendemos na faculdade e aplicá-las no dia a dia com os nossos clientes? O que realmente necessita ser processado? Como ter tempo para fazer isso? Quais prioridades precisamos traçar para tornar a nossa vida profissional e pessoal mais rica e produtiva em relação à infinidade de conteúdos que não param de chegar aos nossos dispositivos móveis?

No campo das leis, já somos acostumados com as mudanças. **Novas matérias e legislações no Direito surgem a todo momento para adaptar-se a esse novo mundo**, aos novos contextos. E nada indica que irão

---

[4] EDERSHEIM, 2007, p. 13.

CAPÍTULO 2   ONDE ESTÁ A ADVOCACIA   43

parar, pois a sociedade está em constante transformação e novidades chegam para modificar o *status quo.*

A diferença é que estamos falando de uma mudança global, em todas as áreas, e de forma muito rápida. Tanto que já é uma realidade a saída de cena daquela imagem do advogado sentado em uma cadeira imponente, aguardando o cliente bater à sua porta.

As universidades jurídicas, durante vários séculos, foram voltadas mais para o tecnicismo do Direito e menos para o lado prático, do dia a dia, de seus alunos para o mercado. O resultado, portanto, é um grande número de advogados instrumentalizados com a técnica do Direito, mas que acabam muitas vezes não usando esses instrumentos como vantagem mercadológica.

E agora o profissional precisa também **criar estratégias eficazes** para acompanhar os cenários "líquidos" do mercado – o que exigirá uma adaptação na cultura da profissão.

Não pretendo fazer aquele terrorismo que tenho visto constantemente em redes sociais e em algumas palestras pelo Brasil afora, mas, sim, abordar diretamente uma realidade que não pertence mais ao futuro, está diante de nós neste momento, nos obrigando a lembrar todos os dias da famosa frase atribuída[5] ao naturalista britânico Charles Darwin, de que **a adaptação é a única forma de sobreviver**.

Isso significa, para começar, não se restringir apenas ao Direito – é fundamental ter um **olhar 360 graus** para ver tudo o que está ocorrendo à sua volta, estar sempre atento ao que surge e pode ser agregado ao seu conhecimento, ao seu trabalho, ao seu crescimento.

A tecnologia vem trazendo clientes cada vez mais exigentes e o mercado está cada vez mais competitivo, até mesmo os processos dos órgãos públicos estão digitalizados – só para citar alguns fatores entre os inúmeros, dos quais não devemos (nem queremos) escapar ao

---

[5] Referi como "atribuída" porque recentemente o professor e autor de várias obras sobre Darwin, Patrick Tort, afirmou que o biólogo nunca disse essa frase.

longo deste livro. Até porque, nesse novo mundo, o pior dos perigos é não reconhecer a mudança ou tratá-la como opção.

Evidentemente, não há dúvida de que, como em todas as profissões, muitas competências antes exigidas na advocacia estão deixando de existir. Em contrapartida, algumas novas já chegaram e outras estão vindo. Falaremos dessas novas competências mais adiante.

É normal, inicialmente, sentir-se "perdido", principalmente os pequenos e médios escritórios já estabelecidos.

Exatamente sobre este tema, alguns estudiosos, consultores internacionais de marketing para escritórios jurídicos, como Viv Williams e Marc Cohen, têm sugerido, por exemplo, considerarem opções como a fusão com empresas de serviços ou a trabalhar em um determinado nicho.

A fusão com empresas que ofereçam outros serviços, que não o advocatício, ou até mesmo a divulgação de advocacia em conjunto com outra atividade, sob o Estatuto da Advocacia, Lei n.º 8.906/94 é inviável, mas nada impede que o profissional do Direito tenha parcerias externas com profissionais de outras áreas que estejam alinhados com a sua especialização.

Por exemplo, um advogado que atue no Direito Ambiental pode fazer parceria com um engenheiro, ou um tributarista que tenha como parceiro um contador, um advogado da área trabalhista que tenha parceria com um profissional que exerça cálculos trabalhistas. **Parcerias ampliam cada vez mais sua rede de contato e, portanto, o seu leque de oportunidades.**

Porém, em se tratando de fusão, essa pode ocorrer entre escritórios de advocacia, e neste caso é extremamente necessário conhecer a cultura organizacional de cada um deles, para que haja um alinhamento de valores e propósitos, assunto que trataremos mais adiante.

No caso da opção por um nicho, o argumento que o reforça é o interesse dos clientes por determinadas especialidades, como por exemplo, Direito de Novas Tecnologias, Biodireito ou Direito Ambiental.

Mas é preciso estar atento para que o nicho esteja também alinhado ao mercado em que o advogado atua.

Esses estudiosos, porém, ressaltam que a mudança precisará vir com a compreensão dos diferentes mecanismos de crescimento e com a busca de uma estratégia mais eficaz para esse crescimento, especialmente no que diz respeito à competitividade que, por sinal, já é uma realidade nos **escritórios de advocacia bem-sucedidos** tanto em reputação como financeiramente.

Esses escritórios sabem que o uso de práticas de gestão, planejamento, organização e, sobretudo, entender as pessoas, colaboradores, sócios e clientes é fundamental, pois representam o maior ativo de uma organização e o único capaz de **estimular a criatividade e a inovação**, duas características "de ponta" para os novos cenários.

Não por coincidência, eles foram os primeiros a **adaptar a sua cultura na forma de trabalhar**, adotando ferramentas administrativas, que antes pareciam pertencer apenas às áreas industriais e comerciais, e colocando-se em vantagem em relação à concorrência do seu mercado.

Desafios dos novos cenários

Para o estudioso britânico Richard Susskind,[6] que esteve no Brasil para a 2ª Conferência Internacional de Governança da Informação, durante a Fenalaw 2018, é evidente que, em alguns casos "somente advogados ou pessoas formadas em Direito podem fazer alguns serviços. Muitas vezes, porém, os processos podem ser mais eficientes, escaláveis e baratos, como em ações de massa, se racionalizados".[7]

Ele vê atualmente duas versões para o futuro: na primeira, "uma versão melhor do mundo em que vivemos; na segunda, a tecnologia avança de maneira veloz e causa a disrupção de variados setores econô-

---

[6] Susskind é professor da Universidade de Oxford e presidente da Sociedade para Computadores e Direito.

[7] PÁDUA, 2019.

micos e comportamentais e sociais" – sendo que considera a segunda mais provável.

"Precisamos de uma geração de advogados capazes de **desenhar, desenvolver, entregar e manter os sistemas que substituirão as velhas formas de trabalhar** [...]", destacou Susskind em entrevista à *Jota Info*, lembrando que já existem consultorias que oferecem serviços neste sentido, além das *legaltechs*,[8] que vêm se ramificando a cada ano, pois "a gestão jurídica pode se assemelhar ao gerenciamento de projetos".

Esta visão não é apenas de Richard Susskind. Respeitadas algumas diferenças, é compartilhada por vários outros estudiosos da área. Mas nunca é demais ressalvar que, seja qual for a direção adotada, existe em cada país um **código de ética profissional** a ser respeitado e aqui é estabelecido pela OAB.

Inclusive, sobre este tema, informa o artigo de Fabio Romeu Canton Filho,[9] no jornal *O Estado de S. Paulo*,[10]

> ... o Tribunal de Ética e Disciplina da OAB-SP – Turma Deontológica, definiu que o **uso de ferramentas tecnológicas é compatível com a profissão** (destaque nosso), uma vez que propicia suporte à atividade dos advogados e que, por isso mesmo, não possui impedimentos legais e éticos. Mas, ressalva que não podem colocar em risco a segurança de dados dos clientes, refletir uma mercantilização da profissão ou promover a captação indevida da clientela. Na equação do Direito e da legalidade, **o ser humano deve prevalecer sobre as plataformas tecnológicas.**[11]

---

[8] *Legaltech* ou *law-tech* são os termos usados para se referir às *startups* desenvolvedoras de tecnologias aplicáveis ao meio jurídico.

[9] Advogado, doutor em Direito pela USP e vice-presidente da OAB-SP no triênio de 2016-2018.

[10] CANTON FILHO, 2018.

[11] Grifos meus.

Não temos dúvidas quanto ao humanismo estar no comando da profissão, e é ótimo poder contar com um olhar atento ao novo e a tomada de posição da OAB. Como lembra Gladson Mamede, o advogado, na condição de instrumentalizador privilegiado do Estado Democrático de Direito, não pode se distanciar dessa sua missão. Segundo ele, "é o advogado que socorre os que estão impedidos de livremente locomover-se, reunir-se ou associar-se. Sem o advogado não haveria efetiva defesa do consumidor, proteção ao direito adquirido, e o exame pelo Judiciário, de lesão ou ameaça a Direito".[12]

Portanto, ao advogado se reservou, por definição, a posição de combatente, dando-lhe a **função de lutar pelo Direito**. Mesmo que usemos a mecanização e a automatização no dia a dia da advocacia, teremos sempre como principal nessa profissão a **essência primordial que é a humana**.

Inclusive falando sobre competências essencialmente humanas, o Fórum Econômico Mundial, em 2016, apresentou em seu relatório "Future of Jobs"[13] que até 2020 pelo menos **10** *Soft Skills* **serão essenciais para quem quiser se destacar na vida profissional**:

1. Resolução de problemas;
2. Pensamento crítico;
3. Criatividade;
4. Gestão de pessoas;
5. Relacionar-se com os outros;
6. Inteligência emocional;
7. Tomada de decisão e discernimento;
8. Orientação para o serviço;
9. Negociação;
10. Flexibilidade cognitiva.

---

[12] MAMEDE, 2003, p. 28.
[13] WORLD ECONOMIC FORUM, 2016.

Como observado, as **ciências humanas** ganham destaque nessa época de grandes transformações tecnológicas, elas que formam o pensamento crítico, que trazem uma imparcialidade intelectual, que abrem a mente, que inspiram e fazem questionar. Desbravam o caminho para a **resolução de problemas** que é um dos papéis cruciais dos advogados.

Saber relacionar-se com os outros abre portas, é a arte de desenvolver o relacionamento interpessoal, é arte de exercer a empatia, tão importante elo entre advogado e cliente, advogado e parceiros.

E sobre as *soft skills* ainda cabe destacar a **criatividade**, que vem subindo cada vez mais no ranking de importância de novas competências em um mundo V.U.C.A. Apesar de ser a que pouco desenvolvemos ao longo dos anos e a que mais perdemos com o passar do tempo, é o **grande diferencial competitivo** para tornar suas ideias únicas e trazer notoriedade à sua advocacia.

Por essa razão, como atores principais desses cenários, tratarei nas próximas páginas sobre temas ligados ao desenvolvimento humano e social e aos principais elementos que os envolvem – direcionando especificamente para o crescimento profissional, seja qual for o tamanho do negócio do escritório de advocacia. Tenho certeza de que esses conhecimentos propiciarão uma base de segurança, uma "prontidão" para conviver não apenas com as mudanças que já estão ocorrendo, como aquelas que virão.

Trabalharei sobre uma proposta de **administração sistêmica**, na qual um elemento está ligado a outro e todos "alimentam" o conhecimento entre si, que muito se aproxima de um conceito que o inspirador Peter F. Drucker sugeriu – o de que em uma organização do futuro, os negócios deverão ser baseados em conhecimento, em informações, composta por especialistas que disciplinam o seu próprio desempenho por meio de feedback organizado entre colegas, clientes e administração central, um modelo distante da empresa manufatureira, de comando e controle, que alguns livros de administração ainda insistem como normas, e mais próximo ao de uma orquestra sinfônica.

A economia determina mudanças, necessitando que organizações se adaptem, inovem e sejam empreendedoras.[14]

Para começar, **nenhum advogado deve se restringir apenas ao Direito** – é fundamental ter um olhar 360 graus para ver tudo o que está ocorrendo à sua volta, estar sempre atento ao que surge e pode ser agregado ao seu trabalho, ao seu crescimento. O segundo passo é ver o seu **escritório de advocacia como uma empresa**, como uma organização, inserida em um mercado – **não importa o seu tamanho**.

Isso exige sair do *status quo*, adaptar a cultura às mudanças mercadológicas e desenvolver um novo *mindset* voltado para o crescimento. Essa mudança é fundamental para juntar as "pontas soltas" do dia a dia que podem estar paralisando os seus passos, e será objeto dos próximos capítulos.

---

[14] DRUCKER, 1988.

CAPÍTULO 3

PARA ONDE VAI A ADVOCACIA

Quem não sabe o que busca, não identifica o que acha.
Immanuel Kant

Se você ainda não se atentou para as grandes mudanças que estão ocorrendo neste exato momento no mundo, preste bem atenção às informações que estão contidas neste capítulo – irei abordar aqui não somente as questões que estão **impactando o mundo**, como seu papel nele e **na advocacia**.

Mas para entender tanto o que está acontecendo quanto o que poderá acontecer, é necessário que, novamente, recorramos a uma pequena retrospectiva – afinal, **só conseguiremos compreender o futuro a partir de uma perspectiva do passado** –, como fiz no capítulo sobre a história e base da cultura da advocacia.

Vou iniciar com a Quarta Revolução Industrial, mostrando-a a partir das perspectivas que a humanidade viveu na Primeira, Segunda e Terceira revoluções.

De forma sucinta, a **Primeira Revolução Industrial**, que ocorreu entre os séculos XVIII e XIX (1760-1840) e foi simbolizada pelo invento da máquina a vapor, dava início à produção mecânica. Naquela época, as pessoas já se questionavam como aquela mudança poderia impactar nas suas vidas e, mais precisamente, nas suas profissões e se algumas delas acabariam desaparecendo.

O mesmo questionamento se repetiu na **Segunda Revolução Industrial** com a chegada da eletricidade, tecnologia que trouxe grandes avanços em termos econômicos e sociais, no final do século XIX e início do XX. Mais uma vez, a sociedade era impactada por uma inovação que causaria mudanças de hábitos e comportamentos. A forma de trabalho nesse período passou a seguir as bases no taylorismo,[1] sistema de eficiência da mão de obra adotado pelas grandes indústrias da época. Nessa época surge o fordismo,[2] termo originado de seu principal personagem: Henry Ford, que tem semelhança com a proposta de Taylor, mas introduziu a esteira rolante para a produção em massa, imprimindo um novo ritmo ao trabalho.

A **Terceira Revolução Industrial**, por volta da metade do século XX, foi industrial, científica e técnica. É simbolizada principalmente pela chegada do primeiro computador, logo depois a internet, pelo uso de novas fontes de energia (solar, atômica) e desenvolvimento da indústria química, com os produtos sintéticos. Foi um período de grandes mudanças econômicas e sociais. **Nos escritórios de advocacia**, as máquinas de escrever deixam as mesas, chegam os computadores, a comunicação em rede, os smartphones... É um período rico em novas teorias de administração e gestão, sobre as quais falarei no capítulo adiante mais detalhadamente.

---

[1] Nome dado à teoria de administração científica, baseada na eficiência industrial, criada por Frederick Winslow Taylor, entre os séculos XIX e XX.

[2] Nome dado à teoria administrativa de produção em massa, criada pelo magnata e fabricante de motores para automóveis Henry Ford, entre os séculos XIX e XX.

O futuro é agora

É interessante destacar que foi no período da Terceira Revolução Industrial que surgiram os chamados especialistas em futurologia, estudiosos de diferentes áreas que conseguiram antever com décadas de antecedência o que estamos vivendo agora – entre os quais Alvin Toffler e John Naisbitt.

Os dois autores foram destacados na dissertação de José Valério Macucci[3] quando resume a trilogia de Toffler, *O choque do futuro*[4] (1970), *A terceira onda*[5] (1980) e *Powershift*[6] (1991), sobre o **imenso esforço do homem diante das mudanças** tanto na sociedade como nas organizações e tanto o desgaste físico quanto psicológico que surge de uma sobrecarga nos sistemas de adaptação física do ser humano e em seus processos de tomada de decisão.

O choque do futuro é a resposta humana ao superestímulo. **Como milhões de pessoas comuns, psicologicamente equilibradas, poderiam encarar um repentino embate com o futuro?**

Para Toffer, a vinda prematura e avassaladora do futuro traria uma espécie de desorientação a ponto de paralisar e incapacitar alguns indivíduos. Seria pouco chamar isso de resistência a mudanças, que naturalmente temos e sobre a qual falaremos adiante.

E "assim como o choque do futuro individual resulta de uma incapacidade de entender e interagir dentro de um novo ritmo de mudanças, os governos e organizações também sofrem uma espécie de choque do futuro coletivo um colapso de seus processos decisórios", resume Macucci.[7]

---

[3] MACUCCI, 1995.
[4] TOFFLER, 1970.
[5] Id., 1980.
[6] Id., 1991.
[7] MACUCCI, 1995, p. 58.

Em relação à *Terceira onda* (o livro é de 1980), Toffler diz que "a **capacidade adaptativa** viria a ser um proeminente diferencial competitivo para as empresas e as pessoas", com "um processo de mudanças ambientais, organizacionais e, consequentemente individuais, cada vez mais intenso".[8]

John Naisbitt, autor do best-seller *Megatrends,* obra em que descreve a sociedade do futuro, aprofundou a discussão sobre este tema em seu livro *Paradoxo global.*[9] Trata-se de uma reflexão a partir das grandes revoluções que a sociedade mundial passou para chegar a um possível cenário futuro. E como estamos exatamente na fase descrita por ele como "futura", das megatendências, considero importante refletirmos sobre algumas delas.

Segundo esse futurólogo, seríamos a sociedade da informação, fruto da tecnologia avançada, o que exigiria novas expertises dos indivíduos. Aprender a processar todas essas informações é hoje uma tarefa que demanda foco.

Na revolução tecnológica, a intercomunicação universal seria uma realidade e se daria por meio de "computadores pessoais e os dispositivos de comunicação pessoais sem fio".[10] Em consequência, teríamos novos ambientes de trabalho, bem como a oportunidade de colaboradores atuarem a partir de sua própria casa, o que chamamos hoje de home office.

Ainda sobre comunicação, o autor destacou os "satélites", que seriam o teto do planeta e a partir dos quais todos poderiam conectar-se em tempo real e de onde estivessem. Dizia ele: "As telecomunicações fornecerão a infraestrutura de que toda indústria e toda empresa necessitarão a fim de competir em um mercado realmente cosmopolita".[11]

---

[8] Ibid., p. 62.
[9] NAISBITT, 1994.
[10] Ibid., p. 99.
[11] NAISBITT, 1994, p. 53.

Quanto à ciência, passaríamos por um aprofundamento em questões relacionadas à biotecnologia e à cibernética. A inteligência artificial seria um grande passo. Certamente estamos vivendo hoje esse grande momento de transição. Fala-se muito de IA, mas é necessário que possamos compreendê-la cada vez mais para que seja nossa aliada e não nossa algoz, como muitos preconizam.

Os paradoxos de Naisbitt acompanhariam todas as grandes mudanças que ocorreriam nas três ou quatro décadas seguintes, impactando as relações sociais, políticas e econômicas. O futurólogo descreveu exatamente essa onda de adaptações, conflitos e crises que estamos vivendo.

Ele traz para a época atual também uma maior consciência ambiental e uma maior expectativa de vida para o ser humano – em que os idosos representariam uma grande parcela de consumidores no planeta.

Para o autor, as mulheres teriam um papel cada vez mais ativo nesse novo perfil da sociedade. De fato, os movimentos feministas cresceram, muitas mulheres ocupam hoje espaços de destaque, inclusive na carreira jurídica, embora a busca pela igualdade ainda continue sendo uma luta árdua.

Na política, as pessoas estariam cada vez mais se "clusterizando", seja por meio de ideologias, comunidades, valores, dentre outros. Segundo o autor, "quanto mais universais nos tornamos, mais tribalmente agimos".[12]

Percebe-se que muitas coisas previstas por Naisbitt aconteceram e outras ainda estão acontecendo. **Você já parou para observar o quanto evoluímos de lá para cá?** Já pensou o quanto algumas dessas previsões pareciam absurdas para as pessoas naquela época? Bom, acho que tudo isso nos ensina uma coisa: a estarmos antenados e buscarmos ser as pessoas do futuro. Essas pessoas, lembrando Alvin Toffler novamente,

---

[12] Ibid., p. 20.

estariam preparadas para viver este futuro, percebendo as mudanças e sabendo lidar com elas.

Tofler alertava para os grandes traumas que poderiam ser causados pelo choque do futuro, ajudando a conscientizar as pessoas a assumirem o controle da mudança e a nos antecipar, humanizando os dias que ainda estariam distantes.[13]

Leve esta reflexão para a realidade atual dos advogados. Como eu sempre pontuo, para entender o presente e o futuro, procure compreender o passado. E para saber lidar com esse futuro, esteja antenado e comprometido com tudo o que acontece agora à sua volta.

Certeza da incerteza

O início do século XXI foi marcado por dois sustos: o primeiro, o *bug* do milênio – e alguns de vocês que estão lendo agora devem se lembrar da ameaça de que os computadores, na época programados para interpretar as datas com dois dígitos, ao passar do ano de 1999 para 2000, voltassem para o ano de 1900. Tudo o que estivesse armazenado digitalmente – de arquivos históricos, documentos, a investimentos, poderiam ser perdidos. Felizmente, exceto por algumas falhas, o pior não ocorreu, até porque já existiam computadores com datas em quatro dígitos – o que não impediu o pânico geral.

O outro susto foi em 2001, quando ocorreu o ataque às Torres Gêmeas, em Nova York, fato que traçou uma linha divisória para nossa crença de poder manter o mundo sob controle. E levou o nosso olhar até os conflitos, principalmente, no Oriente Médio, causando crises migratórias e gerando sentimentos de xenofobia em diversas partes do mundo. Também cresceu muito nesse início do século XXI a preocupação com as mudanças climáticas.

---

[13] TOFFLER, 1972.

Cabe aqui fazer um paralelo entre as revoluções industriais. Todas mudaram a economia, a sociedade e a percepção de mundo, e todas trouxeram um medo significativo da mudança, algo inerente ao ser humano. Mas os questionamentos eram sempre os mesmos: como isso impactaria nas profissões? Aumentaria o número de desempregados? Os seres humanos seriam substituídos por máquinas?

No **mercado jurídico**, o questionamento atual é: a advocacia poderá ser substituída pelos robôs?

Nas três primeiras revoluções industriais sofremos um grande impacto em nossas habilidades físicas. Agora, com a chegada da Quarta Revolução Industrial, sentimos que nossas **habilidades cognitivas** estão ameaçadas, pois essa é a característica da Inteligência Artificial. Talvez seja essa a revolução de maior **ruptura** de todos os tempos.

Klaus Schwab, engenheiro e economista, fundador do Fórum Econômico Mundial (FEM) e autor do livro *A Quarta Revolução Industrial*,[14] reforça que essa nova era, caracterizada pela convergência de tecnologias digitais, físicas e biológicas, modificará drasticamente não apenas o modo como vivemos, mas a maneira como trabalhamos. Para ele, as inovações ocasionadas por essa revolução, que envolvem desde as IAs até a biotecnologia, estão redefinindo o que significa o ser humano.

Como exemplo, Schwab cita o aumento dos atuais limites da expectativa de vida, saúde, cognição e competência de maneiras, "que antes pertenciam somente ao mundo da ficção científica". E alerta: "Por sermos seres humanos e animais sociais, precisamos pensar individual e coletivamente sobre como responder a temas como a extensão da vida, os bebês projetados, extração de memória e muito mais".[15] Esses temas requerem um vasto campo de estudo e possuem **inúmeras possibilidades para o trabalho do advogado**, pois trazem à tona novas discussões morais com que a sociedade precisará lidar.

---

[14] SCHWAB, 2016.
[15] Ibid., p. 98.

58 PARTE I MUDANÇAS NA HISTÓRIA E A CULTURA DA ADVOCACIA

É evidente que com a Quarta Revolução Industrial os saltos mais surpreendentes das ciências da computação foram o desenvolvimento da IA e a robótica. Para muitos, esses avanços trazem a sensação de ameaça ao fator humano, pois além de contarem com habilidades cognitivas e físicas, possuem a capacidade de conexão, tornando possível interligar os robôs, algo que nem o mais apurado sexto sentido consegue fazer com dois ou mais seres humanos.

Vale lembrar que, apesar de assustar o século XXI, os primórdios da IA são de dois séculos antes. O primeiro algoritmo foi criado pela matemática inglesa Ada Lovelace[16] para ser processado pela máquina analítica (*Analytical Engine*) do matemático inglês Charles Babbage.[17]

Dar exemplos de até aonde a IA poderá chegar nos arrisca à defasagem entre a data em que estou escrevendo e a que você estará lendo, pois as mudanças são muito rápidas, mas podemos citar uma das mais acessadas, a do Google.

E nos setores industriais e comerciais elas já se tornam comuns, como destaca artigo da Media Lab no jornal *O Estado de S. Paulo*:[18]

> Nas grandes empresas, o computador cognitivo Watson, com modelos mais avançados de IA já presta grandes serviços. Atende clientes, evolui com aprendizagem profunda (*deep learning*) gerencia o ritmo e o fluxo do trabalho com os últimos avanços de "aprendizagem de máquina" (*machine learning*). [...] E realiza tarefas mais complexas

---

[16] A inglesa Ada Lovelace, nascida Ada Augusta King (1815-1852), ou Condessa Lovelace, desde jovem já se dedicava à matemática e, ao conhecer o matemático, ficou muito interessada na máquina analítica do pesquisador Charles Babagge (veja a próxima nota), passando a colaborar com ele e delineando o futuro da computação. É considerada a primeira programadora de Inteligência Artificial do mundo.

[17] O inglês Charles Babbage (1791-1871) foi pioneiro na ciência da computação, criador, em 1820, da *Difference Engine*, uma máquina que poderia realizar cálculos matemáticos. Mais tarde, trabalhou em uma invenção mais complexa, a *Analytical Engine*, cuja programação foi realizada por Ada Lovelace. O dispositivo revolucionário garantiu a Babbage fama de "pai do computador". Informação disponível em: <https://www.bbc.co.uk/history/historic_figures/babbage_charles.shtml>. Acesso em: 2 maio 2014.

[18] A Media Lab Estadão é uma plataforma criada por projeto especial de publicidade que faz referência ao Media Lab do Massachusetts Institute of Technology – MIT (Estados Unidos).

nos laboratórios de pesquisa, nos satélites de comunicações ou nos robôs mais avançados.[19]

Por outro lado, a área jurídica começou a adotar plataformas de inteligência artificial, a exemplo do *Ross Intelligence*, que foi **considerado o primeiro robô advogado do mundo** e tem como base o mesmo sistema Watson de computação cognitiva da IBM. O primeiro escritório de advocacia que adquiriu o Ross atua na área de falência, a Baker & Hostetler, de New York, em novembro de 2017.

Já "no Brasil, há um crescente uso da tecnologia em favor do serviço jurídico prestado pelas ***startups* jurídicas**, em favor dos escritórios de advocacia e também um uso crescente do digital pelo próprio Poder Judiciário na entrega da jurisdição".[20]

Outro exemplo interessante de uso da IA pela advocacia é a plataforma *Airport Lawyer*, que oferece atendimento gratuito de advogados para imigrantes e refugiados vulneráveis nos aeroportos internacionais dos Estados Unidos. Criado em um fim de semana por um grupo de advogados, tecnólogos e tech-lawyers, o aplicativo permite compartilhar informações com outros advogados e conecta os viajantes com suas famílias.[21]

Estas e outras iniciativas estão fazendo tanto a área jurídica quanto vários outros setores da sociedade se aprofundarem mais no significado de dois conceitos, relativamente recentes, que visualizaram com muita clareza os cenários que fariam fundo para o mundo atual: V.U.C.A. e a Modernidade Líquida. Resumidamente, lembro aqui estes conceitos:

O acrônimo V.U.C.A. foi utilizado pela primeira vez pelo US Army War College em 1987,[22] quando os militares analisavam os cenários

---

[19] O MUNDO NOVO NA INTELIGÊNCIA ARTIFICIAL, 2019.

[20] FELIPE; PERROTA, 2018.

[21] AIRPORT LAWYER, 2019.

[22] U.S. ARMY HERITAGE AND EDUCATION CENTER, 2019.

mundiais pós-Guerra Fria e chegaram ao conceito de **Volátil** (*Volatile*), **Incerto** (*Uncertain*), **Complexo** (*Complex*) e **Ambíguo** (*Ambiguos*).

A expressão, que definia muito bem nossa sensação em relação às novas realidades, começou a deixar os quartéis e já permeava outros setores no início dos anos de 2000. Inclusive os administrativos.

E nada seria como antes. A Quarta Revolução Industrial com a Inteligência Artificial mostrando que viera para ficar, exigindo esforços inesperados e extras de adaptação. E com ela, o temor do fim de muitas atividades profissionais. Teríamos condições e tempo para controlar este processo?

O professor de História e filósofo Yuval Noah Harari,[23] em seu livro *21 lições para o século 21*,[24] diz que nós humanos não conseguimos ainda qualquer consenso quanto a questões como esta, pois "estamos no momento niilista de desilusão e raiva, depois da perda da fé nas narrativas antigas, mas antes da aceitação de uma nova".

Para ele, a forma de enfrentar esse quadro é substituir o pânico pela perplexidade, uma vez que o pânico "é uma forma de prepotência", ou seja, dá a impressão de que já sabemos que o mundo está indo ladeira abaixo. Já a perplexidade tem o dom de humildade, nos ajuda a assumir que, na verdade, não entendemos "o que está acontecendo no mundo".

O professor britânico Darren Dalcher,[25] autor de vários livros na área de projetos de gerenciamento, argumenta que isso se deve ao fato de que no século XX tivemos problemas com os quais já estávamos familiarizados. No século XXI não podemos contar com isso porque não temos familiaridade com os problemas que surgem.

---

[23] Yuval Harari é professor no Departamento de História da Universidade Hebraica de Jerusalém. Nascido em Haifa, Israel, em 1976, recebeu seu PhD da Universidade de Oxford em 2002.

[24] HARARI, 2018, p. 26.

[25] Darren Dalcher é professor de gerenciamento de projetos na Universidade de Hertfordshire, diretor do Centro Nacional de Gerenciamento de Projetos no Reino Unido e PhD em Engenharia de Software pelo King's College London. A citação é de Nigel Girling, diretor do The National Centre for Strategic Leadership, em Babington (UK), no artigo "VUCA in Leadership: Adapting to Change".

Outro importante cenário dos tempos V.U.C.A. em que estamos vivendo foi o da presença de um grande contingente de novas gerações entrando no mercado de trabalho.

Pela primeira vez, **mais de quatro gerações estão convivendo no local de trabalho** – os baby boomers e os X, Y e Z, cada uma com a sua cultura. Os mais velhos trazendo a experiência; os mais jovens, a familiaridade com sistemas digitais, horários flexíveis, informalidade no vestir e tratar as hierarquias.

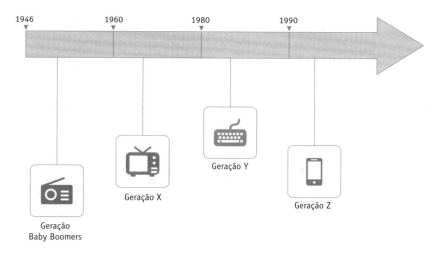

Não faltam motivos, portanto, para que tenha se consagrado nos últimos tempos o termo "disruptivo"[26] – no sentido de interrupção inesperada de um processo ou uma ação. Uma inovação que muda as regras do jogo, que cria um novo mercado e desestabiliza os concorrentes. A exemplo do que ocorreu com a Netflix, que mudou totalmente a forma de vermos filmes, sem precisar de uma "locadora de vídeos", tão comuns há não muito tempo.

---

[26] Apesar de ser um termo muito usado atualmente, foi inspirado pelo conceito do economista austríaco Joseph Schumpeter, em 1939, a "destruição criativa" para explicar o ciclo dos negócios. Mas ganhou novo sentido com o trabalho de Clayton M. Christensen, professor de Harvard, usando-o como inovação disruptiva (*disruptive innovation*) (CHRISTENSEN, 2016).

62 PARTE I MUDANÇAS NA HISTÓRIA E A CULTURA DA ADVOCACIA

Por outro lado, o trabalho do sociólogo e filósofo Zygmunt Bauman[27] avançou ainda mais ao descrever o processo de transição entre a modernidade e a fase atual, lançando o conceito de **Modernidade Líquida**, em um livro de mesmo nome.[28] Bauman cunhou o termo devido à crescente convicção de que a mudança é a única coisa permanente; e a incerteza, a única certeza.

A modernidade líquida é o oposto da sólida, na qual as formas sociais eram estáveis e bem definidas. Nela, o indivíduo é socialmente integrado pelo consumo e definido por suas escolhas, que, por sua vez, flutuam rapidamente, de acordo com as exigências sociais e econômicas. Pelo lado fácil, temos a liberdade; pelo lado difícil, a incerteza.

Em uma palestra que realizei na Fenalaw 2018[29] abordei essa obra, justamente destacando a sua capacidade de descrever perfeitamente os **desafios contemporâneos desta modernidade**, com seus sinais confusos, propensa a mudar tudo com rapidez e de forma imprevisível, tornando nossa vida instável, volátil e imediatista.

Por essa razão, segundo o sociólogo, as relações econômicas e sociais estão se tornando cada vez mais instáveis e instantâneas, afinal, o líquido sofre constante mudança e não conserva a sua forma por muito tempo.

Como mencionei em minha palestra, Bauman dizia que, com as tecnologias, "o tempo se sobrepõe ao espaço", podemos nos movimentar sem sair do lugar. Somos livres, mas não conseguimos transformar o mundo – temos um sentimento de impotência. E essa frustração pode gerar um ódio intenso a tudo e a todos.

Provocações nesses novos tempos, portanto, não faltam. É necessário estarmos inteiramente conectados a este mundo novo, cheio de

---

[27] Zygmunt Bauman (1925-2017) foi catedrático emérito de Sociologia nas universidades de Leeds (UK) e de Varsóvia (Polônia).

[28] BAUMAN, 2001.

[29] Fenalaw 2018 – 24 a 26 de outubro, no Centro de Convenções Frei Caneca, em São Paulo (SP). O Fenalaw é um evento anual, composto de exposição e congresso, considerado o maior da América Latina para o mercado jurídico.

desafios, mas também oportunidades. Um mundo que exige novas competências, com destaque para as aqui já citadas, faladas no Fórum Econômico Mundial, em 2016, que estão ligadas à área de humanas, a qual nenhum computador ou robô poderá substituir. Afinal, para não ser substituído por um robô, o melhor é não ser um robô. **Envolva-se com as mudanças e faça delas a sua melhor aliada.**

E como advogar é uma atividade essencialmente humana, considero oportuno encerrar este capítulo tão repleto de inquietações com uma frase do advogado formado na Inglaterra, ativista pelos direitos humanos e líder espiritual indiano Mahatma Gandhi que, depois de resolver um conflito diretamente entre as partes sem precisar ir a um tribunal, comentou:[30]

> Aprendi naquele momento o verdadeiro sentido da lei. Consegui ver o lado mais nobre da natureza humana e penetrar no coração das pessoas. Percebi que a verdadeira função do advogado é unir as partes.

Passo a passo, vamos caminhando...

---

[30] EASWARAN, 2011.

CAPÍTULO 4

MUDAR É... HUMANO!
(E advogar é estar em constante mudança.)

*Toda reforma interior e toda mudança para melhor dependem
exclusivamente da aplicação do nosso próprio esforço.*
Immanuel Kant

Embora não seja privilégio do ser humano, pode-se dizer que na
espécie animal somos, sem dúvida, incomparáveis para realizar
mudanças, tanto interna quanto externamente.

Externamente, sob o ponto de vista profissional, no caso da advocacia, as mudanças parecem seguir uma lógica: estudar, se formar, abrir
um escritório, atender clientes. Só que, ao atingir esse objetivo, nossa
tendência é fazer tudo para mantê-lo estável. E, ao perceber a necessidade de uma mudança maior, nossos mecanismos internos entram em
ação, geralmente a favor da resistência.

É compreensível. Afinal, fomos nos "construindo" desde que nas-
cemos – inclusive construindo crenças que por vezes nos limitam, principalmente quando enfrentamos desafios pessoais e profissionais e

somos bombardeados por opiniões e conselhos da família, da sociedade, dos amigos, da religião e da nossa cultura.

Só que, de repente, o mundo passa a ser volátil demais, e nos exige mudanças que havia pouco tempo nem sequer imaginávamos precisar fazer. Com certeza, não é uma tarefa fácil. Mas será possível? Será que conseguiremos nos adaptar a este mundo novo?

Claro que sim!

As razões variam, mas todos nós passamos por algum tipo de necessidade de sobrevivência – aquele mesmo instinto que levava todos os dias os nossos ancestrais a buscarem novos desafios, em que a mudança passava a ser inevitável.

Voltando para um passado bem distante, vale lembrar que, desde o início da humanidade, quando os homens eram caçadores e coletores e se organizavam em clãs, o seu principal alimento era o mamute,[1] cuja carne era muito rica em proteínas. Quando não o encontravam no local onde viviam, tinham que se mudar e explorar novas regiões, mesmo com o perigo de encontrar novos clãs, situação em que um embate seria inevitável.

Mesmo assim, estavam dispostos a correr o risco e fazer a mudança, ou não sobreviveriam. A mudança faz parte da evolução humana desde os primórdios dos tempos e sobreviveram aqueles que venceram seus medos e seguiram em frente.

Guardadas as proporções da comparação, a verdade é que estamos vivendo num misterioso mundo novo não só no trabalho como na vida pessoal e social. Um mundo onde a inteligência artificial e os robôs parecem ter chegado sem avisar com antecedência suficiente para que pudéssemos recebê-los em total igualdade de condições – por isso, a maioria de nós tem a sensação de chegar sempre atrasado, pois tudo acontece de forma extremamente acelerada.

---

[1] Animal extinto pela caça excessiva, que foi fonte de alimentação do homem pré-histórico.

Na advocacia, por exemplo, vivemos o tempo todo com as constantes **mudanças de leis**, para que essas possam estar alinhadas a tudo que acontece hoje em termos de Quarta Revolução Industrial.

E, à vontade ou não com essa nova realidade, fazemos parte deste *cast*, na verdade somos os atores principais. Como em todas as áreas, no Direito estamos vivenciando-a inevitavelmente o tempo todo. Se não realizarmos algumas mudanças fundamentais, corremos o risco, aí sim, de nos transformar em estranhos dentro do nosso próprio tempo.

É fundamental participarmos de algumas mudanças – digo algumas, porque são algumas mesmo. Ninguém precisa mudar sua essência, ninguém precisa se "desconstruir" por inteiro para vencer esses novos desafios. Bastam alguns ajustes e alinhamentos, sabendo exatamente em que e como fazer.

Podemos antecipar que o maior deles é a rapidez. Não há tempo a perder. Felizmente, contamos com o aparato de nossa inteligência natural para enfrentar mudanças. Nosso cérebro é incrível, tem capacidade de aceitar e assimilar novos dados e informações a qualquer tempo e fase da nossa vida, isso está cientificamente comprovado.

E é exatamente no sentido de acrescentar, organizar e usar informações sobre as mudanças tratadas neste livro que me proponho ajudar – indicando rotas e vias de acesso mais práticas e rápidas para os caminhos das **novas formas de ver a advocacia e de advogar**.

Não tenho como saber por meio de um livro quem é você e o nível de sua disposição para mudar, mas a minha experiência em consultoria tem demonstrado que o primeiro movimento nessa direção vem da **compreensão dos nossos processos mentais**, envolvendo inevitavelmente mudanças mentais, emocionais e comportamentais em um processo conhecido como **mudança** *mindset*. Se você frequenta palestras e cursos voltados para o empreendedorismo na advocacia, certamente já deve ter ouvido falar disso. É um tema apaixonante, sobre o qual existem conhecimentos recentes da neurociência que, acredito, valem a pena ser relembrados.

Entendendo a inteligência natural

Tudo começa no cérebro. O nosso, como o de outros animais, possui plasticidade vitalícia, ou seja, capacidade de se modificar. A diferença é que, no caso humano, essa capacidade desempenha um papel diferente. Somos a única espécie a usá-la como ator central no refinamento e na evolução cerebral.

Quem diz isso é nada mais, nada menos do que o neurocientista V. S. Ramachandran,[2] best-seller e um dos campeões de audiência nas palestras do TED.[3] Ele explica: "Por meio de seleção natural, nossos cérebros desenvolveram a capacidade de explorar o aprendizado e a cultura para impelir nossas transições de fases mentais".[4]

Segundo este estudioso, poderíamos nos intitular *Homo plasticus*, tamanha a potência dessa condição – que difere muito de outros animais devido ao fato da nossa infância e juventude serem "quase absurdamente prolongadas", tornando-nos "tanto hiperplásticos quanto hiperdependentes de gerações mais velhas por muito mais de uma década".

E como "a infância humana ajuda a assentar os fundamentos da mente adulta, a plasticidade continua sendo uma força importante durante a vida toda". Sem ela, "ainda seríamos seres nus da savana – sem fogo, sem ferramentas, sem escrita, tradição, crenças ou sonhos", completa Ramachandran.

---

[2] V. S. Ramachandran, cujo nome completo é Vilayanur Subramanian Ramachandran, foi apelidado, não sem motivo, de "Marco Polo da Neurociência" por suas "viagens" sobre os mistérios da neurologia de comportamento e da psicofísica. Até esta data, o cientista era diretor do Centro do Cérebro e da Cognição da Universidade da Califórnia, em San Diego.

[3] TED (Technology, Entertainment, Design), é uma divisão da Fundação Sapling dos Estados Unidos, uma organização sem fins lucrativos, destinada à disseminação de ideias – segundo definição da própria instituição. Suas conferências (Ted Talks) são realizadas na Europa, Ásia e nas Américas e disponibilizadas para o grande público em todo o mundo pelo YouTube. Disponível em: <https://www.youtube.com/user/TEDxTalks>. Acesso em: 23 maio 2019.

[4] RAMACHANDRAN, 2014, p. 41.

Isso significa termos à nossa disposição competências mentais que permitem trabalharmos novos modos de pensar e de se comportar em qualquer idade, para nos sentirmos mais felizes e realizados.

A competência humana de mudar já era objeto de observação na Antiguidade, mas se tornou consenso nos meios acadêmicos há pelo menos três séculos por meio dos estudos científicos de observação do desenvolvimento humano pelas ciências biológicas, humanas e sociais.

Os primeiros passos nesse sentido foram dados a partir do livro do naturalista britânico Charles Darwin, *On the Origin of Species by Means of Natural Selection*, em 1859, que trata da nossa capacidade de nos **adaptarmos para sobreviver**, como exemplifiquei anteriormente.

Dali em diante, vários estudos, principalmente na área da Psicologia, desenvolveram teorias importantes, como o trabalho do psicólogo e filósofo suíço Jean Piaget no século passado sobre os **vários aspectos da inteligência**.

Nossos neurônios "conversam uns com os outros" – e é nesses pontos de contato, "chamados sinapses, que a informação é compartilhada", explica o neurocientista Ramachandran. Tudo isso ocorre no hipocampo, área do cérebro responsável por funções muito importantes, como **memória e emoções**.

Vale lembrar também o que diz o autor do livro *Inteligência emocional*, Daniel Goleman, de que não existe uma loteria genética que define vitoriosos e fracassados no jogo da vida, e embora existam pontos que determinam certo tipo de temperamento, **muitos circuitos cerebrais da mente humana são maleáveis e podem ser trabalhados**.[5]

A relevância desse conhecimento está diretamente ligada ao que iremos abordar a seguir, a formação da mentalidade, ou *mindset*, e principalmente à sua capacidade de mudar, que começa com o estudo do desenvolvimento humano e está ligado diretamente ao desenvolvimento do profissional que você quer ser.

---

[5] DANIEL GOLEMAN E A INTELIGÊNCIA EMOCIONAL. Disponível em: <http://www.sbie.com.br/blog/daniel-goleman-e-a-inteligencia-emocional/>. Acesso em: 1 jul. 2019.

Desenvolvimento humano

Como vimos, somos os animais que mais demoram para amadurecer. Em geral, as outras espécies em poucos dias ou meses já estão dominando as principais formas de se defender para sobreviver sozinhas – aprendem a caçar, a colher, a lutar para se defender e a se recolher para dormir.

Nós precisamos de anos para atingir a maturidade e as etapas que percorremos durante este caminho foram cada vez mais objeto de estudos até que no século passado atingiram um enorme avanço – entre os quais, a elaboração do **modelo sistêmico**, com o qual me identifico, pois o considero o mais alinhado com os tempos atuais. Sua origem remonta a questões trazidas pela física quântica.

A aplicação da Teoria dos Sistemas na área de humanas deve-se principalmente a um grupo de estudiosos da escola de Palo Alto, na Califórnia (Estados Unidos),[6] das áreas de antropologia, medicina, psiquiatria e psicoterapia familiar – em especial, o da antropóloga Margaret Mead e do antropólogo e etnólogo Gregory Bateson em 1940, envolvendo a comunicação interpessoal.

A partir daí, chegou-se à compreensão do **indivíduo como parte interdependente de sistemas sociais maiores** – família, sociedade, trabalho. Na natureza, tudo está interligado, por que no humano não estaria?

No próprio Direito já lidamos com a visão sistêmica, como no caso relacionado à Constelação Familiar. É dado oportunidade para que as famílias que estão envolvidas em algum tipo de litígio possam experimentar um novo canal de comunicação e mediação – quando passam a ser protagonistas e são levados a refletir acerca da natureza dos conflitos e das possibilidades de solução.[7]

---

[6] Resumo baseado na obra de COTÉ, 1999.

[7] DIREITO SISTÊMICO: OFICINA "CONVERSAS DE FAMÍLIA", 2017.

Nada mais atual em um momento em que vivemos uma realidade globalizada (um único mundo para todos nós) no qual fenômenos biológicos, psicológicos, sociais e ambientais possuem ligações e são dependentes uns dos outros. "O todo apresenta propriedades e características próprias que não são encontradas em nenhum dos elementos isolados"[8] – pois as pessoas são influenciadas tanto por suas intenções quanto pelas intenções das outras e pelas possibilidades do ambiente e/ou do sistema.

Sob esse ponto de vista, significa termos consciência o tempo todo de que **"somos parte"**. O mundo é visto em termos de relações e de integração.

Toda mudança passa por uma aprendizagem. E como diz a estudiosa Kourilsky-Belliard,[9] "se nós somos aquilo que aprendemos, podemos evoluir ao aprender mais e continuamente, e especialmente ao aplicar aquilo que acabamos de aprender".[10]

Ela trata ainda dos níveis de aprendizagem listados por Bateson, destacando o de ponto mais alto, o da "mudança profunda" (nível 3) que, "frequentemente requer a **intervenção de um profissional da mudança**, ou ainda de uma terceira pessoa criativa e externa ao problema", pois "consistirá, em primeiro lugar, em retirar o problema do contexto inadequado, a partir do qual ele é visualizado pela pessoa afligida, redefinindo-o em um contexto que seja mais operatório".

Isso permitirá "escapar das armadilhas que construímos", comenta a autora, pois os "bloqueios com que nos defrontamos são, quase sempre, criados pela rigidez de nossas construções mentais".[11] Um(a) consultor(a) externo vem para preencher essa lacuna.

Essa conclusão nos leva ao conceito de *mindset* e ao trabalho de mudança de *mindset*, que abordo também em minha consultoria.

---

[8] CHIAVENATO, 2004.

[9] KOURILSKY-BELLIARD, 2004.

[10] Ibid., p. 13.

[11] Ibid., p. 23.

Mindset e mudança de *mindset* na advocacia

Fala-se muito em mudança de *mindset* como premissa para viabilizar todas as transformações que deverão ser empreendidas na advocacia, porém a ideia não fica tão clara se não compreendermos melhor o que é *mindset* e como cada um de nós poderia, de fato, estar apto a mudá-lo.

O termo pode ser traduzido de forma simples para "mentalidade", ou seja, mudança de *mindset*, seria mudança de mentalidade – o que exige **vencer algumas crenças limitantes**, os "bloqueios mentais".

Segundo Carol S. Dweck, professora da Psicologia Lewis e Virginia Eaton, na Universidade de Stanford (Estados Unidos) e especialista em sucesso e motivação, "a opinião que você adota a respeito de si mesmo afeta profundamente a maneira pela qual você leva a sua vida" e "pode decidir se você se tornará a pessoa que deseja ser e se realizará aquilo que é importante para você".[12]

E isso depende das crenças que foram construídas ao longo da sua vida pelas influências da sua família, professores, amigos, colegas de escola e trabalho, religião e tudo o que vem moldando o seu existir.

Segundo a mesma autora, acreditar que suas características não podem mudar, faria você viver sempre dentro de um mesmo *mindset* pela simples necessidade de se autoafirmar o tempo todo – o que vem na contramão da capacidade humana de evoluir e de que a adaptação ao novo ao longo da vida é necessária.

No modelo do pensamento sistêmico, qualquer mudança vai desafiar as regras que estavam estabelecidas para nossas atitudes e comportamentos – o que significa que sempre passaremos por um **processo de reconstrução**, de aprendizagem contínua para uma nova mentalidade.

O *mindset* que formamos ao longo da vida muitas vezes nos "aprisiona" em uma determinada realidade, sem conseguirmos ver a de outras pessoas. Mas é por aí que a mudança deve começar – treinando outras

---

[12] DWECK, 2006.

formas de ver a realidade. Essa simples iniciativa nos faz experimentar novas atitudes e comportamentos diferentes daqueles que estavam no sistema anterior, de *mindset* fixo.[13]

Edgar Morin aborda o mundo como um sistema complexo[14] – várias "coisas" estão sempre envolvidas, interagindo, relacionando-se. Como ele diz, o sistema é uma unidade global organizada de inter-relações entre elementos, ações ou indivíduos.

Portanto, para mudar um sistema, temos que olhar primeiro para os sistemas de interação que não funcionam mais, mesmo os que antes funcionavam bem – e o conceito vale para sistemas individuais (cada pessoa é um sistema), familiares, até organizacionais.

Entender que a advocacia de vinte anos atrás não é a mesma de hoje faz parte deste processo e envolve o *mindset* de muitos advogados que atuam em escritórios.

Basta olhar em volta para ver que ainda existe um grande contingente de profissionais do Direito que procuram transmitir o tempo todo uma imagem que muitas vezes não condiz mais com a realidade, pelo menos não com a do sistema no qual está vivendo.

Essa imagem foi construída desde a faculdade, ou até mesmo antes de cursá-la, quando todos diziam que advogado se destaca na sociedade por seu modo preciso de falar, por seu conhecimento altamente especializado, por sua postura, que em muitos séculos, como vimos em capítulo anterior, foi visto como um dos mais imponentes e bem-sucedidos profissionais.

O problema é que a imagem social faz com que muitos advogados ainda sigam esses comportamentos, que representam um verdadeiro **aprisionamento e uma barreira para o *mindset* de crescimento**, defendido por Dweck, pelo qual **talento e inteligência podem ser desenvolvidos.**

---

[13] Pessoas com *mindset* fixo acreditam que suas características básicas, como a sua inteligência ou talento, são traços fixos, não precisam ser desenvolvidos. Também acham que para ter talento e obter sucesso não é necessário nenhum empenho nem esforço – o que está errado.

[14] MORIN, 2015.

Ou seja, é preciso permitir-se errar, cair, buscar ajuda, aprender a valorizar as suas qualidades pessoais, entender-se melhor, conhecer suas fraquezas e suas forças. Enfim, aceitar-se, com tropeços e acertos, ao invés de viver manipulando situações para manter a sua imagem, inclusive entre os próprios colegas.

Por exemplo, em minhas consultorias para escritórios de advocacia e departamentos jurídicos, vejo muitas vezes um advogado tentando resolver uma questão sozinho, "queimando" o seu tempo, por simplesmente não se sentar com um dos seus colegas ou com o grupo para trocar ideias que poderiam resolver facilmente o problema. O receio vem da suposição sobre o que o outro vai pensar.

Não que esse comportamento seja comum somente na advocacia. Ele está presente em muitas outras imagens sociais de profissionais, pois é do ser humano tentar o tempo todo mostrar o quão é importante a sua história, o seu pensar, o seu modo de ser – deixando de lado, mais vezes do que deveria, a importância de ouvir e ver o outro.

Porém a diferença em relação à advocacia é que o *mindset* pessoal recebe forte reforço do *mindset* social da profissão – aquela imagem secular, que sempre foi motivo de orgulho (e com razão), mas corre o risco de sucumbir sob o peso de uma cultura que agora precisa adentrar e se testar nos cenários líquidos que todos estamos vivenciando. Aliás, vale lembrar que o próprio **Direito muitas vezes esteve à frente de mudanças históricas e culturais**.

É tempo de vestir a roupagem do "guerreiro" do século XXI, aquele que não tem medo de se expor, não tem medo de errar, de buscar o constante desenvolvimento – um esforço que profissionais de todas as áreas estão fazendo, com muito sucesso, e com a advocacia não seria diferente.

No caso do advogado, destaco dois movimentos iniciais em direção ao crescimento. O primeiro deles é **não se ater apenas aos saberes do Direito ou a ele relacionados** – que, sem dúvida, precisam de constante atualização –, mas também aos de outras áreas culturais, como política, sociologia, filosofia, literatura, cinema, teatro e música, pois ajudam a florescer cada vez mais o pensamento crítico e a criatividade – competências extremamente importantes na Quarta Revolução Industrial – e ao estar em dia com novos cenários, compreendemo-los melhor.

O segundo movimento é **desmistificar o conceito de que em "time que está ganhando não se mexe"**, nem sempre isso acontece, pois **o melhor momento para mudar é agora**. Invista também em conhecimentos de áreas que até há pouco tempo não pareciam fundamentais para o seu universo de trabalho, como por exemplo, mercado, empreendedorismo, inovação, tecnologia, marketing, cultura organizacional e administração.

A verdade é que mudar não é fácil para ninguém, e também não é fácil para os escritórios jurídicos, mesmo porque a mudança nas organizações é resultado das mudanças individuais que acontecem em cada uma das pessoas que estão envolvidas com o movimento de transformação.

Precisamos entender por que, na maioria das vezes, as **mudanças** não se processam nas bancas de forma satisfatória, o que falta para que elas ocorram, qual a necessidade de conhecermos a **cultura,** bem como a integração do **empreendedorismo** e da **gestão** no dia a dia da advocacia. E, nesse sentido, você pode contar com as próximas páginas – todas dedicadas a esses temas.

CAPÍTULO 5

ADMIRÁVEL MERCADO NOVO E ESPÍRITO EMPREENDEDOR

Nossas ações são as melhores interpretações de nossos pensamentos.
John Locke

O que vem ocorrendo no mercado é realmente admirável, e não é simples acompanhar as novas tendências sem que precisemos o tempo inteiro nos reinventar, pois tudo acontece de forma muito rápida.

Aliás, neste momento, muitas ideias, sistemas e objetos estão sendo reinventados e o que você considera atual já pode estar ultrapassado, daí a necessidade de estar "plugado" o tempo inteiro.

Não faltam livros sobre o conceito de mercado, pois é um tema rico, que envolve muitas áreas de estudo. Mas, antes de mais nada, vamos definir, primeira e simplesmente, **mercado como o cenário onde operam forças de oferta e de demanda**. Na oferta, predominam a competitividade e a concorrência. Na demanda, o bom atendimento e a satisfação às expectativas do cliente.

O escritório da advocacia se insere **como oferta de serviço jurídico** ou de **prestação de serviço jurídico**. Como tal, está competindo com milhares de outros escritórios – e enfrentando os mesmos desafios das **demandas** desse mercado, diferenciando-se por tamanho, forma (boutique, *full service*, abrangente)[1] e nicho.

Segundo dados levantados pela organização da Fenalaw 2017, evento no qual atuo como conselheira, o setor jurídico em nosso país crescia anualmente cerca de 20%, movimentando algo em torno de R$ 50 bilhões, impulsionado por empresas que recebiam até 20 mil processos em um único mês.[2]

Por outro lado, a Ordem dos Advogados do Brasil revelou contar com quase 1 milhão de advogados registrados em 2018, sendo 539 mil homens e 499 mil mulheres. Esse número representava 80,99% a mais do que em 2006, quando o país contava com 574 mil advogados.[3]

Mas essa é apenas uma das faces do que classificamos como admirável mercado novo, e muito diferente daquele mercado de sua origem, que vem da antiguidade.

Historicamente, o mercado já existia desde quando as transações eram realizadas por intercâmbios. Com o surgimento do dinheiro, cresceu e passou por várias mudanças através dos séculos até chegar ao conceito atual, de importante setor da Economia.

Hoje temos vários tipos de mercado – *commodities*, acionários, de prestação de serviço etc. –, todos convivendo com as exigências e os desafios trazidos pelos cenários "líquidos" da Quarta Revolução Industrial – e dos quais **nem mesmo as empresas jurídicas, que sempre contaram com a solidez de sua tradição secular, conseguiram escapar.**

---

[1] Boutique é o escritório especializado em um determinado nicho de mercado ou em uma determinada área do Direito; escritório abrangente é a realidade da maioria dos escritórios, que atuam em várias áreas ao mesmo tempo; e escritório *full service* tem mais o estilo de empresa, tendo crescido muito nos anos 1990, são departamentalizados em áreas e nichos diversos.

[2] MERCADO JURÍDICO MOVIMENTA R$ 50 BI POR ANO NO BRASIL, APONTA LEVANTAMENTO, 2017.

[3] Ibid.

Evidentemente, o desafio não ocorre só no Brasil. Sabidamente, nos Estados Unidos e na Europa, o setor de prestação de serviço de advocacia vem passando por enormes transformações. Alguns optaram pela formação de grandes escritórios, outros pelos nichos, mas muitos, apesar de terem adotado os novos recursos tecnológicos, ainda continuam trabalhando dentro do modelo tradicional.

Ocorre que a transição tecnológica, apesar de essencial, não é o suficiente para enfrentar a concorrência.

Basta ver que, embora técnica e tecnologicamente afinados com o que há de mais atual, muitos escritórios de advocacia a cada dia são menos procurados. Enquanto outros, que mudaram a sua gestão e a forma de atender o cliente, não param de crescer.

A principal razão dessa diferença é que os primeiros se dedicaram mais a fazer a sua parte, a aplicar bem a sua expertise. O outro, além de fazer bem "a sua parte", olhou para o mercado, analisou-o e procurou saber exatamente **como fazê-la melhor**.

São duas imagens mentais bem diferentes que remetem à importância de mudar o *mindset* também na forma de trabalhar. Como vimos no capítulo anterior, mudar o *mindset* consiste em usar nossas competências mentais para substituir conceitos e modelos que já não nos ajudam mais por **novos conceitos e modelos**.

No escritório de advocacia, significa substituir o cenário no qual conseguia sobreviver razoavelmente até aqui por outro, com **espírito empreendedor**, inovador, ou seja, com uma visão de organização, liderança, planejamento, gestão de pessoas, negócio...

Essa constatação não é apenas uma teoria. Um artigo postado no blog da Thomson Reuters Brasil, em 2018, apontou que um dos cinco desafios para o advogado do futuro é o desenvolvimento de novas competências. A **gestão jurídica "apresenta oportunidades crescentes"** e "algumas competências estão em alta, principalmente na questão comportamental".[4]

---

[4] AS 5 TENDÊNCIAS QUE O ADVOGADO PRECISA CONHECER AINDA HOJE, 2018.

Outro reforço citado nesse sentido veio da Robert Half, empresa de recrutamento especializado, afirmando que a busca das organizações, por exemplo, é por profissionais com **senso de dono e perfil empreendedor**. Enquanto o artigo da Forbes, assinado por Mark A. Cohen, avalia que "os fundamentos da advocacia não devem sofrer grandes alterações, mas o que muda drasticamente daqui em diante é **como** os serviços jurídicos serão prestados"[5] (grifo meu).

Vale lembrar ainda as palavras de Viv Williams, diretor da Synphony Legal, em entrevista concedida em 2006,[6] quando destacou a dificuldade de muitos escritórios de advocacia em aceitar a mudança e a responder à crescente ameaça da concorrência adotando a administração no negócio.

Parece muita coisa, mas não é. Vimos no conceito sistêmico que alterar um elemento do sistema é suficiente para iniciar uma mudança em todo o sistema. O importante é saber por onde começar. E não há dúvida de que deve ser por uma **cultura de inovação,** sem perder a essência, e pelo espírito empreendedor, o olhar para esse novo mercado – afinal, é no mercado que o empreendedorismo acontece e se desenvolve.

Empreendedorismo e inovação

Muito se tem falado sobre o termo "empreendedorismo" nos serviços advocatícios, mas nosso papel aqui é sair da superficialidade no uso do conceito e aprofundarmos como de fato ele poderá ser aplicado ao nosso contexto jurídico. Para tanto, iremos entendê-lo a partir do seu significado, até definirmos melhor o seu papel e sua importância na sociedade hoje.

---

[5] COHEN, 2017, tradução livre.

[6] FACE TO FACE: VIV WILLIAMS, 2006.

A palavra "empreendedor" deriva do francês *entrepreneur*, que, por sua vez, vem de *entreprendre*, que uniu o **entre** (do latim *inter*, que significa reciprocidade) e **preneur** (do latim *prehendre*, que significa comprador). Em inglês, gerou o *entrepreneurship*.

Embora tanto o termo quanto a base do conceito tenham origem antiga, foi a partir da década de 1980 que ganharam novo impulso, tornando-se importante objeto de estudos e envolvendo várias áreas do conhecimento.

Para muitos autores, esse maior interesse foi consequência das mudanças ocorridas no mercado. As novas formas da produção, a produção em grande escala e a sociedade do conhecimento exigiram novos modelos de participação dos agentes econômicos, dando espaço e força à **criatividade**, à **capacidade de inovação**, ao **autodesenvolvimento** e à **iniciativa individual de criar pequenos núcleos de produção e serviços**.

Um dos principais teóricos do tema foi o economista austríaco Joseph Alois Schumpeter (1883-1950), que viu o empreendedorismo extremamente ligado à inovação e popularizou o conceito de "destruição criativa", sugerindo substituir os produtos e serviços que já estariam superados e criar novos – incluindo modelos de negócio.[7]

Outro nome de peso, Peter Drucker (1909-2005) fala em "inovação deliberada"[8] por meio da "inovação sistemática". Para ele, a "inovação é o instrumento específico do espírito empreendedor" e deve vir de um exame sistemático das áreas de mudança que oferecem oportunidades empreendedoras.

O tema conta ainda com o trabalho dos professores do Massachusetts Institute of Technology (MIT), Robert D. Hisrich e Michael P. Peters, que dizem que o

---

[7] SCHUMPETER, 1982.

[8] DRUCKER, 2015, p. 38-46.

papel do empreendedorismo no desenvolvimento econômico, envolve mais do que apenas o aumento de produção e renda per capita; envolve iniciar e constituir mudanças na estrutura do negócio e da sociedade.[9]

Já para Fernando Dolabela,[10] respeitado criador de programas sobre o empreendedorismo no Brasil, "o foco do empreendedorismo é o ser humano e sua coletividade. O empreendedor deve apresentar alto comprometimento com o meio ambiente e com a comunidade; ser alguém com forte consciência social".[11]

O que todos os conceitos têm em comum é que o empreendedorismo está profundamente **ligado à ação**. Por isso, quando alguém me pergunta se empreender é uma ciência, um dom ou um talento, respondo sempre que é, antes de tudo, **uma prática**. E que, no caso dos escritórios de advocacia, tem seus próprios desafios.

Empreender na advocacia é sobretudo ter um novo olhar, vencendo resistências seculares e barreiras que muitas vezes prendem o advogado somente às técnicas do Direito. É preciso entender que advogados também empreendem. E é sobre isso que continuarei a falar no próximo tópico.

Desafios do advogado empreendedor

O que seria o empreendedor na advocacia e quais seriam os desafios a serem percorridos por um advogado empreendedor? O que faz do empreendedor alguém especial?

---

[9] HISRICH, 2014, p. 33.

[10] Fernando Dolabela é formado em Administração pela Universidade Federal de Minas Gerais (UFMG), pós-graduado pela Fundação Getulio Vargas (SP) e pela UFMG.

[11] DOLABELA, 2011, p. 15.

Para responder a todos estes questionamentos, precisamos definir inicialmente o conceito de empreendedor. Começaremos então a delineá-lo por uma palavra: **alerta**.

A característica do empreendedor é o "estado de alerta" para descobrir e explorar novas oportunidades, é o que diz o professor de economia da New York University, Israel M. Kirzner. E a pessoa que apresenta essa característica não precisa necessariamente ser o dono ou sócio da organização, pode ser um contratado.

Para o empreendedor não deve existir a palavra "estabilidade" e tampouco a zona de conforto – o que não significa que empreender é "aventurar". Ao contrário, todos os passos em um empreendimento devem ser bem calculados e precisos. O alpinismo, por exemplo, por ser um esporte de alto risco, requer muita técnica, muitas estratégias e sobretudo determinação.

Segundo Waldemar Niclevicz, primeiro brasileiro a escalar o Everest, as pessoas e as organizações precisam ter um planejamento bem-feito, bom desempenho, participação, responsabilidade e profissionalismo para conquistar as suas metas, assim como a escalada de uma montanha. "Chegar ao alto da montanha não é fácil, mas não é impossível. Se quiser chegar ao alto tem que fazer um planejamento bem-feito e executá-lo com excelência", orienta o alpinista.[12]

Uma das qualidades mais importantes de um empreendedor é o **autoconhecimento**, ou **autoconsciência**, algo que muita gente acredita ter. Porém, um estudo realizado pela psicóloga e best-seller Tasha Eurich constatou que de 95% das pessoas entrevistadas que afirmaram ser autoconscientes, apenas entre 10 e 15% realmente eram.[13]

Ser autoconsciente é justamente saber o que você **realmente é**, o que verdadeiramente te **atrai**. Por exemplo, você saberia responder prontamente por que optou por fazer advocacia?

---

[12] PLANEJAMENTO É A ESCALADA PARA ALCANÇAR O SUCESSO, DIZ ALPINISTA, 2015.

[13] MORGAN, 2018.

Se respondeu sim, ótimo. Se respondeu não, está na hora de rever a sua vida profissional, nunca é tarde para isso. Quanto maior for a ligação entre quem você é o que você faz, melhor o seu negócio tende a se desenvolver. O advogado empreendedor precisa ter, antes de qualquer coisa, **foco e paixão pelo seu trabalho**, é isso que o movimenta, o motiva e o faz superar desafios – que não são poucos.

É preciso, também, ter uma **visão ampla, enxergar lá na frente**. Saber exatamente aonde ir, aonde quer chegar, ou seja, qual o seu propósito.

Não saber para onde ir remete à história de *Alice no País das Maravilhas*,[14] quando a personagem vai parar em um mundo onde nunca esteve e chega a um bosque, onde encontra um gato risonho, chamado Cheshire. E a conversa ocorre mais ou menos assim:

> "Você poderia me dizer, por favor, qual o caminho para sair daqui?"
>
> "Depende muito de onde você quer chegar", responde o gato.
>
> "Não me importa muito onde...", foi dizendo Alice.
>
> "Nesse caso, não faz diferença por qual caminho você vai", retruca o gato.
>
> "... desde que eu chegue a algum lugar...", completa Alice.
>
> "Esteja certa de que isso ocorrerá...", encerra o gato.

Cheshire não diz mais nada por entender que seria algo que Alice teria que buscar dentro de si mesma uma resposta sábia, desafiando tudo o que ela teria aprendido até aquele momento, o que é bem diferente do que nos é ensinado ao longo da vida, quando querem nos dar uma receita de bolo com as quantidades certas, indicando exatamente o que devemos fazer. O gato da história da Alice nos passa a ideia de **encorajar a seguir o nosso próprio caminho**, sem que precisemos defini-lo porque alguém nos falou que "assim deveria ser".

---

[14] LEWIS, 1986.

Portanto, antes de mais nada, é importante entender aonde queremos chegar, e para isso deve-se ter um **olhar para dentro de si mesmo** e saber onde nos encontramos – qual é o momento, quais as forças, oportunidades e as dificuldades que nos circundam.

Atuando em consultoria, tenho tido grandes oportunidades de estudar o(a) advogado(a), entendendo suas dores, seus prazeres, seus medos e sonhos. Estar também atuando institucionalmente como presidente de uma comissão que trata do tema de inovação e gestão na OAB de Goiás amplia mais ainda a minha visão em relação a esses pontos, pois converso com inúmeros(as) advogados(as).

E o que mais constato é a falta de propósito, não ter uma visão de longo alcance. O advogado muitas vezes não entende o que é a advocacia e o sentido de fazer parte dela. Parece estranho, mas é a pura verdade. Ao não saber onde está e para onde vai, ele acaba não chegando a lugar nenhum e muitas vezes culpa a profissão.

E vou mais longe. Em minhas palestras também costumo fazer algumas perguntas, como: por que escolheu a advocacia e não outra profissão? Poderia definir a advocacia em uma frase? O que você espera da advocacia? Você conhece a história da advocacia?

E o que observo geralmente são muitos rostos espantados. E por que o espanto? Não estaria fazendo questionamentos simples?

Tudo indica que não. É que a razão das pessoas ficarem espantadas talvez seja o fato de perceberem que chegaram até ali, muitas vezes, sem um propósito – o que, evidentemente, dificulta responder a questionamentos como esses.

Em se tratando de sistema educacional e definição de escolhas, os Estados Unidos, por exemplo, proporcionam aos alunos, ao saírem do ensino médio, passarem antes pelo *college*, uma etapa na faculdade, onde eles também residem, convivem e socializam. Ali, o estudante conhece diferentes especialidades, dedica-se às disciplinas com as quais se identifica mais e é avaliado. Ao terminar essa fase, os créditos conquistados podem ser usados para entrar diretamente na graduação universitária de uma área específica, como por exemplo o Direito, e terminar o bacharelado. O propósito do curso universitário dos Estados Unidos é providenciar também uma experiência de vida para o jovem, de forma que a entrada na graduação universitária coincida com a maioridade (18 anos), considerado um rito de passagem para os jovens norte-americanos.

A vivência com algumas matérias e o contato social com pessoas da mesma idade acabam proporcionado escolhas mais direcionadas, o que não ocorre no Brasil, quando o jovem estudante termina o ensino médio e já presta vestibular para uma área específica, em média, por volta dos seus 17 anos, embasado muitas vezes nas experiências de seus familiares ou na ilusão de que a sociedade determina qual profissão seria melhor que outra.

Por exemplo, uma pesquisa da Teenager Assessoria Profissional revelou que os pais ainda são responsáveis por influenciar o curso escolhido de 72% dos candidatos da capital paulista a uma vaga na universidade.[15]

Outro levantamento, este do LinkedIn,[16] aponta que cerca de 26% dos pesquisados revelaram que os pais estão entre as maiores influências na vida de uma pessoa na hora de escolher a carreira.

Seja qual for a razão de sua escolha profissional, nunca é tarde para se fazer questionamentos, pois dentro do próprio Direito você poderá seguir diversas áreas e campos de trabalho, desde advogado especializado a professor, gestor ou *controller*, carreira no serviço público ou ainda preparar-se para as outras opções que estão surgindo com as novas tecnologias.

Uma coisa é certa: o conhecimento adquirido em uma faculdade nunca será inútil, sempre representará suporte para outras áreas – o

---

[15] RIBEIRO, 2018.

[16] MARTINS, 2019

importante é você saber o que de fato faz brilhar os seus olhos, qual o seu ponto forte, e segui-lo.

E por que eu expus isso? Para que você **jamais culpe a profissão**. Se ela não está alinhada com o seu propósito e com aquilo que realiza, lembre-se de que mudar é humano, sempre há tempo e não há nada que o impeça de fazer isso. **Não existe esse papo de que determinada profissão te fará bem-sucedido ou não. O único responsável por isso será você.**

Nesse sentido, Mark Albion,[17] autor de vários best-sellers e concorrido palestrante, cita em seu livro *Making a Life, Making a Living*,[18] uma pesquisa realizada em uma escola de negócios que acompanhou a carreira de 1500 pessoas de 1960 a 1980. Esses recém-formados foram separados por duas categorias: o primeiro, dos que queriam ganhar dinheiro a todo custo para mais tarde fazer o que quisessem; e o segundo, dos que perseguiriam seus verdadeiros interesses, confiantes de que ganhar dinheiro seria uma consequência.

Das 1500 pessoas, 83% pertenciam ao primeiro grupo, ou seja, 1.245 pessoas, e do segundo grupo, somente 255 pessoas. Após vinte anos, havia 101 milionários entre os 1.500 pesquisados: apenas um fazia parte do primeiro grupo; os outros 100, do segundo grupo.

Essa diferença ocorreu porque a maioria milionária baseou a sua carreira nos seus **valores**, nos seus **verdadeiros interesses**, ou seja, no seu **propósito**.

O propósito ajuda a traçar metas e objetivos olhando para o mercado, entendendo as necessidades dos clientes – afinal, não se deve mudar nem abrir um negócio de forma aleatória. Qual necessidade do meu cliente precisa ser atendida no mercado onde estou inserido? Ao atendê-lo, falta ainda algo a oferecer?

---

[17] Mark Albion é empresário social, foi professor associado da Harvard Business School, é autor best-seller de vários livros e palestrante sobre a importância dos valores e da responsabilidade na vida e no trabalho.

[18] ALBION, 2000.

Além disso, o advogado empreendedor precisa buscar trabalhar com pessoas que estejam alinhadas com os seus valores, com o seu propósito.

Entender de clientes, sejam eles externos ou internos, é **entender de gente**. Afinal, como diria o consultor, palestrante e escritor Simon Sinek: "100% dos seus clientes são pessoas e 100% dos seus colaboradores são pessoas. Se você não entende de pessoas você não entende de negócios".[19]

Unindo propósito, pessoas e visão de mercado, será mais fácil enxergar as oportunidades e os desafios que estão à sua volta e usar os seus conhecimentos de gestão, tema que abordaremos em um capítulo adiante.

Empreendedorismo na advocacia

Na década de 1970, quando a advocacia apresentava práticas muito arcaicas, mas que ainda funcionavam para o cenário da época, a tendência do empreendedorismo já era um conceito emergente em diversas áreas, mas não no Direito. Aqui vale um parêntese para enfatizar que quando menciono "arcaico" não estou me referindo ao Direito e muito menos à profissão de advocacia, e sim à prática e a entrega do serviço ao cliente.

Por outro lado, naquela época o número de advogados não era tão grande como hoje. Por exemplo, em São Paulo, um dos berços das faculdades de Direito no país, havia pouco mais de 25 mil advogados. Em 2018 seriam mais de 300 mil, de acordo com o Conselho Federal da OAB.[20]

---

[19] SINEK, Simon. Twitter: @simonsinek. Disponível em: <https://twitter.com/simonsinek/status/5232157344?lang=en>. Acesso em: 24 ago. 2019.

[20] SECCIONAL ENTREGA CARTEIRA DE NÚMERO 300 MIL, 2019.

Advogados inscritos na seccional paulista da Ordem do Advogados do Brasil (OAB) por sexo – 1930-2000

DÉCADAS	HOMENS	MULHERES
1930	376	3
1940	895	28
1950	2.055	177
1960	6.419	1.289
1970	19.919	6.724
1980	25.708	16.769
1990	37.153	33.173
2000	61.475	65.573

Fonte: OAB-SP Assessoria de Imprensa, 2014.[21]

Sem dúvida, essa é uma das razões por que o empreendedorismo começou a ganhar força nesse mercado, principalmente nos últimos cinco anos, tomando conta não só da cultura de grandes e poderosos escritórios, mas nos médios, pequenos e entre autônomos.

Há mais de dez anos, quando eu me formei na faculdade de Direito, era difícil ouvir e usar termos associando a advocacia ao empreendedorismo – aliás, nem se comentava a existência deles, realidade adstrita apenas a grandes escritórios, principalmente aqueles que estavam se internacionalizando.

O fato é que estamos na Quarta Revolução Industrial, na qual se fala muito de **inovação** e de **conexão** – ambos fortemente ligados ao termo "empreendedorismo".

Estamos na época do "fanatismo" pelo mercado, como sugerem Pierre Dardot e Christian Laval no livro *A nova razão do mundo*.[22]

O modelo neoliberal, apesar de todas as crises, como a mundial de 2008, se tornou cada vez mais forte, moldando inclusive o

---

[21] BERTOLIN, 2017.

[22] DARDOT; LAVAL, 2016.

comportamento das pessoas, propiciando o surgimento de novas relações sociais e subjetividades.

Segundo os autores, sempre fomos moldados por algum tipo de modelo socioeconômico, e o que nos rege atualmente preconiza um modo de pensar baseado na força econômica e na concorrência, fazendo com que indivíduos, inclusive os assalariados, **passem a se ver como empresas**, em constante competição uns com os outros.

Essa postura reforça o poder do empreendedorismo como forma de sobrevivência, até mesmo quando somos funcionários, sem que precisemos ter "chefes carrascos" nos cobrando o tempo todo como na época da Primeira e da Segunda Revolução Industrial. Hoje somos nós mesmos que nos cobramos: em competência, em excelência, em sermos os melhores em nossas profissões, afinal, somos avaliados o tempo inteiro por nossos pares, clientes e mercado.

Para Dornelas,[23] o momento atual pode até ser chamado de "**era do empreendedorismo**", pois são os empreendedores que estão renovando conceitos econômicos, criando novas relações de trabalho e gerando riqueza para a sociedade.

A banca que não busca inovação tende a ficar para trás, e consequentemente corre o risco de não sobreviver a este mercado.

Estamos em uma época em que as mudanças ocorrem de forma acelerada, um período no qual ignorar o **empreendedorismo na advocacia** – independentemente de ser sócio, associado, ou funcionário de uma banca – pode levar rapidamente ao declínio.

O que ocorre atualmente é que somente uma minoria dos escritórios de advocacia bem-sucedidos seguem a linha da inovação e do empreendedorismo – e não necessariamente são os de grande porte. Afinal, o tamanho da estrutura física do escritório não significa, para os dias de hoje, a garantia da sua sustentabilidade.

---

[23] DORNELAS, 2008, p. 6.

Portanto, quando o espírito de inovação e empreendedorismo ainda não estão integrados na organização jurídica, concluímos que existe alguma barreira impedindo o seu avanço nesse sentido.

Mas o importante é que tanto a inovação quanto o empreendedorismo podem ser aprendidos, desde que haja **consciência** de sua necessidade e dedicação.

Os escritórios de advocacia que já possuem uma veia empreendedora e tratam do assunto como um de seus valores, têm todo o potencial para levar a inovação e o espírito empreendedor à sua equipe, ajudando-a a adotar essas práticas como rotina, até integrá-las totalmente à sua cultura organizacional.

Nas minhas consultorias costumo destacar os quatro pontos relevantes para que a administração empreendedora se instale com sucesso em um escritório de advocacia:

1. Não é preciso se desapegar das tradições e culturas de uma profissão forte como a advocacia, até porque precisamos dessa história que foi construída com muita dedicação pelos nossos antepassados. Vale lembrar sempre uma frase do consultor jurídico e articulista da Forbes, Mark Cohen, em entrevista ao jornal *El País*, na Espanha:

> Os advogados são, em última instância os defensores do Estado de Direito e da democracia e creio ser muito importante que sejam conscientes sempre de que têm dois clientes: um é o indivíduo ou a empresa que os contrata, e outro é a sociedade.[24]

Portanto, pense no empreendedorismo e na inovação como algo saudável que virá agregar ao escritório um ambiente com

---

[24] COHEN apud HOCHLEITNER; FERNÁNDEZ, 2018.

novas perspectivas, **sem deixar de conciliá-lo com os valores preciosos do Direto**. A mudança ocorre de forma gradativa, principalmente quando está em pauta uma profissão com tradições milenares. Mas não é impossível. Basta adotar as práticas empreendedoras.

2. O valor do empreendedorismo dentro das bancas tem que ser visto como uma **oportunidade**, não ameaça, como uma prática que visa potencializar o desempenho de uma organização jurídica. Para tanto, é de grande valia a **visão sistêmica**. Ou seja, identificar e compreender melhor cada área de atuação do escritório, os processos envolvidos nos departamentos existentes e como pode integrá-los ao ambiente interno e externo, de forma a estar mais próximo das oportunidades que serão de suma importância para o seu crescimento e desenvolvimento.

3. Como conceitua Peter Drucker, a inovação deve ser usada constantemente como um instrumento específico do empreendedor e integrar a rotina dentro de uma organização. Para a advocacia não seria diferente, e ainda acrescento a **inovação**, as ferramentas de criatividade.

4. É fundamental considerar o **fator humano** como diferencial para a implantação de um conceito forte de empreendedorismo, trabalhando técnicas específicas que façam sentido para a equipe absorver e se engajar, como por exemplo: novas perspectivas no trabalho, incentivos, além da conscientização de valores que precisam estar alinhados.

Como conceituam vários especialistas, não importa o momento, a única coisa que não pode acontecer é esperar a economia do país crescer para começar a empreender, afinal de contas, em um mundo volátil e globalizado estamos suscetíveis às grandes oscilações do mercado.

Vale lembrar que foi na crise de 1929, quando houve um desequilíbrio entre produção, consumo e crédito e grandes empresas sucumbiram – período conhecido como "Grande Depressão" –, que as pequenas empresas começaram a se multiplicar e ascender no mercado.

Na verdade, em momentos assim é que o empreendedor precisa aceitar e lidar com os riscos do negócio, exercitando a criatividade e colocando ideias em ação.

O professor de empreendedorismo do Insper,[25] Marcelo Nakagawa,[26] diz que é "quando não se pra onde ir, que normalmente são tomadas medidas drásticas. O problema, por assim dizer, é quando está tudo bem, porque as organizações perdem o interesse de mudar".[27]

E você, em que momento está? Reflita um pouco antes e ir para o próximo capítulo, que terá como tema administração e administrar na advocacia.

---

[25] Insper é uma instituição de ensino superior e pesquisa nas áreas de administração, economia, direito e engenharia sem fins lucrativos. Está localizada em São Paulo.

[26] Marcelo Nakagawa é também membro do Conselho da Artemísia Negócios Sociais e da Anjos do Brasil, mentor da Endeavor e autor de livros sobre empreendedorismo e inovação.

[27] ESTADÃO, 2016.

CAPÍTULO 6

ADMINISTRAÇÃO & ADMINISTRAR NA ADVOCACIA

*O modo como você reúne, administra e usa a informação determina
se vencerá ou perderá.*
Bill Gates

*Em todas as coisas o sucesso depende de uma preparação prévia,
e sem tal preparação o falhanço é certo.*
Confúcio

Vimos anteriormente a importância do espírito empreendedor na advocacia. E que, a partir do momento em que falamos sobre empreender, estamos falando também de empresa e de organização.

Não importa o tamanho, um empreendimento que se instalou em um local, contratou pessoas e começou a trabalhar, já se tornou uma empresa. Terá, portanto, os mesmos desafios de uma empresa e, como tal, precisará ser **bem administrada** – ou não sobreviverá.

Em geral, o advogado pode achar, à primeira vista, desnecessário entender de administração, afinal, o escritório já está lá, tem seus clientes, os sócios e colaboradores estão fazendo a sua parte, o contador cuida do financeiro – está tudo funcionando!

Esse tipo de pensamento é típico de quem está usando o verbo administrar sem o **conceito** de administrar. Muita gente acha que porque está conseguindo "administrar" o dia a dia, os pagamentos das contas, os horários das audiências, o acompanhamento de publicações, já sabe o suficiente sobre esse verbo.

Mas não é bem assim e, na verdade, existe uma explicação para essa postura. Quando não se adota um processo administrativo profissional, é difícil perceber o quanto tudo funcionaria melhor, o quanto se lucraria mais, o quanto se conseguiria um clima mais agradável e produtivo, se as pessoas envolvidas tivessem conhecimentos, mesmo básicos, sobre a ciência da administração e gestão.

Como esse tema não consta como obrigatoriedade nas grades curriculares dos cursos de Direito, vou abordar aqui, bem resumidamente, as principais teorias por meio da história das organizações e seus princípios e práticas, porque tenho certeza de que serão cada vez mais importantes e úteis para o **sucesso do seu escritório de advocacia** no mercado atual e do futuro, e você verá que não é nenhum bicho de sete cabeças.

Ao contrário, é algo gostoso de aprender, pois saber administrar, e administrar bem, serve como um divisor de águas tanto para nossa vida profissional como para nossa vida pessoal. Administrar é essencial e vale a pena os minutos de leitura deste capítulo.

Além do mais, a partir desses conhecimentos, ficará mais fácil a mudança para um *mindset* de crescimento e a adaptação para uma nova forma de advogar.

Teorias para quê?

Parece sempre meio desagradável ler sobre teorias de áreas que não são nosso principal foco, mas acredito que, como eu, você gostaria de ter uma base sobre o assunto para entender melhor a sua **importância** na prática. Todo profissional, e isso inclui o advogado, precisa desenvolver habilidades na arte de "ler" as situações que está tentando organizar ou gerir.

Nenhum profissional possui o dom mágico de compreender e transformar as situações em que se encontra, e não existe uma fórmula do bolo.[1] Cada escritório precisará construir seu próprio alicerce, sem "achismo". E para isso é essencial conhecer sobre teorias administrativas, assim como você conheceu teorias e princípios na faculdade de Direito para formular suas peças.

Saber quais forças e cenários sociais levaram à criação destas teorias e as suas mudanças ajuda também a ver o quanto o fator humano, ou seja, as gerações anteriores à nossa, estiveram na ponta das **grandes transformações** como as que estão ocorrendo agora.

Entender como as organizações se desenvolveram no tempo serve de base para **argumentação, para tomadas de decisões e pensamento crítico**. E não há nada mais prático do que a teoria, pois com ela conseguimos prever o que poderá acontecer, além de nos tornarmos observadores habilidosos.

Observadores habilidosos conseguem desenvolver em certas situações a destreza necessária para a **resolução de problemas** e são mais **abertos e flexíveis**, buscando sempre minimizar os julgamentos, tendo uma visão mais compreensível sobre certos assuntos.[2]

As teorias administrativas têm origem na história das organizações que passaram a se desenvolver no período da Revolução Industrial, quando Adam Smith (1723-1790) "trata pela primeira vez da economia de produção em seu livro *A riqueza das nações* (*The Wealth of Nations*), enfatizando a importância da divisão do trabalho no chão de fábrica como fator preponderante para o aumento da produtividade".[3]

---

[1] MORGAN, 1996, p. 15.

[2] Ibid.

[3] FUSCO; SACOMANO, 2007, p. 86.

Embora a Primeira Revolução Industrial represente o marco principal para uma nova era, os **alicerces da administração** vinham se formando desde a Antiguidade, nas economias do Egito, Grécia e Roma, quando o trabalho era eminentemente braçal, hierarquizado e executado sob um sistema autoritário e vigilante.

Na Idade Média predominava a agricultura e seguiu assim até o século XVIII, quando chegaram às fábricas a máquina a vapor e o tear mecânico. Não demorou para surgir a necessidade de aumentar a produção, o que significaria mais pessoas trabalhando, além do aumento de custos.

O ideal seria **melhorar a eficiência**, mas isso exigiria planejamento, organização e formas de controle – temas nunca estudados antes.

Nesse sentido, é considerado pioneiro o modelo da Administração Científica criado pelo engenheiro mecânico estadunidense Frederick W. Taylor (1856-1915), estudo que ficou conhecido também como taylorismo.

Taylor defendia o uso de métodos científicos para promover a organização racional do trabalho, o que colocaria as pessoas em segundo plano, segundo artigo de Alexandre Reis Rosa. Por outro lado, naquela época, esse método funcionou muito bem. "A produtividade das empresas americanas teve um aumento vertiginoso após a implementação do novo sistema, o que dividiu as opiniões nos EUA."[4]

Fundamentado na racionalização dos processos e no pensamento positivista da época, o taylorismo propunha métodos de dividir os trabalhos complexos em partes, para agilizar e facilitar a padronização. Valorizava a fragmentação, a hierarquização – sendo que o operário ficava sob o comando da gerência ou de um fiscal que estaria ali o tempo todo ao lado para verificar se o trabalho estava sendo executado de maneira apropriada. Também propunha incentivos salariais e prêmios para motivar as pessoas, dando origem ao termo *homo economicus*.[5]

---

[4] ROSA, 2011.

[5] MOTTA, 1995.

O taylorismo reforçou a ideia de **mecanização do trabalho**. E o resultado deste tipo de pensamento é que frequentemente tentamos organizar nosso ambiente de trabalho como se fosse uma **máquina**, impelindo as qualidades humanas para um papel menor, segundo o teorista organizacional Garretth Morgan,[6] e a nossa intenção ao fazer esta citação é nos tornarmos mais abertos para outras formas de pensar. E reforço: pensar em novos valores e uma cultura que possam estar alinhadas à nossa advocacia.

Na mesma época, Henri Fayol (1841-1925) lançou uma das mais importantes contribuições para a história da Administração, a hoje chamada Teoria Clássica da Administração, inspirada nos crescimentos acelerados e desorganizados das empresas.

Para Fayol, a administração deveria ser vista em termos estruturais, de acordo com a forma e as disposições das partes que as compõem internamente – como planejamento, direção e controle – e do inter-relacionamento dessas partes. Vem daí o conceito das funções administrativas: **organizar, planejar, coordenar, comandar e controlar**.[7] Esse período foi de grandes mudanças na economia e no mundo.

Foi nesse contexto de Taylor e Fayol que o sociólogo e filósofo alemão Max Weber (1864-1920) estudou o crescimento das grandes organizações, propondo um processo para o aumento da eficiência por

---

[6] MORGAN, 1996.
[7] CHIAVENATO, 1987.

meio da sua Teoria da Burocracia, que envolvia a racionalização das estruturas administrativas de modo a obter previsibilidade por meio de: normas e regulamentos, divisão do trabalho, hierarquia de autoridade e relações impessoais[8] – no sentido do funcionário ser selecionado por sua qualificação e ser valorizado pelo mérito do seu trabalho e não por favoritismo.

A obra de Weber coincidiu com o

> despontar do capitalismo, graças a inúmeros fatores, dentre os quais a economia do tipo monetário, o mercado de mão-de--obra, o surgimento do Estado-Nação centralizado e a divulgação da ética protestante (que enfatizava o trabalho como um dom de Deus e a poupança como forma de evitar a vaidade e a ostentação, conduta preconizada à época, pelo Calvinismo).[9]

Para Weber, as normas e os regulamentos previamente estabelecidos deveriam ser escritos à semelhança de uma Constituição para o Estado. E as pessoas em cargos de autoridade em uma organização deveriam ter poder coercitivo sobre os subordinados e meios de impor a disciplina. O objetivo do registro por escrito era evitar interpretações pessoais, além de possibilitar a padronização de comportamentos.[10]

Ainda nesse período surgiram os estudos do psicólogo e sociólogo australiano Elton Mayo (1880-1949), que trabalhou no Departamento de Pesquisas Industriais de Harvard e ficou conhecido como fundador do **movimento das Relações Humanas**. A ele é atribuída a abordagem humanista, que é base da teoria organizacional, substituindo o *homo economicus* pelo *homo social.*

O foco do formalismo na administração do taylorismo se desloca para os inter-relacionamentos dos grupos informais das empresas,

---

[8] ANDRADE; AMBONI, 2018.
[9] CHIAVENATO, 2003, p. 254.
[10] BONOME, 2009.

nos quais os incentivos são psicossociais. De acordo com a Escola das Relações Humanas, **a motivação é o principal fator que leva o indivíduo a atingir os objetivos da organização.**[11]

A partir daí o fator motivacional ganhou grande impulso com o estudo pioneiro, e até hoje referência, realizado pelo psicólogo estadunidense Abraham Maslow (1908-1970) que está resumido na hierarquia das **necessidades humanas**, simbolizada por uma pirâmide com cinco categorias básicas, da inferior para a superior que resumo a seguir:

- *necessidades fisiológicas*: comida, ar, água, abrigo...
- *necessidade de segurança*: proteção, estabilidade...
- *necessidade de pertencimento/amor*: afeto, apreciação por parte dos outros
- *necessidade de estima*: autoestima
- *necessidade de autorrealização*: realização pessoal e concretização do próprio potencial.[12]

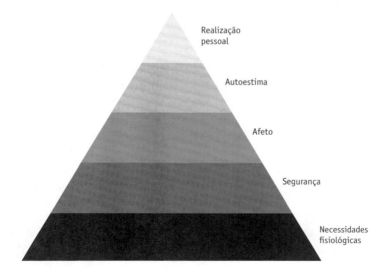

---

[11] MOTTA, 1995.
[12] MCSHANE; GLINOW, 2014, p. 121.

Aqui cabe um parêntese: a antropóloga Monica Simionato aponta que nos anos de 1990 "os pesquisadores Guglielmo Gulotta e Teresa Boi ampliaram a Teoria de Maslow com um modelo mais prático", no qual "depois de o indivíduo ter satisfeito a única necessidade vital (a biológica) as outras motivações passam a depender do momento e da situação contingente, podendo variar e alternar-se ao longo da vida".[13]

Mas foi ainda no fim dos anos de 1950 que a teoria de Maslow acabou inspirando a proposta comportamentalista de Frederick Herzberg (1923-2000), psicólogo estadunidense, criador da Teoria dos Dois Fatores que pressupõe a satisfação do cargo **depender de questões motivacionais e higiênicos**. O primeiro pressupõe a satisfação de o cargo depender do estímulo da motivação pessoal com o trabalho em si. O segundo visa evitar a insatisfação com a empresa, como benefícios e bom ambiente de trabalho.[14]

Como vemos, cada vez mais, além das necessidades humanas de sobrevivência, **a satisfação com o trabalho vai ganhando importância**. Mesmo assim, muitas organizações se desenvolvem ainda com uma administração mais mecanicista, centrada principalmente em processos em vez de em pessoas.

Apesar do contato do advogado com a administração ser recente, é importante mantê-la o máximo possível **atualizada**. Com processos sim, mas centrada no ser humano, como preconiza Peter Drucker em toda a sua obra.

Os anos entre 1950 e 1968 também foram marcados pela importância do desenvolvimento da Teoria dos Sistemas, do biólogo alemão Ludwig von Bertalanffy, já abordada no capítulo sobre mudança que usa o conceito de feedback e destaca a importância da relação entre os elementos do sistema, só modificados quando ocorre uma mudança na relação.[15]

---

[13] SIMIONATO, 2013.
[14] CHIAVENATO, 2003.
[15] BERTALANFFY, 1973.

Os trabalhos de Maslow de Herzberg ampliaram a discussão sobre a questão da motivação humana no trabalho e inspiraram a Escola Comportamental fundada pelo psicólogo Kurt Lewin (1890-1947), criador da dinâmica de grupo e pioneiro da psicologia social e organizacional.

De acordo com observação de José Valério Macucci em *A cultura organizacional e o impacto competitivo nas empresas*, Lewin "tinha a intenção de fazer uma ligação clara entre o comportamento humano e seu ambiente", "[...] é uma função direta da somatória de seu caráter e personalidade com as condições ambientais em que convive".[16]

Nesse sentido, "o comportamento de grupo é uma intricada rede de interações e forças de caráter impulsionador e restritivo que afeta enormemente a estrutura do grupo e o comportamento individual". Consequentemente, "o comportamento humano é uma das mais importantes variáveis organizacionais".[17]

Chama atenção, ainda, a explosão de estudos e teorias organizacionais, principalmente na segunda metade do século passado, quando já começavam a se alinhavar os desafios que estavam por vir na **relação entre homem, trabalho e tecnologia**.

E nesse sentido, sem dúvida, destaca-se um dos trabalhos mais recentes de Peter F. Drucker nessa área, com o conceito de **administração empreendedora e inovadora**, amplamente abordada no livro *Inovação e espírito empreendedor: prática e princípios*, em que defende a implantação do espírito empreendedor (*entrepreneurship*) também dentro das organizações.

Na sua opinião,

> o empreendimento se baseia nos mesmos princípios, tanto se o empreendedor é uma grande instituição existente ou se é um indivíduo que está começando o seu novo negócio sozinho. [...] As regras são quase as mesmas, as coisas que funcionam e as que não

---

[16] DESSLER, 1980, p. 44 apud MACUCCI, 1995, p. 41.

[17] BLANCHARD; HERSEY, 1986, p. 144 apud MACUCCI, 1995, p. 41.

PARTE I MUDANÇAS NA HISTÓRIA E A CULTURA DA ADVOCACIA

funcionam são quase as mesmas, como o são os tipos de inovação e onde procurá-los. Em cada caso, há uma disciplina que poderíamos chamar de Administração Empreendedora.[18]

Drucker já havia apresentado propostas inovadoras de modelos de administração quando abordou a Administração por Objetivos em seu livro de 1954, *Prática de administração de empresas.*

Vimos até aqui a importância do **fator humano** dentro das organizações para a alavancagem no processo de mudança e inovação – com certeza, forças necessárias para se criar um **espírito empreendedor na advocacia**.

Administração, gestão, liderança

Já falamos sobre a administração e a sua importância em qualquer organização, portanto, não seria diferente com a advocacia.

Muitas vezes usamos o termo "gestor" como sinônimo de "administrador", são conceitos que se complementam, porém ainda são tratados com sentidos diferentes por alguns autores – segundo alguns deles, o primeiro estaria ligado mais à **tomada de decisões**, além de ser aquele que teria como missão buscar soluções eficazes para o bom andamento das ações de ordem estruturais. Já o segundo estaria ligado aos processos da organização, responsável, portanto, pelo planejamento e orientação, usando de forma consciente todos os recursos disponíveis em uma empresa.

Nos escritórios de advocacia esses termos são mais delineados. Apesar de muitas bancas terem sua própria área administrativa, que não necessariamente precisam ser dirigidas por profissionais do Direito, na parte que cabe a gestão é recomendável que seja feita por um

---

[18] DRUCKER, 1986.

advogado. **Buscar entender o seu negócio e ter a responsabilidade nas tomadas de decisões impacta todos os setores da empresa jurídica**, sejam elas administrativas ou não.

Administração, em geral, tem sido mais usada para definir O QUÊ uma organização precisa adotar para funcionar, do planejamento até a contratação de pessoal. Já gestão emprega-se principalmente para falar COMO a organização deve funcionar, humana e administrativamente.

Essa mudança de conceitos, sem dúvida, surgiu em consequência do crescimento da importância do fator humano nos resultados finais das empresas. Desde a seleção de pessoal, lidar com diferenças individuais, conflitos, análise de risco até a tomada de decisão e mudança de cultura – **tudo passa pelas pessoas**. Isso relevou o papel do líder ou gestor, que passou a ter o seu perfil de atuação ampliado, muito diferente daquele atribuído nas primeiras teorias administrativas, quando ele tinha a função de controlar, cobrar e ser intransigente.

É necessário que o gestor tenha hoje uma **consciência extremamente humana** para lidar, inclusive, com todos os impactos tecnológicos. Costumo falar em minhas aulas, palestras e consultorias que, para que o advogado não seja substituído por um robô, basta que ele não seja um robô – e isso requer explorar cada vez mais seu lado humano, aquele que envolve entender, ter empatia e ser altamente criativo. E, para ser criativo, é preciso abrir a mente para ouvir mais do que falar, uma tarefa um tanto desafiadora para muitos de nós advogados.

Os estudos na área de humanas **evoluem** cada vez mais, principalmente devido aos atuais desafios. E as organizações, sejam elas privadas ou estatais e até mesmo do governo federal, só tendem a evoluir se perceberem a sua importância e souberem explorá-los de forma consciente, de maneira a impactarem positivamente em seus resultados.

Ao longo de décadas, grandes estudiosos já exploravam temas relacionado a essa área, como Elton Mayo e Chester Barnard (**relações humanas**), Gregory Bateson (**comunicação e aprendizado**), Ikujiro Nonaka e Hirotaka Takeuchi (**gestão do conhecimento**) e, ainda, os que também modernizaram as suas práticas, como Peter F. Drucker (**humano e social**), Edgar Schein (**cultura e carreira**), Henry Mintzberg (**decisão e estratégia**) e Michael Porter (**competividade**).

Mas, como destacamos, foi Drucker quem trouxe fortemente o viés humano para as organizações, em propostas que se tornaram conhecidas mundialmente a partir dos anos 1950 e 1960. Ele inspirou vários empresários famosos, como Bill Gates, não apenas pela elaboração e interligação de conceitos organizacionais e sua ênfase ao trabalho do gestor, mas pela sua aplicabilidade, tornando-os mais acessíveis por meio de uma linguagem clara, agradável e mais humanizada, nos inúmeros livros que se tornaram clássicos da área.

Chiavenato resume bem a linha de pensamento de Drucker sobre as organizações como "órgãos sociais, que visam à realização de uma tarefa social"[19] – e faço aqui um parêntese para identificar e relevar este conceito em relação aos escritórios de advocacia, pelo **valor social** que representam.

O advogado lida o tempo todo com questões essencialmente humanas e, mais do que qualquer profissional, precisa ter um **olhar empático** para solucionar os problemas que os clientes trazem. Mas é necessário que esse olhar também esteja voltado para o ambiente interno, o dia a dia do escritório e as pessoas que o compõem.

Para uma implementação de uma **gestão eficaz** em um escritório de advocacia não existe uma regra geral, mas sim ações que se adéquam a cada realidade. Para isso, o primeiro caminho é **conhecer a sua cultura**, assunto de que falaremos no decorrer desta obra. E neste ponto ressalto a importância do papel humano nessa implementação.

Como destaca Chiavenato, Drucker diz que "não há um processo científico para estabelecer os objetivos de uma organização". Porque eles "são julgamentos de valor, escalas de prioridades no atendimento de necessidades por parte da organização". Pela mesma razão, "todas

---

[19] CHIAVENATO, 2003, p. 154.

as organizações são diferentes em seus objetivos, em seus propósitos, mas essencialmente semelhantes na área administrativa". E "todas exigem uma estrutura determinada – de um lado, por suas tarefas e demandas, e de outro, por princípios de administração genéricos e adequados à lógica da situação".[20]

Portanto, apesar das técnicas e ferramentas da administração serem as mesmas, o momento, a forma e a necessidade de empregá-las serão determinados por cada um dos escritórios – aliás, é dentro dessa proposta que trabalho nas minhas consultorias.

Em relação ao desempenho individual, Drucker considera que "este é o campo em que existe menor diferença entre as organizações", "é a eficácia do pessoal que trabalha dentro das organizações", diz ele, completando: "eficácia é necessária à organização (para funcionar) e ao próprio indivíduo (para alcançar a satisfação)".[21]

Drucker destaca ainda a importância do gestor nesse contexto. Tanto que também foi tema de vários de seus livros – em um dos primeiros, *O gestor eficaz*, ele dá orientações práticas para um bom desempenho administrativo nos postos de liderança.

Aliás, o tema da liderança e do líder tem inspirado muitos estudos e autores através da História, na qual a mudança desse conceito correu paralelamente às transformações das organizações, do mundo e da sociedade.

Inicialmente, o que mais se buscava era descobrir uma espécie de "fórmula mágica" da liderança, e é interessante verificar como essa busca veio da crença de ser um dom "especial" que alguns possuíam desde o nascimento até chegar-se ao conceito atual, de resultado do desenvolvimento pessoal – importante para o gestor de hoje na organização jurídica e papel fundamental da liderança na **transformação cultural**, como aprofundaremos mais adiante.

---

[20] Ibid.

[21] Ibid.

108 PARTE I   MUDANÇAS NA HISTÓRIA E A CULTURA DA ADVOCACIA

Aqui vale a pena ampliar cada vez mais a nossa consciência em relação ao papel da liderança ao longo dos séculos e a adaptação do líder conforme as condições externas.

Se nos remetermos, por exemplo, aos séculos VI e V a.C. veremos o tema da liderança muito ligado à administração pública e/ou comando dos exércitos, que eram grandes preocupações na época.

O filósofo Confúcio destacava que os líderes precisavam ser humanos, justos e moderados. No mesmo período, o pensador chinês Lao Tsé ou Lao Zi, a quem é atribuída a criação do Taoismo, afirmava que o grande líder era aquele que as pessoas mal percebiam sua presença e ao terminarem um trabalho diriam "nós fizemos sozinhos". Sun Tzu, contemporâneo dos dois pensadores, mencionava que os melhores líderes eram "aqueles que tinham a capacidade de quebrar a resistência do inimigo sem lutar".[22]

No Ocidente, a principal influência para a formação do conceito de liderança veio da cultura grega, nos séculos V e IV a.C., com os estudos de Platão em *A república*, mencionando os benefícios do estilo democrático de governar e a universalidade de seus preceitos.

De lá para cá, muitas mudanças históricas ocorreram, mas no universo do trabalho das organizações. Daremos um salto para a mais marcante delas, ocorrida na Primeira Revolução Industrial, quando, como vimos anteriormente, grandes transformações ocorreram nos cenários da produção industrial e da sociedade, dando início aos estudos sobre liderança no sentido abordado hoje.

Foi entre os séculos XIX e XX, durante a Segunda Revolução Industrial, que teve início o desenvolvimento da automação, inaugurando uma era de grandes inventos para melhorar e agilizar a produção, o que acabou tendo grande impacto no cenário interno das empresas.

Esse fato acabou interferindo muito no comportamento das pessoas, afinal, passou a ser necessário ter mais gente para comandar e

---

[22] CLAVELL, 1999, p. 15.

supervisionar diferentes áreas – como produção, comercialização, negócios, finanças, recursos humanos, folha de pagamentos.

Tais transformações forçaram um novo olhar sobre o trabalhador, que aos poucos deixava de ser visto como alguém que estava ali só para produzir e receber um salário, para se destacar como uma pessoa que contribuía para os bons resultados da organização e, para tanto, precisava de bem-estar físico, social e psicológico. Quer dizer, além de receber um salário justo, as pessoas queriam se relacionar, se sentir reconhecidas, motivadas e respeitadas em seus direitos.

Nesse sentido, muito contribuíram a Psicologia, a Sociologia e o Direito – este não apenas com a evolução das leis trabalhistas, mas também com o maior marco, que foi a Declaração Universal dos Direitos Humanos, em 1948, já citado em capítulo anterior –, garantindo direitos fundamentais para todos os cidadãos do mundo, influenciando mudanças nas leis trabalhistas locais.

A advocacia teve um papel fundamental para que essas mudanças ocorressem. A partir daí a função dos advogados se tornou cada vez mais primordial para o cumprimento e respeito às leis que viriam ajudar a transformar o mundo e, em consequência, a forma de trabalhar.

Na década de 1970 ampliaram-se e aprofundaram-se cada vez mais os estudos sobre a liderança e comportamento humano e a sua relação com o trabalho, que parecem ter atingido o clímax com os novos desafios V.U.C.A. e da Modernidade Líquida, que exigiam enorme e rápida capacidade de adaptação – e valorizavam condições como motivação e propósito, fundamentais para a criatividade e inovação.

CAPÍTULO 7

LIDERANÇA: ENTRE A TEORIA E A PRÁTICA

Os maiores êxitos profissionais devem-se à habilidade
para dirigir as pessoas.
Dale Carnegie

Temos abordado até aqui algumas teorias importantes para a área organizacional com o objetivo de retomar, embora resumidamente, os principais processos envolvidos nas mudanças exigidas pelos cenários atuais, próximos e futuros. E tudo isso fará sentido na gestão da cultura, para a implementação de ações eficazes e do espírito empreendedor na advocacia.

Uma mudança não vem de graça e nem deve ser realizada só para seguir a maré, ou só para dar um *upgrade*. Para que seja consistente e bem-sucedida, é fundamental resultar da compreensão dos processos que levaram a ela – como demonstram as precedentes transformações históricas do mundo e do ser humano.

Também sempre temos destacado que a principal diferença hoje em relação aos cenários anteriores é a urgência. O mundo sempre mudou e o homem sempre foi agente e ator das mudanças, mas elas nunca foram tão rápidas como na atualidade, por isso, achar que é possível recuperar lá na frente o tempo perdido agora, poderá ser difícil.

Basta lembrar que na Primeira e na Segunda Revolução Industrial a corrida entre o homem e a máquina contou com muito mais tempo – praticamente dois séculos – para se chegar a um equilíbrio de convivência razoavelmente pacífica.

Até aqui, pudemos contar com algumas décadas e agora temos apenas alguns anos para absorver essa **nova realidade**. Dependendo da geração, o profissional que está no mercado hoje mal viveu a Terceira Revolução e já está na Quarta. Parece repetitivo, mas é importante destacar, por ser uma informação valiosa na hora de adaptar a cultura organizacional a essa realidade.

As "novas" máquinas estão acelerando cada vez mais, e a única forma de quebrar a tensão gerada por essa aceleração é criar uma **boa zona de convivência**, ao invés de se intimidar por ela.

Pouco tempo atrás os escritórios usavam freneticamente as suas máquinas de escrever e mal se deram conta quando o computador de mesa chegou, e junto com ele o disquete. Um objeto que armazenava informações e que foi amplamente utilizado em meados de 1970 até o começo dos anos 2000.

Logo o disquete foi precedido pelo CD-ROM e, dando continuidade às rápidas mudanças, veio o pendrive, para finalmente chegarmos à era dos processos digitais. Ainda hoje vejo escritórios resistentes ao digital, porém não há como pararmos o tempo. Cada advogado precisa alinhar a sua advocacia às rápidas mudanças, caso contrário, corre o risco de ser literalmente engolido pelo mercado.

Os desafios à mudança surgem ou de uma ameaça à sobrevivência ou quando a realidade não atende mais às nossas expectativas e aspirações. Faz parte da natureza humana, apesar da resistência a mudanças, buscar saídas e o novo para se adaptar e se reinventar – esse é o princípio que tem norteado a nossa **evolução**.

CAPÍTULO 7 LIDERANÇA: ENTRE A TEORIA E A PRÁTICA 113

Portanto, calma. Em vez de agir precipitadamente buscando receitas prontas de liderança, vamos investir em conhecimento, entender melhor os fatores humanos e sociais envolvidos para podermos atuar conscientemente e promover os ajustes necessários – tanto em relação à forma de trabalhar quanto à ascensão no mercado.

Como revelam os estudos sobre o tema, o líder é hoje o principal **agente da mudança** de uma organização – ou seja, é o responsável pela criação de condições para a sua implementação, o "maestro" da gestão da cultura organizacional, que veremos adiante.

Não falta literatura sobre o assunto. Quem pesquisar na internet vai encontrar uma verdadeira galáxia de artigos e livros sobre líder e liderança. Mas é preciso focar nos autores que mais se alinham com o tipo de liderança com a qual você se identifica e seja mais adequada ao perfil da empresa jurídica na qual atua – principalmente quanto ao seu "público interno", que sempre é extremamente variável na sua expressão e igualmente humano.

Como o nosso objetivo é a liderança na área da advocacia, temos destacado em cada capítulo os conhecimentos mais úteis para a área – nem sempre específicos, porém os mais alinhados com o advogado e a natureza do seu trabalho em um escritório de advocacia, seja qual for a sua dimensão.

A alma da advocacia

Não há dúvida de que a "**alma**" do escritório de advocacia são os advogados. Estamos lidando, portanto, com profissionais que possuem alta formação, geralmente especialização, e acostumados a trabalhar de forma individualizada. Mas precisamos entender que uma organização não se faz somente pelos membros que realizam o trabalho técnico, sua essência também vem daqueles que de alguma forma contribuem para que o ambiente se mantenha vivo, ou seja, todos os clientes internos, que nas empresas jurídicas são: estagiários, secretária, paralegais, dentre outros.

O exercício do Direito, pela natureza da sua aplicação, exige uma base cultural sólida, não apenas técnica – a jurisprudência é um desafio constante –, mas também histórica. Citamos no primeiro capítulo exemplos de mudanças na história consequentes da luta pelo Direito. E essa condição cultural representa uma importante premissa para olharmos a liderança nesse setor.

Por outro lado, como já destacamos, temas que antes eram totalmente alheios à área passaram a ser fundamentais para manter a profissão atuante nos novos cenários sociais e econômicos.

O ser humano e a sociedade – forçoso repetir – mudaram muito. Não é adequado que o relacionamento do advogado com o cliente e a entrega do serviço sigam os passos da advocacia de vinte anos atrás.

Será cada vez mais rara, se não extinta, a figura do advogado que pode trabalhar sozinho, como acontecia até há pouco tempo. Predominará o trabalho em grupo, a **colaboração**, a **cooperação**. Mas também nesse sentido muita coisa mudou e continuará mudando, pois um novo "elemento" obrigatoriamente entrou para a rotina e fará cada vez mais parte dela: a automação e, logo adiante, a inteligência artificial, que apesar de muito falada, ainda é pouco utilizada nos escritórios, fato que irá mudar em pouco tempo.

Consequentemente – e lembrando uma pessoa me dizendo, brincando, que o smartphone era hoje o seu terceiro braço –, assim os sistemas, os programas, os softwares, a IA serão "um braço a mais" no nosso trabalho, um "elemento" indispensável no dia a dia.

Mas é exatamente neste mundo altamente tecnológico que serão necessárias as **habilidades humanas**. Como disse certa vez o CEO da Microsoft Satya Nadella, "[...] em um mundo onde há I.A. em abundância, o que vai ser escasso é a verdadeira empatia. Talvez não seja realmente sobre PhDs em ciência da computação, mas sobre o desenvolvimento de mais inteligência emocional humana".[1]

Pelo mesmo motivo, tais condições propiciaram a visão de empresa como um sistema, um organismo vivo pulsando sem parar e a necessidade, cada vez maior, de o líder compreender e desenvolver seus potenciais humanos – a emoção, a comunicação, a empatia, a criatividade, entre outras.

Em consequência da união desses dois fatores – **humanos e tecnológicos** –, novas culturas de trabalho vêm se formatando. O uso do plural em "novas" vem do fato de que a cultura das organizações se torna cada vez mais personalizada, cada uma tem a sua. A advocacia também está exigindo uma intervenção personalizada, um "agente transformador" que consiga fazer essa transição de forma gradual e envolvendo toda a equipe. Ou seja, um líder. Mas não aquele líder concentrador, autoritário. A liderança hoje tem outro sentido, passou por muitas transformações e não foi assim do nada, existe um processo de transformação conceitual através do tempo, sobre o qual falaremos resumidamente a seguir.

O líder na advocacia e os "novos" estilos de liderar

Usei aspas em "novos" porque, na verdade, os estilos que abordaremos não são tão novos assim. Estudiosos de diferentes áreas das ciências sociais, incluindo administrativas e organizacionais, há décadas vêm falando sobre um novo tipo de liderança – alguns, mais adiantados, os visionários, outros por estarem atuando em meio às primeiras consequências da globalização, como a emergência das empresas multinacionais, a comunicação em massa e em rede, o convívio com a

---

[1] AI MUST BE BUILT WITH EMPATHY, MICROSOFT CEO SATYA NADELLA SAYS DURING UK RELEASE OF BOOK HIT REFRESH, 2017.

diversidade, tanto de gênero como étnica e social, a maior conscientização e aplicação dos direitos dos colaboradores, entre outros.

E está na última linha do parágrafo anterior um dos primeiros indícios da mudança: **a substituição do termo trabalhador por colaborador**.

Colaborador é um termo que gosto de usar e define bem o papel das pessoas que estão hoje dentro das organizações. Sai do papel mais mecanicista, em que antes as pessoas faziam parte de um processo muitas vezes automático, para hoje estarem juntas na orientação e no comando desse processo, ajudando, colaborando, para que seja cada vez melhor.

As mudanças na forma de ver a liderança remontam principalmente à segunda metade do século passado e estão ligadas às novas propostas de modelo organizacional.

É importante lembrar que é desse período a publicação da Teoria Geral de Sistemas, que representou mais um conceito aplicável às formas de pensar, de ver o mundo e o ser humano, do que propriamente a uma determinada área – como ocorreu com o trabalho de Jean Piaget na Pedagogia.[2]

Como resultado, tornou-se mais forte a constatação de que não se poderia mais separar homem e ambiente, e relevou-se ainda mais a importância do comportamento humano, que vinha sendo tratada desde a Teoria Comportamental nos anos de 1940 como uma "tentativa de síntese da teoria da organização formal, com enfoque nas relações humanas".[3]

A Teoria Comportamental deu origem a outras linhas de estudo, como a Contingencial, na década de 1960, enfatizando que nada é

---

[2] O psicólogo suíço Jean Piaget (1896-1980) foi o grande estudioso das fases de desenvolvimento da inteligência da criança e da forma como ela aprende (hoje chamado de Ciências Cognitivas). Seu trabalho teve influência, inclusive, em programas de Inteligência Artificial, como admite Seymour Papert, pesquisador de IA no Massachusetts Institute of Technology (MIT), que foi discípulo de Piaget na Universidade de Genebra.

[3] CHIAVENATO, 2013.

absoluto em uma organização, pois existe "uma relação entre as condições ambientais e as técnicas administrativas"[4] para se atingir objetivos.

O pensamento contingencial foi inspiração, na década seguinte, para a **Liderança Situacional**, da dupla Paul Hersey e Ken Blanchard, uma das linhas mais adotadas até hoje e na qual tanto as características da liderança quanto suas ações **dependem do contexto**. Os líderes situacionais eficazes devem **variar o seu estilo** "a partir da capacidade e motivação (ou comprometimento) dos seguidores".[5] Ou seja, o líder deve agir conforme a situação do momento e depende muito do perfil de seus colaboradores, ou seja, não existe uma regra ou uma receita de bolo.

A mudança depende muito da atuação dos líderes, por isso são considerados modelos sociais, segundo Bandura (1977), citado no livro *Gestão da mudança e cultura organizacional*,[6] de Sílvio Luiz Johann e outros. Segundo os autores, os líderes constituem fonte de orientação, apoio e esclarecimento, o que irá dar credibilidade ao processo de mudança organizacional planejada durante o período de transição para um novo cenário.

De acordo com Monica Simionato, no modelo situacional, a

> premissa para qualquer ação do líder é que ele tenha um diagnóstico (características do contexto e das pessoas envolvidas) para que depois possa tomar qualquer decisão e agir, tendo assim uma segurança maior de atingir o objetivo desejado.[7]

Esse modelo abriu espaço para o desenvolvimento dos potenciais do líder dos novos tempos – **o autoconhecimento, a motivação, o propósito e a inovação**, temas que tratarei em seguida.

---

[4] BONOME, 2009.
[5] MCSHANE; GLINOW, 2013, p. 137.
[6] JOHANN, 2015, p. 144.
[7] SIMIONATO, 2013, p. 130.

Quem é você, afinal?

A busca pelo conhecimento, pela verdade da vida e do homem sempre foi uma preocupação da filosofia – palavra de origem grega que une *philos*, no sentido de amigo, amante; e *sophia*, no sentido de conhecimento e saber.[8]

Foi o filósofo Sócrates (470 a.C. a 399 a.C.) quem nos deixou como herança a frase "Conhece-te a ti mesmo", inscrita no Oráculo de Delfos[9] e citada por muitos até hoje como símbolo da introdução ao autoconhecimento – processo em que a pessoa busca conhecer o que ainda não sabe sobre si mesma.

Atualmente, são usadas fortemente nos treinamentos de coaching, método que cresceu nos últimos anos, as ferramentas e técnicas de autoconhecimento e autodesenvolvimento. Na advocacia tem-se empregado o termo **coaching jurídico** para potencializar habilidades e competências que vão além do conhecimento técnico dos advogados.

Com o desenvolvimento da Psicologia Moderna nos últimos dois séculos, o autoconhecimento passou a ser estudado com lente de aumento por diferentes escolas de pensamento, ganhando aplicação cada vez mais ampla, inclusive na Administração e Liderança. Basta lembrar das primeiras teorias, nas quais se buscava descobrir a "fórmula mágica" que faria um homem aparentemente comum se destacar pela capacidade de conquistar seguidores. Portanto, é inevitável que ao falarmos em liderança façamos uso do termo autoconhecimento.

Conhecer a si mesmo é fundamental para todas as pessoas, mas no caso do líder é um compromisso inadiável. O líder existe em função das pessoas. E só terá condição de conhecer e saber lidar com as pessoas se conhecer a si próprio. Conhecer a si próprio é ter um relacionamento intrapessoal, ou seja, uma relação com você mesmo – aguçado;

---

[8] HOUAISS, 2009.

[9] Oráculo do Templo de Apolo, na cidade de Delfos.

pois sem ele não se consegue ter um relacionamento interpessoal (relação com o próximo) com excelência.

Antigamente, isso não contava muito para o perfil profissional. As pessoas trabalhavam mais de forma automática, "cumprindo com as obrigações", e muitas vezes ouviam que era preciso despir-se dos problemas pessoais e vestir uma couraça profissional para realizar uma atividade e entregar um serviço. Lembra-se de quando falamos do taylorismo? Onde tudo era mecanizado?

É fato que essa característica não ficou no passado, ainda hoje em minhas consultorias de gestão jurídica vejo posicionamentos assim, muito tecnicismo e pouca humanização, onde é preciso desenvolver novas competências para a equipe e gerir a cultura, adaptando-a para um conceito mais atualizado. É preciso entender que sem a humanização não conseguimos engajar as pessoas nos processos a serem executados, o que influencia diretamente nos resultados das bancas jurídicas.

Para vencer os desafios diários de uma nova forma de advogar é preciso entender que nenhum escritório de advocacia afinado com os novos tempos pode tratar um profissional separado da pessoa que ele é. E mais do que isso, é preciso entender melhor sobre cada colaborador que atua na banca.

Existem hoje inúmeras ferramentas que analisam o perfil comportamental, que identificam os pontos fortes e fracos de cada colaborador. Com isso a organização poderá potencializar o que existe de melhor em cada um deles, isso é gerir talentos. Como exemplo, em minhas consultorias costumo utilizar-me de ferramentas como o DISC ou Profiler Assessment.[10]

Na posição de liderança hoje, é inadmissível não desenvolver o autoconhecimento. Segundo Monica Simionato, é "fundamental que um líder conheça os seus liderados. Mas antes disso, o que é realmente primordial é que ele conheça a si próprio" para "se tornar um ótimo

---

[10] DISC Profiler é um software, muito usado em gestão, para analisar perfis comportamentais.

líder, além de uma pessoa feliz", "[...] porque, sabendo quem eu sou e o que eu quero, posso direcionar minha vida de forma coerente com os meus desejos e atitudes".[11] É preciso destacar aqui que o líder não é necessariamente e nem somente o sócio do escritório e que os conceitos de "chefe" "e "líder" são duas coisas diferentes. A primeira traz a ideia de hierarquia; e a segunda de parceria, é estar junto.

Essa premissa é mais forte ainda nas situações de mudança – quando o líder precisa de um "guia" interno, que lhe indique com firmeza as direções – e que acaba sendo ele mesmo, fruto do conhecimento de si próprio. Nas minhas consultorias costumo dizer que, se o líder não for o primeiro a comprar a mudança, dificilmente seus liderados o farão. O líder tem um papel fundamental nesse processo, o que veremos mais à frente.

O autoconhecimento é também o alicerce da autenticidade, que, por sua vez, é a base da **credibilidade**, valor essencial para todos nós, mas crucial no caso da liderança – afinal, quem levaria a sério as propostas de um líder não confiável?

A "capacidade de conquistar e manter a credibilidade pessoal depende primeiro do quanto você se conhece", reforçam os especialistas em liderança e autores de best-sellers na área, Posner e Kouzes. Isso significa saber quais são os seus **valores** e suas **convicções**, suas **competências** e **deficiências**, o quanto ser bem-sucedido é importante para você e qual nível de comprometimento está disposto a assumir. "Quanto melhor se conhecer, melhor compreenderá as mensagens quase sempre incompreensíveis e conflitantes que recebe diariamente."[12]

Ocorre que para se conhecer melhor é preciso fazer uma viagem dentro de si mesmo, o que significa enfrentar, inclusive, aqueles sentimentos e emoções mais profundas que costumamos deixar em segundo plano, ou até não encarar. Na maior parte do tempo, preferimos

---

[11] SIMIONATO, 2013, p. 87.

[12] POSNER; KOUZES 2012, p. 37. Barry Z. Posner e James M. Kouzes são professores da Universidade de Santa Clara (Estados Unidos), consultores de liderança e autores de best-sellers sobre o tema.

lidar com o conforto do racional, da nossa parte mental ligada ao QI (Quociente Intelectual ou de Inteligência) – o que é um risco para um líder, pois pesquisas demonstram que, na verdade, o que conta mais na liderança é o QE (Quociente Emocional).

Como destaca o autor e divulgador do conceito de inteligência emocional Daniel Goleman,[13] "nos níveis mais altos, os modelos de competência para **liderança** consistem geralmente em algo em torno de 80% a 100% de habilidades do tipo QE" – afirmativa reforçada pelo diretor de pesquisa de uma empresa de seleção de executivos: "Os CEOs são contratados por seu intelecto e habilidade empresarial – e despedidos por falta de inteligência emocional".[14]

Mas não importa o grau de hierarquia, é necessário que possamos dar a devida importância ao comportamento de alguém quando formos contratar. Umas das coisas que mais vejo ocorrer nos escritórios de advocacia é que, ao realizar recrutamento e seleção, os advogados focam somente em competências que dizem respeito ao conhecimento técnico, deixando de lado a **análise comportamental**. O resultado muitas vezes é uma equipe desforme, desalinhada e individual, o que poderá atrapalhar muito em processos de mudança.

A vantagem hoje é que saber como vai a nossa inteligência emocional está cada vez mais acessível por meio de ferramentas disponibilizadas pelo próprio Daniel Goleman em parceria com Richard E. Boyatzis.[15]

Em artigo dos mais lidos na *Harvard Business Review*, os dois especialistas apontam domínios e competências da Inteligência Emocional (IE) a partir de quatro pontos principais: **autoconhecimento, autogestão, consciência social e gestão de relacionamento** – envol-

---

[13] Goleman explica em seu site oficial que o termo e conceito de inteligência emocional foram abordados pela primeira vez em 1990, em um estudo científico dos professores de psicologia John Mayer e Peter Salovey, respectivamente das universidades New Hampshire e Yale.

[14] GOLEMAN, 2011.

[15] Richard E. Boyatzis é professor do Departments of Organizational Behavior, Psychology, and Cognitive Science, na Weatherhead School of Management e professor emérito na Case Western Reserve University.

vendo ao todos doze elementos.[16] Mas, como destacam os autores, o importante não é ter todas as competências citadas, é desenvolver um equilíbrio entre elas. São elas: autoconhecimento emocional, controle emocional, orientação de conquista, panorama positivo, adaptabilidade, empatia, consciência organizacional, influência, coach e mentoria, administração de conflitos, trabalho em equipe e liderança inspirativa.

Os dois recomendam ainda "avaliações de 360 graus, que coletem tanto autoavaliações como impressões daqueles que o conhecem bem", pois representam "os melhores indicadores da eficácia de um líder, do real desempenho nos negócios, do comprometimento e da satisfação profissional (e pessoal)".[17]

Em minhas consultorias, quando necessário, costumo empregar essa ferramenta e muitas vezes os sócios acabam sendo pegos de surpresa, por "achar" que a sua equipe pensa de um jeito, quando na verdade pensa de outro totalmente diferente. É eficaz para **alinhar pensamentos e estratégias**, além de clarear possíveis conflitos. Não se pode ajustar aquilo que não se conhece.

Todos temos forças e fraquezas. Conhecê-las nos capacita a lidar com elas. Outro benefício é descobrir o que realmente nos motiva, ou seja, aquele sentimento que nos move em direção aos nossos objetivos. Nesse caso, preparar o alicerce para o líder ser a peça-chave na condução das mudanças necessárias nesses tempos de incríveis transformações.

Liderança e motivação

---

[16] O detalhamento de cada competência está disponível em português, no site da *Harvard Business Review Brasil*: https://hbrbr.uol.com.br/inteligencia-emocional-12-elementos/

[17] GOLEMAN; BOYATZIS, 2018.

Já falamos sobre motivação ao abordarmos a hierarquia das necessidades do ser humano criada por Maslow, um clássico do tema, que foi base para inúmeros estudos motivacionais surgidos posteriormente.

A motivação é essencial, é ela que ajuda o ser humano em sua caminhada por todos os setores da vida. Na liderança, estar motivado é a chave para defender ideias, propor e alavancar mudanças.

Porém, ao contrário do que muitas organizações acreditavam antes, a motivação do líder pode até ajudar, mas não poderá ser passada para os liderados, pois motivação é um sentimento individual e intransferível. Explico melhor. Não adianta chegar animado e saltitante até os colaboradores se não houver clareza dos objetivos da organização. Antes de tudo é preciso que haja **participação de todos** na construção e no desenvolvimento da banca, por exemplo, e que cada um busque dentro de si mesmo aquilo que irá impulsioná-lo a ter motivação. Nesse ponto o líder tem o papel fundamental de observar quem está **alinhado aos valores e à cultura da banca**. Outro ponto importante é: não tem como buscar motivação quando você faz algo que não gosta, somente os ganhos não são capazes de fazer isso por você. Por isso, tenha certeza de que aquilo que você faz é algo que realmente te move, como mencionei em capítulo anterior.

Em minhas palestras, quando me perguntam o que me motiva, costumo parafrasear o filósofo que tanto admiro, Mario Sergio Cortella, em seu livro *Por que fazemos o que fazemos*,[18] e respondo: "Aquilo que eu desejo, que realizo, que me completa, aquilo que permite que eu me reconheça. Eu me conheço naquilo que ajo".

Steve Jobs dizia que a única maneira de fazer um excelente trabalho é amar o que você faz.

O termo "motivação" tem origem na palavra latina *movere*, que significa colocar-se em movimento, mas essa é apenas uma descrição do mecanismo complexo que está por trás do termo.

---

[18] CORTELLA, 2018.

PARTE I   MUDANÇAS NA HISTÓRIA E A CULTURA DA ADVOCACIA

A consultora de empresas na área de Comportamento Organizacional, Motivação e Liderança Cecília W. Bergamini,[19] em pesquisa científica diz que o comportamento motivacional revela que "além das pessoas terem objetivos diferentes, as fontes de energia que determinam seus comportamentos são extremamente variadas".[20]

Um dos pioneiros desse pensamento foi Ernest Archer, segundo o qual nenhum gerente pode passar a sua motivação para outras pessoas porque "motivação nasce somente das necessidades humanas e não das coisas que satisfazem essas necessidades".[21]

Por outro lado, Monica Simionato aponta que "o líder pode agir para compor um ambiente de motivação, mas a responsabilidade da força motivadora intrínseca de cada colaborador depende dele próprio", e

> no caso dos escritórios de advocacia ou de qualquer organização, a responsabilidade é distribuída entre líder e liderado, pois, cada adulto já tem sua personalidade formada, seus gostos mais ou menos estáveis, mas, sobretudo, sua responsabilidade como indivíduo que pode escolher mudar os fatores desagradáveis e desmotivadores ou empenhar-se para transformá-los em fatores motivadores e gratificantes.[22]

O que mais vejo dentro dos escritórios de advocacia são sócios questionando suas equipes sobre a falta de engajamento, a falta de motivação, a falta de iniciativa. Acontece que os líderes têm um papel fundamental em tudo isso, a começar pela escolha dos seus liderados,

---

[19] Cecília Whitaker Bergamini é mestre, doutora e livre-docente em Administração de Empresas pela Faculdade de Economia, Administração e Contabilidade da Universidade de São Paulo (FEA-USP). Especialista em Psicologia Clínica pela Faculdade de Filosofia, Ciências e Letras Sedes Sapientiae da Pontifícia Universidade Católica de São Paulo (PUC-SP) e em Psicopatologia Organizacional pelo Instituto Henry Pieron da Universidade de Paris. Professora titular pela Escola de Administração de Empresas de São Paulo da Fundação Getulio Vargas (EAESP-FGV) e consultora de empresas na área de Comportamento Organizacional – motivação e liderança.

[20] BERGAMINI, 2003, p. 63.

[21] Ibid.

[22] SIMIONATO, 2013, p. 160.

repito, com alinhamento de valores e na clareza das funções e ações dentro da banca.

Saber **delegar** é outro ponto importantíssimo, assim como dar o **feedback**: deve-se saber usá-lo de forma adequada, destacando também os pontos positivos dos liderados e não somente os negativos. Por fim, é necessário que haja colaboração e **espírito de equipe**, e caso nada disso funcione, rever quais colaboradores estão aptos e quais não estão a continuar na banca.

O vice-presidente do LinkedIn, Fred Kofman, diz que "liderança é o processo pelo qual uma pessoa (o líder) suscita o comprometimento íntimo dos outros (seguidores), a cumprir uma missão em sintonia com os valores do grupo".[23] E complementa:

> Se você espera se tornar um líder inspirador, a primeira coisa que deve entender é que tal liderança não tem nada a ver com autoridade formal; ela tem a ver com autoridade *moral*.

No setor jurídico este conceito cai como uma luva. Como comentou Antoine Gosset-Grainville, cofundador do BDGS, um dos mais proeminentes escritórios de advocacia parisienses,[24] "minha visão de liderança se adaptou quando mudei do mundo corporativo para a área jurídica. [...] Os líderes de um escritório de advocacia não estão na lógica de um grande capitão da indústria ou de um líder político. Como essa profissão é essencialmente liberal, só podemos falar de liderança moral" (tradução livre).[25]

E quando se fala em liderança moral, estamos falando também de propósito.

---

[23] KOFMAN, 2018.

[24] Antes de ser cofundador do BDGS, Antoine Gosset-Grainville foi vice-diretor do gabinete do primeiro ministro francês François Fillon (2007 a 2012) e da Caisse des Dépôts et Consignations, onde ocupou a direção geral por seis meses.

[25] DANS UN CABINET D'AVOCATS, LE MANAGEMENT EST COLLECTIF, IL FAUT CONSTRUIRE LE CONSENSUS AVEC MÉTHODE, 2016.

Liderança e propósito

Ainda há muita gente que confunde propósito com motivação. Os dois conceitos estão interligados, mas têm significados diferentes. Motivação pode ser definida resumidamente como a **força interior que nos move**, enquanto propósito é você saber **por quê**.

Simon Sinek, autor motivacional e consultor de marketing, diz que líderes e organizações que conseguem se diferenciar, inovar e inspirar possuem um ponto em comum: o propósito, ou seja, a convicção de aonde querem chegar, mas, principalmente, do porquê querem chegar.

Umas das ferramentas essenciais que emprego nos escritórios de advocacia é a famosa definição da missão, da visão e dos valores. Devemos saber o que somos, ou seja, qual a nossa missão, para definir nossos propósitos, a nossa visão, ou seja, aonde se quer chegar, por meio de valores que conectam o local e as pessoas que ali trabalham.

Mais à frente, quando falar de cultura, aprofundarei o tema valores, por ora é importante que você tenha em mente a importância do propósito e como ele pode te orientar ao dar os próximos passos. Essas definições precisam estar bem claras para todas as pessoas que trabalham com você e aquelas que fazem parte do seu ciclo, os chamados *stakeholders*.[26]

Portanto, assim como as organizações, as pessoas precisam também **ter bem definidos os seus propósitos**, pois isso é o que irá lhe trazer a motivação diária e necessária para o cumprimento de suas metas.

O *Golden circle*, um método amplamente divulgado nas palestras de Simons e em seu best-seller *Comece pelo porquê*,[27] ajuda as pessoas a descobrirem o seu propósito.

Trata-se de uma técnica que usa três círculos, um dentro do outro, cada um deles com uma pergunta: no maior, vai *o quê* (*what*); no intermediário, vai o *como* (*how*); no menor e central, vai o *porquê* (*why*).

---

[26] *Stakeholder* é o termo usado para indicar pessoas que têm interesse em uma empresa e podem afetar ou serem afetadas por ela, segundo a Investopedia (https://www.investopedia.com/terms/s/stakeholder.asp).

[27] SINEK, 2018.

Parece simplista, mas existe um argumento científico por trás dessas questões. Sinek explica:[28] a pergunta *o quê* atua no neocórtex do cérebro, responsável pelo pensamento analítico, racional, enquanto as questões **como** e **porquê** atuam na região límbica, responsável pelo nosso comportamento e pela tomada de decisão.

Segundo Sinek, a maior parte do tempo vivemos mais no "o quê" e no "como", que apenas informam e não tocam nosso emocional – o que você faz? como faz? são perguntas relativamente fáceis de responder.

Agora responda "**por que faz?**". Neste ponto descobrirá se faz porque gosta, porque vê sentido, porque deseja, ou seja, se está envolvido emocionalmente. Saber por que estamos seguindo uma direção ou criando um processo ou serviço gera uma força que acaba tocando a todos que convivem conosco. E chega-se invariavelmente ao propósito. Vale a pena fazer o teste. É incrível como muitas pessoas sentem dificuldade de responder ao "por quê?". Afinal, por que você advoga?

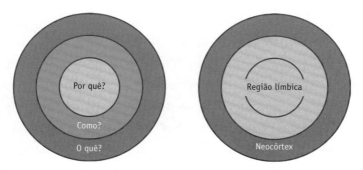

(Reproduzido do livro *Encontre seu porquê: um guia prático para descobrir o seu propósito e o de sua equipe*. Rio de Janeiro: Sextante, 2018.)

São muitos os livros, estudos e artigos sobre o sentido do propósito e da sua importância na liderança.

---
[28] SINEK; MEAD; DOCKER, 2018.

De modo geral, o propósito é considerado um sentimento fundamental para a vida humana, e a felicidade vem da fidelidade a um propósito. Já a ausência ou desconexão com o propósito poderá levar à infelicidade.

É de extrema importância ter um propósito, ir além, acreditar no que se faz e deixar um legado. A profissão em que você está tem de fazer sentido para você e mais ninguém. A escolha precisa ser inteiramente sua.

Transferido para a liderança, **o propósito dá coerência ao líder não apenas no trabalho, mas também à sua vida.**

Para Fred Kofman, "o propósito relaciona-se com o desenvolvimento de uma identidade pessoal e como agir segundo objetivos e princípios", possuindo dois componentes principais: o primeiro seria o cognitivo, ou seja, dar sentido à vida, e o segundo é a motivação, isto é, ter um senso de finalidade. "Ficamos mais satisfeitos quando nos envolvemos em buscas com propósitos e atividades virtuosas em sintonia com o que há de melhor em nós."[29]

O propósito é inerente a todos os seres, segundo o filósofo grego Aristóteles, que se dedicou ao tema dentro do seu trabalho sobre Teleologia.[30] Ele "acreditava firmemente na noção de propósito" e que "todos têm um propósito na vida e a felicidade duradoura vem através de sua realização".[31]

E não são poucos os autores que destacam o propósito como essencial também para as organizações. Jim Collins e Jerry I. Porras, citados pela britânica Jenny Rogers, uma das mais respeitadas coaches do Reino Unido,[32] observaram que um sentido de propósito duradouro era a principal causa que parecia explicar por que poucas organizações

---

[29] KOFMAN, 2018.

[30] Teleologia refere-se à Teoria dos Fins, muito estudada em Filosofia.

[31] MARINOFF, 2008, p. 65.

[32] ROGERS, 2006.

CAPÍTULO 7   LIDERANÇA: ENTRE A TEORIA E A PRÁTICA   129

mantinham um desempenho excepcional durante um período tão longo em comparação com os seus concorrentes.

Outros autores que enfatizam a importância do significado da vida e implicitamente do propósito são Wilfred H. Drath e Charles J. Palus. Citando Drath em tradução livre, colocam que a "liderança é mais do que uma pessoa; é um senso de propósito, uma força que dá as pessoas uma direção comum".[33]

Em artigo da *Harvard Business Review*,[34] os consultores em liderança e autores de livros Nick Craig e Scott A. Snook[35] dizem que, em essência, o propósito de sua liderança vem da sua identidade, a essência de quem você é.

Eles também reforçam a importância do autoconhecimento ao destacar que encontrar o seu propósito de liderança não é fácil – se fosse, todos saberíamos exatamente por que estamos aqui vivendo esse processo a cada minuto de cada dia. No entanto, nossa experiência mostra que quando você tem uma noção clara de quem você é, tudo o mais segue naturalmente, afirmam os consultores.

Enfatizo aqui a importância não só de se autoconhecer, mas buscar entender melhor o seu propósito. Isso envolve um **estudo mais profundo do mercado em que você atua** e se o que faz sentido para você também faz para esse mercado, isso abarca, por exemplo, as áreas do Direito que você resolveu escolher para atuar.

Liderança e inovação

As inovações avançam em todas as profissões e com a advocacia não seria diferente. Por muito tempo a grande novidade era a máquina de

---

[33]   DRATH, 1998, p. 406 apud KOONCE; VAN LOON, 2019, p. 112.

[34]   CRAIG; SNOOK, 2014.

[35]   Nick Craig é presidente do Authentic Leadership Institute. Scott Snook é professor associado de Comportamento Organizacional na Harvard Business School.

datilografia ter sido substituída pelo computador. Acontece que desde que se atentou para a Quarta Revolução Industrial, o advogado está tendo de lidar com termos que parecem ter sido criados por extraterrestres: *startups* jurídicas, inteligência artificial, internet das coisas (IoT), big data, *machine learning*, entre outros.

Porém grande parte dos escritórios de advocacia ainda não se atentaram para essa inovação. Lembra-se do ser humano do passado, falado no capítulo "Para onde vai a advocacia"? Muitos, literalmente, pararam no tempo.

Os próprios cursos de Direito pouco ou nada se atualizaram para preparar melhor o bacharel para as grandes transformações ocorridas, e aqui não falo somente de tecnologia, mas de temas como administração, finanças, marketing ou outras áreas essenciais para o exercício profissional hoje. Como consequência, os advogados sempre trataram com certa distância tanto os temas como os profissionais dessas áreas.

Ao falarmos de inovação, precisamos ampliá-la para diversas áreas, e não somente relacionada à tecnologia.

Para facilitar o assunto, Larry Keeley, em seu livro *Dez tipos de inovação*, diz que a inovação é dividida em três pilares: **Inovação interna**, **Inovação do serviço** e **Inovação do cliente**. O primeiro pilar se refere à estrutura e ao processo da organização, o segundo diz respeito ao desempenho do serviço oferecido, e o terceiro refere-se ao envolvimento do cliente, da marca e do canal, ou seja, a forma como será entregue esse serviço.[36]

Os também renomados pesquisadores em gestão da inovação da Universidade de Sussex, no Reino Unido, Joe Tidd e John Bessant,[37] autores de best-seller sobre o tema, falam em quatro dimensões da inovação:

---

[36] KEELEY; PIKKEL; QUINN, 2015.

[37] TIDD; BESSANT, 2015, p. 25.

CAPÍTULO 7   LIDERANÇA: ENTRE A TEORIA E A PRÁTICA   131

- Inovação de produto/serviço – mudanças no que (produtos/ serviços) oferece;
- Inovação de processo – mudanças na forma como os produtos/ serviços são criados;
- Inovação de posição – mudanças no contexto em que os produtos/serviços são introduzidos;
- Inovação de paradigma – mudanças nos modelos mentais subjacentes que orientam o que a organização faz.

Como é fácil verificar, inovação e mudança andam juntas. E ambas dependem do uso da **criatividade/originalidade**, tema tratado com muita propriedade por Adam Grant em seu best-seller *Originais: como os inconformistas mudam o mundo*,[38] mostrando que, ao contrário do que muitos pensam, criatividade não é competência apenas de privilegiados. Ao contrário, segundo o autor, qualquer um de nós pode aprimorá-la, hoje mais do que nunca um bem necessário e essencial para a inovação e a mudança tão exigidas tanto na vida pessoal quanto profissional. Ainda mais para quem ocupa uma posição de liderança.

Anos atrás, os psicólogos descobriram que existem dois caminhos para a realização: o conformismo e a originalidade. Conformismo significa seguir a multidão percorrendo caminhos convencionais e mantendo o *status quo,* explica o autor. Originalidade é tomar o caminho menos trilhado, defendendo um conjunto de novas ideias que contrariam o pensamento corrente, mas que, no fim, resultam em algo melhor. Envolve introduzir e impulsionar uma ideia, que seja relativamente incomum em determinada área que possa ser beneficiada por ela. A originalidade começa com a criatividade. Pessoas originais são aquelas que tomam a iniciativa de transformar sua visão em realidade.

Vivemos em um mundo de Internet Explorer, exemplifica Grant. Da mesma forma que quase dois terços dos profissionais de atendi-

---

[38] GRANT, 2017.

mento preferem o navegador padrão que vem em seus computadores, muitos de nós preferimos aceitar o que é padrão em nossa vida.

As pessoas que mais sofrem com um determinado estado das coisas são, paradoxalmente, as propensas a questionar, desafiar, rejeitar e mudar esse estado – algo incompatível com a realidade atual, em que a inovação e a mudança, muitas vezes, são questões de sobrevivência e, no caso da liderança, uma responsabilidade e base para o empreendedorismo. Cabe ao líder o papel-chave para a adaptação da cultura organizacional a essa nova realidade, um dos maiores desafios dos escritórios de advocacia hoje, e tema extenso.

Entretanto é necessário também analisar essa mudança e de que forma ela deve ser feita, tomando o cuidado de **respeitar a essência de cada escritório**, que é única. Não se deve guiar por modismos que não se adaptariam ao modo de pensar das pessoas que lá estão. Toda mudança deve e precisa ser repensada e avaliada para o modelo de escritório em que você trabalha. E é disso que tratarei na segunda parte deste livro.

PARTE II

ENTENDENDO A ESSÊNCIA, ENFRENTANDO E FAZENDO MUDANÇAS

O impossível não é um fato: é uma opinião.

Mario Sergio Cortella

Na Parte I do livro apresentei informações e conceitos relacionados à gestão e ao mercado empreendedor com o objetivo de preencher uma lacuna que existe na formação do advogado quanto a olhar para o seu escritório como empreendimento, enfrentando os desafios trazidos pelas intensas mudanças que estão ocorrendo nos novos cenários mundiais e, consequentemente, no Brasil.

Nesta Parte II, o objetivo é colocar a advocacia e o(a) advogado(a) no centro desses conceitos – liderança, administração, empreendedorismo, inovação – envolvendo temas como gestão da cultura organizacional, gestão de pessoas, gestão de conhecimento, entre outras estratégias fundamentais para esse novo desenho da sua atuação profissional.

Espero que você tire o máximo proveito!

CAPÍTULO 8

O PAPEL DA LIDERANÇA NA CONSTRUÇÃO E NA TRANSFORMAÇÃO DA CULTURA ORGANIZACIONAL

Aquilo que se faz por amor está sempre além do bem e do mal.
Friedrich Nietzsche

Como mencionamos anteriormente, o líder é peça-chave na administração de uma organização. Da mesma forma que um maestro em sua orquestra, cabe a ele reger as áreas fundamentais para que a organização siga o seu curso e o seu crescimento. E quando for necessária uma transformação, novamente cabe ao líder **despertar a motivação em sua equipe** para a mudança de *mindset*, visando à adaptação da sua cultura ao novo – e aqui, especificamente, estaremos tratando do escritório de advocacia.

A importância do líder na mudança é unanimidade em diferentes teorias e autores. Quem não quiser perder terreno nos negócios precisa contar com um líder preparado e sintonizado com a nova dinâmica do ambiente econômico e tecnológico que traga os desafios externos para o interior de uma organização jurídica, motivando a equipe a compartilhar esses desafios e a somar esforços para vencê-los. **A cultura do escritório resulta da soma da essência de cada um dos seus colaboradores**, portanto os liderados também têm papel fundamental na transformação. E, quando damos espaço para isso ocorrer, os resultados são surpreendentes.

Olhando para o mercado em geral, não há dúvida de que a indústria e o comércio foram mais rápidos em responder às exigências dos novos cenários e da economia global – até porque nessas áreas as ciências administrativas já são usadas desde as primeiras revoluções industriais, o que significa maior convivência com as necessidades do mercado e da concorrência.

Mas no setor de serviços das chamadas profissões liberais, os desafios foram e continuam sendo diferentes. São serviços prestados por profissionais com formação especializada, que já saem da universidade com a **cultura da profissão** e regulamentos próprios – como no Direito, na Medicina, na Arquitetura, no Jornalismo, na Psicologia, entre outros, e sobreviveram durante anos dentro de um mercado específico, proporcionalmente com menos concorrência e no qual é relativamente recente pensar em competitividade.

Mesmo assim, a maioria dessas áreas profissionais busca se **ajustar** às novas dinâmicas do mercado – como por exemplo, criando sociedades, clínicas e policlínicas, empresas de prestação de serviço especializado, consultorias ou atendendo convênios.

Ajustes fundamentais

Na advocacia, o modelo em sociedade ainda passa por alguns ajustes. Figuras como sócios de capital e de serviço, associados e funcionários ainda buscam se adaptar a um novo modelo de escritório cobrado pelo mercado, que por muitos anos viu o advogado como um profissional individual. Quando muito, esses advogados dividiam espaços com outros da mesma área ou áreas diferentes, mas cada uma por si, em uma cultura mais fragmentada, o que acontece muito ainda hoje. Só que esse modelo não está mais cabendo na sociedade atual, que sugere o coletivo, o grupo, a equipe para a solidificação e sustentabilidade de uma marca.

Desde o início deste livro venho destacando a questão de haver uma grande maioria de advogados trabalhando em um modelo mais individualista e focado apenas em técnicas do direito, como se o tempo tivesse parado há algumas décadas, sem o **entendimento de outras áreas** de suma importância hoje para a advocacia, como a administração.

Cabe destacar que a primeira sociedade de advogados foi fundada por José Martins Pinheiro Neto, fundador do Pinheiro Neto Advogados, que revolucionou o perfil dessa profissão no país, trazendo a preocupação com a qualidade dos serviços prestados bem como uma maior **valorização do cliente**. O atual sócio gestor, Alexandre Bertoldi, me concedeu uma entrevista, que está no final deste livro.

Apenas uma pequena parte do mercado jurídico começou recentemente a se conscientizar em relação às mudanças – inclusive alguns buscando ajuda de aconselhamento externo. Mas nesse sentido procuro destacar que todo cuidado é pouco na hora de contratar um profissional que o oriente nesse sentido.

Em primeiro lugar, deve ser uma consultoria que conheça bem não apenas práticas de gestão, com formação ou especialização nessas áreas, mas também **entenda de cultura organizacional** e as características do setor jurídico e do seu mercado, para uma melhor orientação e personalização, afinal **cada escritório traz a sua essência**. Antes da aplicação de qualquer ferramenta de gestão, para efetuar a mudança em escritório de advocacia, é fundamental entender profundamente a cultura existente e a de sua equipe, pois servirão de base para a mudança e construção de uma banca sólida e sustentável.

Isso significa identificar, por exemplo, o **comportamento organizacional**, ou seja, como cada uma das pessoas age dentro de determinada organização. Saber também até onde a equipe está disposta a ir, qual é o seu foco e se está alinhada aos valores da sua banca, pois não adianta aplicar técnicas de gestão onde não haja alinhamento de propósitos e valores.

Esse é um processo longo, que passa por várias etapas, e é quando o papel do líder se torna fundamental. A consultoria vem, faz o seu trabalho, mas precisa que o líder esteja conectado às transformações que serão feitas e capacitado para mantê-las no ritmo certo, de modo a evoluírem da maneira certa, envolvendo todo o pessoal. Como conceituam Atkinson e Mackenzie,[1] "se não houver liderança na organização, não haverá mudança".

Líderes são os responsáveis por controlar e cuidar da organização, despertar a motivação nas pessoas, além de servirem como exemplo ou modelo para os colaboradores.

Nos escritórios de advocacia esse é um desafio maior do que para outros tipos de empresas. Embora sejam muito bem preparados para argumentar e tenham forte espírito de iniciativa – características exigidas pela própria profissão –, nem todos os advogados se sentem confortáveis em se ver como líder em um escritório.

Felizmente, porém, como observamos por meio dos estudos sobre liderança ao longo da História, liderar é uma habilidade que pode ser **desenvolvida e aprendida** – não é privilégio apenas de alguns. Todo escritório tem alguém já ocupando a liderança – formalmente ou não – ou com potencial para fazê-lo.

Na advocacia, fala-se muito em liderança moral. Ou seja, o líder advogado precisa ter, antes de mais nada, **autoridade moral**, uma força que vem da coerência entre quem ele é e sente, e o que ele diz e faz – criando laços de confiança com seus pares.

---

[1] ATKINSON; MACKENZIE, 2015.

Geralmente, o perfil de um líder em potencial é de alguém que esteja aberto ao novo, que tenha boa comunicação com as pessoas, que respeite as diversidades, que tenha empatia e, claro, pleno domínio técnico.

Já especificamente, é importante destacar características que definem um bom gestor e líder jurídico:

- **Inteligência Emocional** – Trata-se de uma competência fundamental nos dias de hoje, devido à sua contribuição na tomada de decisões e no relacionamento com a equipe;
- **Resiliência** – Está relacionada ao autocontrole e à capacidade de saber lidar com as adversidades que possam surgir no caminho;
- **Capacidade de identificar talentos** – Um bom líder jurídico consegue analisar bem a sua equipe, reconhecer os diferentes perfis que a compõe e que tipo de novos talentos está precisando contratar;
- **Abertura para a diversidade** – Quanto mais diferentes "culturas individuais" houver no escritório, mais rico será o ambiente em inovação. Por exemplo, diferenças de gerações, de gênero ou de etnias.

Essas características irão valer mais ainda quando estiverem envolvidas com as mudanças tão necessárias hoje nos escritórios jurídicos e que dependem de um trabalho profundo na cultura organizacional – ou seja, em uma mudança de *mindset* dos profissionais que irá refletir na mudança de *mindset* do escritório.

Como diz Peter Senge, "as organizações funcionam do jeito que funcionam por causa da maneira pela qual trabalhamos, pensamos e interagimos; as mudanças exigidas não são apenas nas organizações, mas em nós mesmos também".[2]

---

[2] Peter Senge é professor no Massachusetts Institute of Technology, fundador da Society for Organizational Learning (SoL) e autor do livro *A quinta disciplina: a arte e prática da organização que aprende.*

Nunca é demais lembrar conceitos de John P. Kotter, um dos grandes especialistas em liderança e mudança. Para ele, estratégias de mudança exigem conhecimentos e habilidades diferentes das administrativas – como perceber e lidar com comportamentos humanos, manter diálogos, compartilhar experiências para replicá-las em outras áreas e construir novos conhecimentos.[3]

Em muitos escritórios onde atuei, precisei trabalhar com a liderança antes mesmo de aplicar técnicas e ferramentas administrativas estratégicas e operacionais, e na maioria deles a necessidade desse trabalho não era identificado quando resolveram chamar uma consultoria externa.

Já atendi escritórios nos quais os associados e funcionários pareciam muito mais empolgados com uma possível mudança do que alguns sócios – e o resultado poderia ter sido catastrófico se naquele momento eu não parasse o processo de mudança e alinhasse as perspectivas dos líderes, caso contrário, em pouquíssimo tempo seus liderados perderiam força e motivação. Ou seja, foi preciso alinhar as perspectivas, entender melhor os valores e o que estava impedindo alguns dos sócios de "comprarem" a mudança. Daí a nossa persistência no tema da cultura organizacional, a cultura que cada escritório de advocacia traz em seu perfil.

O papel da cultura organizacional

No Brasil e no mundo ainda se estuda pouco a cultura de uma organização, mas o fato é que hoje já se sabe da sua importância para a aplicação de uma gestão adequada. Estudá-la envolve conhecer de forma mais aprofundada os detalhes e, como costumo dizer, "a alma" do

---

[3] KOTTER, 1997.

escritório. Muitos autores usam também o termo "DNA" para definir a cultura de uma organização.

Considero prioritário entender o escritório como um organismo vivo, coletivo, composto de pessoas que podem fazer a diferença para o sucesso ou não. E o quanto a liderança e cada colaborador podem contribuir para esse processo, mas sem entrar em choque com valores e costumes arraigados que podem ser sutilmente adaptados, de forma a agregar mais elementos enriquecedores à sua história e aos seus valores.

Na minha metodologia em consultorias, optei por aplicar as ferramentas e técnicas da gestão da cultura organizacional e da gestão de mudanças na área jurídica. Verifiquei que somente a aplicação de ferramentas e técnicas administrativas não eram suficientes para uma transformação profunda e sustentável nas bancas, e que seria necessário internalizá-la nas pessoas, pois no longo prazo, sem essa metodologia, o trabalho poderia ser totalmente perdido.

Por essa e outras razões, ajuda muito entender melhor o processo envolvido no conceito de cultura organizacional, aprofundar-se nos temas que a compõem e na sua influência nos resultados do negócio.

CAPÍTULO 9

GESTÃO DA CULTURA NA ADVOCACIA – CONCEITO E PRÁTICA

A história é a essência de inúmeras biografias.
Thomas Carlyle

O termo "cultura" é usado em diversos sentidos, o mais comum como sinônimo de muita instrução para se referir a alguém que tem "bom estudo". Sua origem é antiga, vem do latim *cultivāre*, referindo-se a "desenvolver, aperfeiçoar pelo culto, cuidado, trato contínuo".[1] Nas ciências sociais, o termo foi definido pela antropologia para conceituar diferenças de comportamento, conhecimentos, valores e crenças nas sociedades humanas.

No nosso trabalho, a palavra "cultura" é usada no sentido da antropologia, da sociologia e da psicologia que, levadas para as organizações,

---

[1] HOUAISS, 2009.

compõem o conceito de **cultura organizacional**, consagrado pelo estudioso e teórico Edgar Schein.[2]

Hoje, é impossível pensar em uma organização – pequena, média ou grande – sem cultura organizacional. Ela é a sua espinha dorsal e refere-se tanto às práticas comprometidas com valores, crenças e histórias determinantes no comportamento das pessoas, quanto aos seus porquês: por que algumas organizações são mais suscetíveis a mudanças e outras não; por que umas inovam e outras não; por que umas obtêm sucesso e outras não, ou seja, o porquê de determinada organização ser do jeito que é.

Como diz Schein, a cultura está para um grupo como a personalidade ou caráter está para um indivíduo. "Podemos ver os comportamentos resultantes, mas, frequentemente, não podemos ver as forças internas que causam certos tipos de comportamento", explica ele. Porém "à medida que nossa personalidade e caráter orientam e restringem nosso comportamento, a cultura guia e restringe o comportamento dos membros de um grupo, mediante normas compartilhadas e assumidas nesse grupo."[3]

Outros estudiosos enriquecem a visão do conceito, como o professor de administração e autor de vários livros na área Sílvio Luiz Johann, "a cultura de uma organização pode ser considerada uma espécie de personalidade coletiva e mesmo de um jeitão característico de cada empresa".[4]

Nessa mesma linha, além de Sílvio Johann, os estudiosos Alexandre de Oliveira, Mara Beckert e Vera Moreira, citando os consultores e best-sellers na área de *accountability* Roger Connors e Tom Smith, dizem que a "cultura organizacional oferece modelos mentais compartilhados que levam as pessoas a adotar determinado comportamento

---

[2] Edgar Henry Schein é um dos mais respeitados estudiosos e teóricos de cultura organizacional. Doutor em Psicologia Social pela Universidade Harvard (Estados Unidos) e professor emérito do Massachusetts Institute of Technology.

[3] SCHEIN, 2009, p. 8.

[4] JOHANN, 2013, p. 145.

em uma empresa".[5] E também resumem: "é a maneira coletiva como as pessoas pensam e agem".[6]

Como mencionado, considero a cultura organizacional como a alma da organização e, dentro de um escritório de advocacia, a alma de seus fundadores e sócios. Por essa razão, impacta não somente no comportamento das pessoas que a compõem quanto na estratégia do escritório, no seu operacional administrativo e na entrega do seu serviço, repercutindo na estratégia global da própria banca. Portanto, é uma via de mão dupla: assim como molda o modo de agir das pessoas, também é moldada por elas.

Se sou um dos colaboradores, sem dúvida, posso interferir de alguma forma nessa moldagem. Se sou um líder, ou sócio, a minha interferência será maior.

De qualquer forma, o objetivo é sempre entender melhor as forças internas que movem uma determinada organização – no nosso caso, o escritório de advocacia que não está obtendo os resultados desejados –, e ajudar a equipe que a compõe a mudar o seu *mindset*, pois, como dizem Connors e Smith, "ou você gerencia a sua cultura ou ela irá gerenciá-lo".[7] Por isso é importante analisar comportamentos e gatilhos que fazem parte do ambiente a ser trabalhado.

A cultura também influencia uma classe profissional. A advocacia tem a sua cultura, envolvida por muitos vieses, construída, como vimos no início desta obra, ao longo de séculos. Todos os momentos vivenciados tiveram e continuam tendo grande efeito sobre a classe, isso influencia fortemente o comportamento dentro das organizações jurídicas. Não custa reforçarmos, mas seria o modo de falar, de vestir, de se portar.

Veremos mais adiante que a cultura de uma organização também poderá sofrer influência em maior ou menor grau pela cultura de seu

---

[5] JOHANN et al. 2015.

[6] CONNORS; SMITH, 2011, p. 7.

[7] Ibid., p. 15.

país. Portanto, a formação da cultura sofre influências desde a filosofia dos seus fundadores, a escolha de uma equipe e a influência da classe ou do seu país, em um contexto assim descrito:

Influências na cultura de uma organização

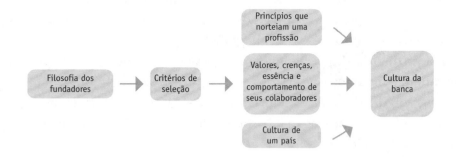

Mas como faço para analisar uma cultura organizacional e adaptá-la ao contexto que o mundo moderno me pede?

Em algumas consultorias que faço para escritórios de advocacia, muitos sócios me pedem para ajudar sua equipe a se alinhar aos valores deles, com o jeito deles, porque entendem que esse é o certo e a equipe precisa aceitar.

Só que quando pergunto como é o jeito deles, quais são os seus valores, não conseguem explicar – mal sabem o caminho que desejam seguir e muitas vezes exigem dos colaboradores algo que não sabem definir direito. Esquecem ainda que seus colaboradores também empregam a sua essência na cultura e por esse motivo devemos olhar a cultura como um todo, um sistema que deverá ser moldado de acordo com as novas perspectivas do mercado, com o alinhamento de todos os líderes e liderados.

Mas esses são apenas os primeiros desafios que os consultores encontram. Existem muitos outros, que iremos abordar dentro do tema da implantação da cultura organizacional, pois, assim como é preciso entender a cultura de um povo, de um país, de uma classe social, para introduzir mudanças, para mudar a cultura de uma organização exige-se conhecimentos multidisciplinares que vão da antropologia, da sociologia, psicologia à administração.

E coloque uma lente de aumento, porque estamos tocando nesse assunto em um momento, como já abordamos, de profundas transformações globais e pessoais. Precisamos agora de respostas rápidas, envolvendo estratégias precisas. Não há tempo a perder com ferramentas de gestão ou técnicas que não estão de acordo com uma determinada cultura de escritório e que só despenderiam tempo e dinheiro.

Por outro lado, também não existe um modelo *prêt-à-porter*, pronto para "vestir bem" todas as organizações jurídicas. Como eu disse anteriormente, cada um traz a sua essência. É fundamental fazer antes um estudo aprofundado para que se possa propor mudanças de gestão adequadas à sua cultura, pois evidentemente o que é bom para o escritório A poderá não ser bom para o escritório B.

Essa é a razão por que, inevitavelmente, a mudança sempre "personaliza" um escritório. Afinal, assim como não existe uma pessoa igual a outra, os escritórios com uma cultura bem instalada serão diferentes uns dos outros.

Mas, assim como ocorre com humanos diante de uma mudança de *mindset*, para se atingir essa meta será necessário enfrentar barreiras e superar resistências – questões que são consideradas e equacionadas pela teoria desenvolvida por Schein e outras técnicas desenvolvidas por diferentes consultores da área de cultura.

Princípios da cultura organizacional

Como mencionei no início do livro, quando me tornei consultora e optei por abraçar a gestão da cultura organizacional como ponto de partida para a mudança na advocacia, estava me baseando nos dez anos de vivência na profissão.

150 PARTE II   ENTENDENDO A ESSÊNCIA, ENFRENTANDO E FAZENDO MUDANÇAS

Como advogada, tanto na área pública como privada, trabalhava diariamente com a sensação de que viajava em um trem a vapor tentando chegar ao mesmo tempo que um trem-bala, em igual destino.

O interesse pela gestão da cultura organizacional para ensejar essa mudança veio do seu caráter humanístico – ou seja, ela começa com o humano e por meio dele desenha e mantém a dinâmica da organização.

Como mencionado várias vezes, é muito comum ainda encontrar escritórios e profissionais da área do Direito carregando aquela cultura arraigada do passado, parecida com o modelo que vigorou até os anos 1980.

E isso é facilmente visível desde a ambientação até a formatação das equipes, ainda muito formais e pouco diversificadas. Um exemplo notável é a falta de diversidade e inclusão. Por exemplo, a baixa presença negra, conforme pesquisa recente do Ceert, corrobora essa impressão.[8] Há também o baixo percentual de mulheres como sócias dos escritórios: não chegam a 30%, segundo levantamento coordenado pela socióloga Maria da Glória Bonelli, da Universidade Federal de São Carlos.[9]

E quando aqui menciono diversidade, não me refiro apenas ao lado social, que tem relevante importância, mas à melhoria em todos os aspectos, em termos de inovação, criatividade e consequentemente econômico.

A McKinsey, uma empresa de consultoria empresarial americana, realizou um estudo e constatou que organizações que consideram a diversidade no recrutamento entregam resultados 25% melhores do que organizações "não diversas". Nas empresas em que a diversidade é reconhecida e praticada, a existência de conflitos chega a

---

[8]   Em pesquisa da ONG Centro de Estudos das Relações de Trabalho e Desigualdades (Ceert) divulgada em 2018, apenas 2% dos advogados se declararam negros. A pesquisa contou com a parceria da Aliança Jurídica pela Equidade Racial e da FGV-SP. Foram entrevistados 3.624 profissionais de nove dos maiores escritórios brasileiros.

[9]   BONELLI, Maria da Glória; BENEDITO, Camila Di Pieri. Processos globalizantes na advocacia paulista: estratificação genderizada nas sociedades de advogados e nos negócios do Direito. In: BONELLI, 2016, p. 87.

CAPÍTULO 9   GESTÃO DA CULTURA NA ADVOCACIA – CONCEITO E PRÁTICA   151

ser 50% menor que nas demais organizações.[10] Esse ambiente de abertura e incentivo à diversidade abre espaço para inovação e promove o alto desempenho.

Evidentemente, não é uma questão que atinge apenas advogados, mas como esse é o objeto deste trabalho, considero importante na cultura de um escritório de advocacia.

Quanto à tecnologia, sim, ela está lá – os computadores, os programas, as impressoras, os celulares –, mas, na maioria dos escritórios que tenho atendido, vejo logo que o clima e a relação entre as pessoas continuam formais e personalistas, com cada profissional "fazendo a sua parte" e ainda muito marcado pelo que a psicologia junguiana chama de *persona*, uma espécie de "máscara social":[11]

> [...] é uma máscara que aparenta uma individualidade, procurando convencer aos outros e a si mesma, que é individual, quando na realidade não passa de um papel ou desempenho através do qual fala a psique coletiva.

Isso ocorre também porque, como destacou Mark A. Cohen em artigo[12] para o site da Forbes, a cultura jurídica foi forjada por advogados brancos, de meia-idade, para o seu grupo de pares. O *ethos* da lei é insular e sua composição é homogênea. É uma cultura rígida, hierárquica, muito centrada. Por isso a necessidade de o advogado muitas vezes criar uma persona, ou personagem, que poderá atrapalhar o seu desenvolvimento profissional por manter um *mindset* fixo, avesso aos riscos e às exposições.

Mas, como diz Yuval Noah Harari, "o estudo da história visa acima de tudo nos tornar cientes de possibilidades que talvez não levássemos em consideração. Historiadores estudam o passado não para poder

---

[10] DOMICIANO, 2017.
[11] JUNG, 2015, p. 46-47.
[12] COHEN, 2017.

repeti-lo, e sim para poder se libertar dele".[13] É de suma importância conhecer bem a história da advocacia, entendê-la e muitas vezes libertar-se de estereótipos, que é uma imagem preconcebida, para uma forma de advogar que com certeza lhe dará mais resultados.

Como são as pessoas que influenciam a cultura, é pelos advogados que se torna necessário iniciar essa mudança. E se estão dentro de um escritório, é preciso um mergulho nos princípios da cultura organizacional para que os profissionais estejam instrumentalizados, possam ser atores nesse processo.

Existe mais de um modelo de cultura organizacional. Mas a principal referência para nós é o de Edgar Schein, sobre o qual falaremos resumidamente. No seu conceito, predomina a abordagem antropológica e se analisa a cultura de uma organização por meio de três níveis, o qual também observamos dentro de uma banca jurídica:

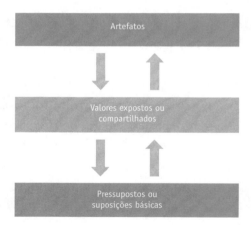

Artefatos – são os aspectos visíveis da cultura, fáceis de identificar, como a arquitetura, a tecnologia usada, o layout dos ambientes, a forma de se vestir das pessoas, os comportamentos, os

---
[13] HARARI, 2016, p. 67.

manuais de orientação para funcionários. Porque são fáceis de identificar, podem ser mudados com facilidade. Os artefatos têm origem nos Valores.

Valores – muitas vezes são difíceis de identificar pela observação, mesmo com a sua definição e exposição em quadros e sites da banca, pois envolvem a filosofia do escritório, e essa filosofia precisa de fato ocorrer, ser coesa – por isso são analisados por meio de entrevistas com gestores que revelam estratégias e objetivos da organização. Os Valores têm origem nos pressupostos.

Pressupostos ou Suposições Básicas – são fundamentais para completar uma visão da cultura da banca, pois revelam a sua essência. Porém são os mais difíceis de detectar, porque são inconscientes, e muitas vezes não estão verbalizados. Resultam de crenças e "verdades" que são adotadas na organização. Por serem inconscientes não são questionadas pelos envolvidos. Os pressupostos são os **principais responsáveis pela resistência à mudança**.

Esses três níveis de modelo de Schein definem a cultura organizacional e suas raízes que vão se fortificando e, através dos tempos, se reproduzindo e reforçando por meio das interações diárias entre os seus membros. A gestão da cultura envolve trabalhar esses três pilares.

Não é possível fazer uma mudança que fira os pressupostos e valores de uma banca, por exemplo – o resultado de uma iniciativa desse tipo seria imprevisível, segundo Schein. O que o seu modelo sugere são algumas maneiras de intervir na cultura, a partir dos artefatos.

Portanto, como vimos no processo sistêmico, uma pequena mudança aqui movimenta todo o sistema e pode levar a mudanças espontâneas que vão desenvolvendo novos valores e pressupostos. Iniciativas como mudar o layout do ambiente para facilitar a interatividade é o tipo da mudança de artefato que pode ter um amplo efeito, segundo o pensamento de Schein.

154 PARTE II   ENTENDENDO A ESSÊNCIA, ENFRENTANDO E FAZENDO MUDANÇAS

E nesse sentido posso acrescentar uma experiência própria, muito simples e de efeito colhido até hoje, que contarei a seguir.

Um evento jurídico inovador e a mesa

Tudo começou com a minha vontade de realizar um evento de inovação para advogados. Era 2017, segundo ano que eu presidia a Comissão de Inovação e Gestão da OAB-GO. E eu, juntamente com uma equipe desta comissão, seríamos responsáveis pela promoção do evento que havia idealizado há muito tempo e que teria como foco justamente o que leva o nome da comissão: inovação e gestão. Pensei em levar para o evento um modelo de *talk show*, além de apresentações individuais e dinâmicas, necessitando, portanto, de um espaço mais livre e despojado.

Acontece que o evento deveria ocorrer necessariamente no auditório da OAB-GO, onde no palco existia uma mesa enorme, maciça, inteiriça e pesada, com suas cadeiras igualmente pesadas e maciças, ocupando um grande espaço.

Pensei: como fazer um evento inovador, que exige mais modernidade e dinamismo, com aquela mesa e cadeiras pesadas ali no meio?

Parecia impossível resolver aquele impasse. Mas o meu forte é não desistir até se esgotarem todas as possibilidades. Resolvi tentar mudar aquele cenário, me esforçando para retirar a mesa do palco, um artefato de muito peso para o local. Recebi diversos "nãos", o que era de se esperar, inicialmente. Aquela mesa estava ali havia muitos anos e fazia parte da tradição do espaço.

Mas como o meu lema é persistência e foco, foi isso que fiz, persisti no objetivo de fazer aquele evento sem a mesa. Acreditava que poderia conseguir usando muita diplomacia.

Eu sabia que aquela mesa representava a história daquela OAB. Mais do que um móvel, era um símbolo da instituição, colocado no

CAPÍTULO 9   GESTÃO DA CULTURA NA ADVOCACIA – CONCEITO E PRÁTICA   155

palco do auditório – um espaço também imponente e austero que sempre recebeu grandes eventos, em sua maioria tradicionais, característicos do perfil da Ordem desde a sua criação no Brasil, em 18 de novembro de 1930, um órgão disciplinar representativo dos direitos e deveres dos advogados no nosso país, como já citei no capítulo "De onde vem a advocacia".

Primeiro fiquei olhando e imaginando as diversas formas de fazer alguma mudança. E se eu colocasse as cadeiras na frente da mesa, ficaria melhor? E seu eu fizesse uma extensão do palco? Mas... nada resolveria. Concluí que teríamos que fazer o *talk show* com a bendita mesa. Concluí, mas não me dei por satisfeita.

Fui à diretoria fazer uma solicitação para a retirada daquele móvel. O presidente me orientou a fazer um ofício, que deveria passar pela secretária-adjunta, para só depois de sua autorização passar a decisão para os dirigentes, o que talvez não surtisse o efeito positivo, devido ao curto espaço de tempo.

Mesmo assim o fiz, mas a autorização não aconteceu. Não desisti. Pensei em quem poderia me ajudar, marcando, então, uma reunião com o secretário-geral da diretoria, um advogado que considero inovador e empreendedor. Mas antes mesmo dessa reunião, coincidentemente, nos encontramos em um evento. E aqui cabe um parêntese: a importância de fazer networking, sair de casa, encontrar com os colegas...

Ao vê-lo por ali, me aproximei, e em um contexto informal, contei sobre o meu evento. Perguntei quais teriam sido os eventos mais inovadores que ele já havia ido. Ele falou de um ocorrido no Conselho Regional de Corretores de Imóveis (Creci), em Goiás, no mês anterior à nossa conversa, e até mostrou as fotos em seu celular, cuja mesa, por ser mais versátil, teria a opção de ser retirada do palco quando fosse necessário alterar o cenário. Pensei então: "É agora!".

Falei sobre a minha ideia, mas que infelizmente não conseguiria realizá-la, pois havia aquele conjunto enorme de mesa e cadeiras no palco do auditório da OAB.

156 PARTE II   ENTENDENDO A ESSÊNCIA, ENFRENTANDO E FAZENDO MUDANÇAS

E aí ocorreu outra coincidência; ele comentou comigo que há muito tempo olhava para aquela mesa e queria trocar por algo moderno, mais prático, uma mesa compartimentada que pudesse ser retirada quando necessário.

Logo perguntei: "E por que não agora?". Minha proposta de evento não seria um bom motivo? Ele achou o máximo e comprou a ideia.

E assim começamos a luta pela retirada da mesa, ele perante os diretores e eu com a equipe da comissão de inovação e gestão, acreditando que daria certo, e já tomando providências para construirmos um cenário digno de inovação jurídica.

A retirada da mesa só aconteceu duas semanas antes do evento. Mas acreditei tanto que daria certo que já tinha fechado a decoração sem a mesa.

Por que eu contei essa história para vocês?

Primeiro porque o processo de mudança não se deu perto da data do evento, mas em 2016, quando implantamos a Comissão Especial de Inovação e Gestão (Ceig), levando a Ordem dos Advogados do Brasil a ideia de inovação e modernização da advocacia, sempre respeitando a essência da instituição e da profissão. Por essa razão, as coisas não acontecem da noite para o dia – como muita gente pensa, inclusive nos escritórios de advocacia.

Segundo, eu precisei respeitar a história da casa, entender quais seriam os meus aliados nesse processo para que a mudança fosse de fato saudável. Isto é, a identificação de líderes que se transformam em fortes agentes de mudança.

Não era somente uma simples mesa que estava em jogo, era um símbolo, um artefato – que precisaria passar por uma inovação. A mesa foi retirada e não voltou mais. Ganhou uma substituta, compartimentada, móvel – e, de "lambuja", ainda trocaram o púlpito por um mais moderno, todo de acrílico, que deu mais leveza às cerimônias.

Se a OAB, uma instituição tão tradicionalista, conseguiu mudar um detalhe que tinha um significado tão importante em seu ambiente, por que outros lugares não podem fazer mudanças desse tipo? Por que não o seu escritório de advocacia?

O exemplo que dei foi relacionado a um móvel, ao ambiente, mas o simbolismo é enorme, pois houve uma quebra da postura tradicional para uma mais ágil, mais de acordo com os novos tempos. Além disso, no início do ano de 2019, a própria sede da OAB, Seção Goiás, passou por uma grande transformação de modernização em sua infraestrutura. Mudança gera outras mudanças, porque inspira a melhorar cada vez mais. Lembra do sistema? Tudo está interligado. Se você mexe em algo, por mais simples que seja, pode ter certeza de que poderá mexer no sistema também como um todo.

Meu exemplo também mostra que nem sempre são as hierarquias mais altas que precisam ter ideias para modificar um sistema. Qualquer pessoa com uma boa ideia pode contribuir para a inovação de uma cultura, por mais que requeira paciência, muito trabalho de conscientização e tempo. Isso é saber gerir uma cultura.

Ninguém pode fazer mudanças por imposição. Nenhuma pessoa muda se não for conscientizada sobre a real necessidade dessa mudança. Se não entenderem que terão muito a ganhar com a mudança e muito a perder caso elas não ocorram. Por isso, também é necessário entender o comportamento e o clima organizacional.

Portanto, ao líder cabe ser: o inspirador, o motivador e reger a mudança, que passa por diferentes fases. Ao colaborador cabe conscientização do que faz e por que faz, além da coragem e da iniciativa, como veremos nas próximas páginas.

Cultura, comportamento e clima organizacional

Muitas pessoas confundem cultura, comportamento e clima organizacional. Apesar de estarem interligados e influenciarem diretamente no desempenho dos colaboradores e no resultado do negócio, também existem muitas diferenças.

Como vimos, a **cultura organizacional** diz respeito à identidade e aos valores, no caso do escritório de advocacia, a forma como é conduzido. Ela molda o comportamento e atitudes da equipe, os líderes do negócio, e a forma como irá interagir com seus clientes, fornecedores e parceiros. Quando a banca for confrontada com desafios ou problemas, essa cultura pode funcionar como impulsionadora ou como um freio nos negócios, emperrando os processos de mudança.

Já o **clima organizacional** é a forma como os colaboradores se percebem. Está relacionado diretamente aos integrantes de sua banca jurídica. No clima são analisados sentimentos que interferem e influenciam na qualidade de desempenho e na produtividade dos funcionários. Segundo Dias,[14] "o clima organizacional está diretamente relacionado com o grau de satisfação, expectativas e necessidades dos integrantes de uma organização".

Existem inúmeras ferramentas que podem detectar o grau de satisfação de uma equipe. Essas ferramentas envolvem pesquisa de clima organizacional com os clientes internos da banca. Em minhas consultorias aplico uma ferramenta chamada Escala de Clima Organizacional ou ECO, que analisa cinco fatores: apoio dos líderes à banca, recompensa por produtividade e qualidade, qualidade da estrutura física, vínculos entre colegas e pressão[15]. A depender do perfil do seu escritório, uma consultoria poderá melhor ajustá-la à sua realidade. É preferível que se tenha uma visão externa na aplicação dessa ferramenta.

Quanto ao **comportamento organizacional**, resulta do estudo dos gestores que visa antecipar a maioria dos problemas relacionados à gestão de pessoas, ou seja, é o estudo do impacto que grupos e indivíduos podem causar a uma organização. Considerando-se que as pessoas

---

[14] DIAS, 2003, p. 77.

[15] SIQUEIRA, 2008.

são o maior ativo de uma organização, é área de grande importância na cultura organizacional.

Para o estudo do comportamento organizacional é importante que se faça a análise do perfil comportamental de cada um dos colaboradores da banca, com ferramentas que já foram faladas no capítulo sobre liderança: o DISC ou Profiler Assessment, que também deverão ser feitas por profissionais especializados na área.

Como pode-se observar, todos esses temas estão interligados. Afinal, a cultura de uma organização tem influência diretamente no seu clima organizacional, e o clima organizacional também interfere na formação de uma cultura. A análise comportamental, portanto, torna-se importante para que se inclua pessoas na organização que tenham propósitos e valores condizentes com a sua cultura para que, então, se possa ter um bom clima no ambiente.

Mas é importante ressaltar que, jurídicas ou não, as organizações, como define Gareth Morgan,[16] "são fenômenos complexos e paradoxais que podem ser compreendidos de muitas maneiras diferentes". Frequentemente falamos delas como se fossem máquinas desenhadas para atingir fins e objetivos predeterminados e "tentamos organizá-las e administrá-las de maneira mecanicista, impelindo suas qualidades humanas para um papel secundário", dificultando ainda mais a adaptação às mudanças, pois essas bancas acabam não aderindo às inovações de mercado, correndo o risco de ficar para trás e até mesmo não sobreviver a ele.

A verdade é que, ao olharmos para uma organização jurídica como se fosse um organismo, veremos que certas bancas estão mais adaptadas para determinadas condições ambientais do que outras – e são nessas que surgem as inovações.

---

[16] KUNSCH, 2002, p. 31.

De qualquer forma, conhecer melhor o ambiente interno da banca ou do departamento ajuda a desenhar melhor os propósitos daquela organização para que eles realmente surtam efeitos na gestão jurídica.

Para facilitar, enumerei a seguir alguns passos importantes que ajudam a traçar caminhos para conhecer melhor uma organização jurídica. Não é uma "receita de bolo", mas servem de base, uma vez que vêm do modelo usado em organizações que obtiveram sucesso ao enfrentar os mesmos desafios.

1. **Natureza do ambiente** – identificação dos pontos fortes e fracos no ambiente interno da organização jurídica, bem como oportunidades e ameaças em relação ao ambiente externo. Busca constante de inovações e estudo profundo sobre o mercado em que atua;
2. **Natureza da tarefa enfrentada** – identificação do serviço que a banca entrega. Escolher o nicho, a forma e o modelo a ser seguido, pois cada uma requer um perfil de equipe com sócios diferentes;
3. **Organização do trabalho** – funções claramente definidas por meio de um plano de carreira, gerando perspectivas nos colaboradores, porém integradas entre si e com flexibilidade, entendendo que é o todo que traz resultados;
4. **Sistema de comunicação** – a excelência na comunicação interpessoal é item fundamental para o sucesso de líderes, colaboradores e equipes. É de suma importância a realização de reuniões frequentes e objetivas em todos os níveis das bancas. Conhecimento por toda a equipe em relação à missão e ao propósito da banca e conhecimento das atividades que cada colaborador exerce;
5. **Natureza do comprometimento** – o colaborador de uma banca jurídica precisa ter comprometimento com a função que exerce, mas reconhecendo a necessidade de flexibilidade diante das contingências provenientes da situação geral.

Nunca é demais reforçar que o maior ativo das organizações são as pessoas. Tanto as bancas como os departamentos jurídicos dependem delas para atingir seus propósitos, cumprir sua missão e gerar resultados.

Uma pesquisa da ALA (*Association Legal Administration*),[17] com sede em Chicago (Estados Unidos), já revelava o conflito de valores ou ideais como um dos motivos mais relevantes que vinha afastando os talentos das organizações. Portanto, a identificação do ambiente e, por fim, a sinergia da equipe, é que nortearão o crescimento e a sustentabilidade do escritório jurídico.

O poder da cultura organizacional

Ao entrarmos em duas organizações do mesmo setor, que podem, inclusive, ter estruturas muito parecidas, conseguiremos diferenciá-las pelo clima, pelo comportamento das pessoas e pelo seu ambiente. Ou seja, cada organização imprime sua essência por meio desses fatores e a essa **essência** chamamos de "cultura organizacional". Assim como nós temos uma personalidade, as empresas também possuem personalidade própria. Portanto, o que vai diferenciar seu escritório de advocacia do concorrente não é somente o nicho, a forma e o tamanho, mas sobretudo a sua cultura organizacional.

Também como nas pessoas, a "personalidade" é formada por **valores, crenças, princípios, tradições e hábitos compartilhados** dentro da organização que influenciam o comportamento de seus membros. A força da cultura dentro de uma organização geralmente é medida por três aspectos: a forma como as pessoas vivenciam essa cultura no dia a dia; o compartilhamento de suas características e o grau de adesão a esses padrões, sem julgá-los – aliás, esta é uma das razões por que não podemos dizer que uma cultura é melhor do que outra.

---

[17] MARTINS, 2012.

162 PARTE II ENTENDENDO A ESSÊNCIA, ENFRENTANDO E FAZENDO MUDANÇAS

Todos esses conceitos não nasceram do nada. Estão dentro da própria história contada pelas teorias das organizações, como destacou Valério Macucci, em *A cultura organizacional e o impacto competitivo nas empresas*:

"Entre 1920 e 1940, muitos teóricos organizacionais escreveram sobre suas experiências como executivos ou consultores, a grande maioria elaborando seus trabalhos a partir dos princípios e definições apresentados por Henry Fayol", muito voltado para as questões estruturais. Ou seja, usava-se um conceito mais mecanicista da administração, assunto que já abordei. Acontece que ainda hoje esses conceitos chegam como novidade em alguns escritórios de advocacia.

Outros teóricos, porém, além de abordar questões estruturais, tiveram a preocupação de tocar na questão humana dentro das organizações, entre os quais Luther Gulick, Lyndall Urwick, James Mooney e Allen Reily, "que possivelmente foram os primeiros autores" a usarem "termos como 'a maior importância do fator humano', 'a força de qualquer organização é simplesmente a composição da força dos indivíduos que a compõem' e a 'efetividade das empresas através de relacionamentos claramente ajustados'".[18]

Mas coube a Elton Mayo, psicólogo e sociólogo considerado o fundador do movimento das relações humanas, destacar-se no ciclo desses primeiros trabalhos, tendo inclusive participado do pioneiro Estudos Hawthorne.[19]

A antropologia desempenhou um papel fundamental no estudo da cultura organizacional. Seus conceitos sobre a compreensão dos códigos e estruturas presentes nas dinâmicas culturais da sociedade, desenvolvidos principalmente entre o fim do século XIX e início do XX, acabaram inspirando, a partir da década de 1960, estudos na área de gestão.

---

[18] MACCUCI, op. cit.

[19] Pesquisa realizada entre 1924 e 1927 na Western Electric Company sobre a intensidade de iluminação dos locais de trabalho e a eficiência dos trabalhadores, medida pela produção obtida. Os resultados foram considerados frustrantes por não terem conseguido isolar os fatores psicológicos envolvidos.

CAPÍTULO 9   GESTÃO DA CULTURA NA ADVOCACIA – CONCEITO E PRÁTICA   163

Uma das maiores contribuições nesse sentido veio em 1980, por parte das pesquisas do psicólogo social e professor emérito da Universidade de Maastricht (Holanda), Geert Hofstede[20] em seu livro *Consequências da cultura: diferenças internacionais em valores relacionados ao trabalho.*

É interessante contextualizar o período em que essa obra foi publicada. Desde a década de 1970 e o início de 1980 a economia mundial passava por grandes transformações e muitos estudiosos se dedicaram a esse tema para entender melhor as forças que estavam em jogo nesse cenário. É desse período a forte concorrência trazida pelas empresas japonesas nos Estados Unidos e a Europa temia uma possível hegemonia política e econômica norte-americana, ao mesmo tempo que procuravam resistir à globalização.

No Brasil experimentava-se o que foi chamado de "milagre econômico", "sucedido pela década perdida, que manteve o país alheio à globalização e distante da ambiência competitiva ao nível mundial e das grandes conquistas tecnológicas que continuaram ocorrendo".[21]

Portanto, é fácil compreender por que repercutiram tanto as teorias que poderiam dar respostas aos dilemas empresariais – como os de Edgar Schein, Ralph Kilmann, Allan A. Kennedy e Terrence E. Deal e Geert H. Hofstede, que trouxeram como pauta o entendimento da organização em sua essência e como isso poderia influenciar em seus resultados.

Na advocacia não podemos andar na contramão da história. Entender que a cultura é a alma de uma organização e tem um papel fundamental na sua transformação ajudará o advogado a ter consciência de uma gestão que seja mais humanizada e que tem como norte ser mais sustentável.

---

[20] Em 2008, o *Wall Street Journal* nomeou Hofstede como um dos vinte pensadores mais influentes na administração – o único da Europa Continental. Seus livros se tornaram leituras clássicas para líderes, consultores, formuladores de política, pesquisadores e professores.

[21] MACUCCI, op. cit.

O trabalho de Hofstede, iniciado em 1970, é até hoje referência na cultura organizacional global. O objetivo foi comparar culturas nacionais e organizacionais e suas consequências em métodos de gestão. Inicialmente foram realizadas pesquisas em cinquenta países com funcionários da IBM levando em consideração quatro dimensões, depois aumentadas para cinco, a partir de estudo em parceria com Michael Harris Bond em 1988, completando 76 países. Em 2010, com Michael Minkov, foi criada a sexta dimensão, quando a pesquisa alcançou quase cem países, com o objetivo de entender mudanças ocorridas nas crenças, nos valores e nas motivações em todo o mundo, que impacta também nas organizações jurídicas e que resumo a seguir:[22]

1. **Alta distância ao poder** *versus* **baixa distância ao poder** – Refere-se à medida do grau de aceitação por aqueles que têm menos poder nas instituições e organizações de um país de uma repartição desigual do poder;

2. **Alta aversão à incerteza** *versus* **baixa aversão à incerteza** – Procura analisar a extensão da ansiedade e da inquietação que as pessoas sentem ao enfrentar situações inesperadas ou incertas;

3. **Individualismo** *versus* **coletivismo** – O individualismo refere-se às sociedades nas quais os laços entre os indivíduos são pouco firmes, cada um deve ocupar-se de si mesmo e da sua família mais próxima. O coletivismo caracteriza as sociedades nas quais as pessoas são integradas desde o nascimento, em grupos fortes e coesos que as protegem para toda a vida em troca de uma lealdade inquestionável;

4. **Masculinidade** *versus* **feminilidade** – Refere-se à divisão de papéis entre os sexos em uma sociedade. Para Hofstede, existe uma diferença entre os valores masculinos (competitividade, assertividade, heroísmo e recompensa material) e feminino (modéstia, compaixão e preocupação com o próximo);

---

[22] Baseado em trabalho de LACERDA NETO, 2019.

5. **Orientação de curto prazo** *versus* **orientação de longo prazo** – Está relacionada a valores voltados para futuras recompensas, principalmente perseverança e parcimônia. O oposto, orientação a curto prazo, está ligada à promoção de virtudes relacionadas com o passado, principalmente o respeito à tradição, à preservação da imagem e o cumprimento das obrigações sociais;
6. **Indulgência** *versus* **restrição** – Refere-se à tendência das pessoas ao livre fluir dos desejos humanos básicos e naturais com a diversão e o "aproveitar a vida". O seu oposto, a restrição, vem da convicção de que a gratificação deve ser controlada e regulada por normas sociais rígidas.

A partir da década de 1980 o interesse pela cultura organizacional passou por grande avanço no sentido de entender e orientar o comportamento organizacional, período em que se destacam autores norte-americanos como Tom Peters e Robert Waterman, com publicações voltadas para a performance do gestor.[23] É atribuído a eles ter alavancado trabalhos que permitiram compreender melhor a cultura organizacional e sua importância para a gestão.

Como na advocacia o tema é novo, venho já há algum tempo fazendo intensos estudos, aplicando-os em minhas consultorias e levando-os em minhas palestras, cursos e aulas de pós-graduação. O que percebi foi que **nenhuma estratégia ou mudança poderá ser implementada de forma eficaz senão pelo entendimento da cultura organizacional**. A cultura precisa combinar com a estratégia e a mudança precisa estar alinhada à cultura.

Durante meus estudos observei que grandes nomes contribuíram para o desenvolvimento e a conceituação do tema. Mas, sem dúvida, um dos trabalhos que mais se destacou e é referenciado e adotado até hoje é o de Edgar Schein e os três níveis formadores da cultura

---

[23] Um dos livros mais famosos da dupla foi publicado em 1982 / 1983, *In Search of Excellence: Lessons from America's Best Run Companies.*

organizacional: artefatos, valores e pressupostos, mencionados anteriormente no início deste capítulo.

Quando um novo membro é contratado por um escritório de advocacia, por exemplo, entra em contato com todos os níveis de sua cultura por meio de histórias, rituais, símbolos e linguagem. Ao começar a fazer parte da sua história, pode contribuir ou não para alguma mudança da cultura, uma vez que essa molda e é moldada pelas pessoas que a integram.

As histórias de uma organização, a exemplo de um escritório de advocacia, envolvem fundadores, eventos importantes, erros e acertos do passado, entre outros. Os rituais existentes nesse escritório são as práticas que expressam e reforçam os valores e seus objetivos. Os símbolos vêm do ambiente e da parte material da banca – a área ocupada, a distribuição do espaço, os móveis e até o modo de se vestir e de se comportar dos colaboradores. Já a linguagem conecta e identifica os membros – revelam sua participação da cultura e ajudam a transmiti-la. É comum uma organização criar termos próprios para algumas ferramentas de trabalho, formas de tratar o cliente, entre outros.

Na advocacia temos muitos símbolos que podemos constantemente visualizar, seja na forma do advogado falar, como o "juridiquês", ou na maneira de se vestir, com mais formalidade. Aliás, vestimentas cobradas por alguns juízos ainda hoje causam polêmicas na advocacia. Mas o fato é que não consta nem na constituição nem em lei o que o advogado precisa **obrigatoriamente** trajar. O terno, a gravata, a saia lápis, o salto alto, a beca usada em algumas audiências, são costumes e tradições que foram moldados pela cultura na profissão.

Os costumes que existem ainda hoje no Direito são refletidos pela sua ancestralidade, como podemos conferir no capítulo deste livro que fala da História da Advocacia. Muitos dos símbolos usados são assegurados pelo inciso XVIII do artigo 7º da Lei n.º 8.906/94, e trouxe como norte a referência da sobriedade da profissão. Alguns deles são: a Deusa Themis ou Têmis, que personifica a Justiça; a balança, que demostra o equilíbrio entre as partes, e a espada, se posicionando contra a injustiça, dentre outros símbolos constantemente usados em alguns escritórios como logomarca.

Todos esses símbolos estão **presentes diariamente na advocacia**, impregnados como uma marca e usados muitas vezes sem saber o porquê, senão pelos seus vieses inconscientes.

Além de Schein, e em outra linha teórica dentro do cenário da cultura organizacional, vale destacar ainda o modelo de Charles Handy, filósofo irlandês especializado em comportamento e gestão. Com formação em Oxford e no MIT, foi professor de negócios da London Business School e se tornou famoso por seu livro *Os deuses das organizações*.[24]

Handy destaca em seu trabalho que o estilo de gestão é a base das organizações e define quatro tipos de cultura organizacional, relacionando-as aos deuses do Olimpo,[25] que resumimos a seguir, com o objetivo de simplificar:

- **Apolo** (Cultura dos papéis) – na mitologia é o deus da verdade e das artes, representando a cultura baseada em organogramas, funções e expertise. Seria uma cultura com alta centralização do poder e alta formalização;
- **Atena** (Cultura de tarefas) – na mitologia é a deusa da sabedoria e estratégia, privilegiando o conhecimento, a competência, a racionalidade e uso de ferramentas com foco em resultados. Seria uma cultura com baixa centralização do poder e alta formalização;
- **Dionísio** (Cultura da pessoa) – é o deus da alegria e do vinho, e representa os profissionais independentes que recusam qualquer tipo de lealdade ou ritmo imposto e aceitam a coordenação apenas em seu próprio interesse. Seria uma cultura com baixa centralização do poder e baixa formalização;

---

[24] Publicado no Brasil pela Editora Vértice em 1987.

[25] Para a correspondência mitológica, usei um significado apenas. Existem muitos outros.

- **Zeus** (Cultura do poder ou do clube) – na mitologia grega, é o deus dos deuses. É representado pelo empreendedor dinâmico que governa o seu império tomando decisões instantâneas, por achar que não tem tempo para planejar. Sua rede de relações pessoais é composta de "clubes". Seria uma cultura com alta centralização do poder e baixa formalização.

A partir dessas premissas, Handy analisa muitos casos concretos de funcionamento das organizações, concluindo que houve na gestão um recuo do estilo Apolo, no qual predomina o lado esquerdo do cérebro, mais racional, para dar lugar ao lado direito do cérebro, mais criativo, que lida com a mudança. **Você conseguiria identificar qual desses estilos tem mais a ver com a sua banca jurídica?**

A obra posterior de Handy que teve grande influência na cultura administrativa foi *A era do paradoxo*[26], na qual ele defende que as organizações precisam conciliar vários paradoxos, ou melhor exemplificando, várias contradições. A exigência contemporânea da produtividade levará, necessariamente, à redução substancial da mão de obra, com maior investimento em tecnologia e em desenvolvimento do capital humano – ele é o ator principal das necessidades essenciais do negócio, enquanto as não essenciais, segundo ele, deverão seguir o caminho da terceirização. Para reflexão: O que sua banca necessariamente deve priorizar? Como envolver as pessoas nisso? O que deve ser terceirizado?

Na opinião do autor, o negócio do mundo atual deve ser flexível, global e, ao mesmo tempo, local. Handy defende que a forma de capitalismo corporativo[27] hoje, com toda a sua complexidade e seus conflitos, não é sustentável e deve ceder a uma forma mais **simples e flexível** de empreendimento privado – e nesse caso coloca como símbolo de organização humana a aldeia (comunidade) por sua simplicidade e coesão.

---

[26] Publicado no Brasil em 1995 pela Makron Books São Paulo.

[27] HANDY, 1999.

Portanto, a organização deve ser uma comunidade a qual você pertence, como se fosse uma aldeia. Você é um membro dessa aldeia, e como membro possui deveres e direitos, inclusive podendo participar nos lucros que você trouxer. Os sócios precisam ser os primeiros a seguir esse exemplo, fazendo com que todos os colaboradores se sintam pertencentes àquele local como se também fossem donos. É necessário **o senso de pertencimento**, sem o qual os processos de mudanças não conseguem se desenvolver.

Ainda no livro *A era do paradoxo*, Handy menciona uma organização voltada para a comunidade, liderada pela linha de frente, na qual poder e responsabilidade passam de um pequeno centro corporativo para unidades de negócios e, em última análise, para aqueles mais próximos da ação.

Quando lançou essas ideias, seus conceitos pareciam utópicos, mas considerando-se as mais de duas décadas em que foram apresentados, podemos ver que muitos de seus modelos estão presentes hoje, no crescimento contínuo das pequenas e médias empresas, na mudança e desaparecimento de trabalhos tradicionais; como a terceirização, o *home office* e carreiras de portfólio, termo lançado por ele na década de 1980 para descrever pessoas que trabalham para si mesmas e atendem a um portfólio de indivíduos e entidades, como vemos acontecer também na advocacia.

O autor destaca, ainda, ser fundamental a organização reconhecer quando está indo mal, pois qualquer projeto segue uma curva em forma de S – começa lento e vacilante, cresce e depois declina. Em uma entrevista ao site Les Echos Business,[28] ele diz que a vida de uma organização, assim como a de uma pessoa, passa por uma série de curvas e quando atinge o seu pico, começa a cair. Na opinião de Handy, os líderes precisam **começar algo novo antes da queda da curva**, escolhendo uma nova direção ou lançando um novo produto ou serviço.[29]

---

[28] SURUGUE, 2019.

[29] HANDY, 1999.

Portanto, de acordo com essa teoria, a hora certa de iniciar um novo projeto não é quando apresenta sinais de declínio, mas quando está perto do ápice – é o momento certo para criar uma segunda curva usando o método de fazer perguntas, analisar as hipóteses e criar alternativas –, sempre testando as melhores hipóteses na teoria e na prática.

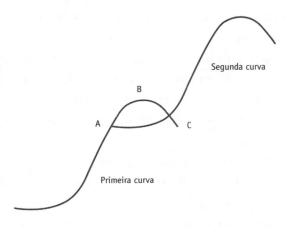

Fonte: SOBEJANO.

Nos escritórios a que atendo, uma das primeiras coisas que costumo fazer é identificar onde se encontra a curva e como, a partir dali, podemos traçar uma estratégia. Como mencionado anteriormente, nem sempre deve valer a máxima de que em time que está ganhando não se mexe. Qualquer hora é hora de rever certos posicionamentos, pois o ambiente externo também continua em constante evolução.

Um artigo publicado pela *Harvard Business Review*[30] dos experts Boris Groysberg, Jeremiah Lee, Jesse Price e J. Yo-Jud Cheng, cita oito tipos de cultura, a partir de duas dimensões principais que se aplicam às organizações, "independentemente de sua área, porte, setor ou geografia", portanto, aplica-se também aos escritórios e departamentos jurídicos,

---

[30] GROYSBERG, 2018.

independentemente do seu porte: **"interações interpessoais e resposta à mudança"** e "onde ela se situa a partir dessas duas dimensões".

As interações podem ser:

a. **"altamente independentes"** (que "valorizam a autonomia, a ação individual e a competição"); e

b. **"altamente interdependentes"** (que "enfatizam a integração", administrando relacionamentos e coordenando esforços em grupo", com tendência a colaborar mais e encarar o sucesso pelo ponto de vista do grupo).

Diante da mudança, algumas culturas enfatizam a previsibilidade e o *status quo*, e outras, "a flexibilidade, a adaptabilidade e receptividade para mudar".

A partir desses conceitos, estudiosos chegaram a oito estilos que se aplicam tanto à cultura organizacional como a líderes individuais. E nas últimas duas décadas pesquisadores da Spencer Stuart – sendo dois dos autores desse artigo, Jeremiah Lee e Jesse Price – aprimoraram, de forma independente, essa lista de estilos nos dois níveis,[31] que poderão ser trabalhados na gestão da cultura de sua banca jurídica, resumidos a seguir:

* **Acolhimento** – são ambientes receptivos, onde os líderes valorizam a sinceridade e os colaboradores trabalham em equipe. São unidos por lealdade. Envolvem relacionamentos positivos e confiança mútua;

* **Propósito** – são ambientes solidários e tolerantes, em que as pessoas tentam fazer o bem pelo futuro da humanidade. Têm foco nas comunidades globais, bem como ideais que contribuem para uma causa maior. Envolvem idealismo e altruísmo;

---

[31] Ibid.

172 PARTE II ENTENDENDO A ESSÊNCIA, ENFRENTANDO E FAZENDO MUDANÇAS

- **Aprendizado** – são locais que dão espaço para as pessoas lançarem ideias novas. Os líderes exploram o conhecimento e a inovação, e os colaboradores são unidos pela curiosidade. Envolvem criatividade e expansividade;
- **Prazer** – são locais mais despreocupados, que envolvem empolgação e divertimento. Os líderes realçam o senso de humor e a espontaneidade, e os colaboradores são unidos pela descontração;
- **Resultados** – são ambientes de trabalho orientados para o resultado, onde as pessoas aspiram excelência e desempenho. Os líderes estão focados no cumprimento de metas e os colaboradores são unidos pela motivação da competência;
- **Autoridade** – são locais competitivos, onde as pessoas se esforçam para obter vantagem pessoal, utilizando-se da força, ousadia e determinação. Os líderes ressaltam a confiança e a dominação, e os colaboradores são unidos por forte controle;
- **Segurança** – são locais previsíveis, onde as pessoas têm consciência do risco, pois se utilizam da precaução e da prevenção. Os líderes valorizam o planejamento cuidadoso e os colaboradores se unem pelo desejo de se sentir protegido, antecipando mudanças;
- **Ordem** – são ambientes cartesianos, ou seja, metódicos, onde as pessoas obedecem às regras do jogo, concentrando nas normas comuns, estrutura e respeito. Os líderes dão importância a costumes seculares e os funcionários são unidos pela ajuda mútua.

Segundo os autores, esses oito estilos podem ser usados para **diagnosticar e descrever padrões** de determinada cultura e traçar a probabilidade de um líder se alinhar a ela para moldá-la. Qual desses estilos você identifica em sua banca?

De minha parte, segundo pesquisas que venho realizando constantemente e da prática na consultoria, é fácil concluir que seja qual for o tipo de cultura presente em um escritório de advocacia, em um mundo volátil e imprevisível, ela deverá estar em constante transformação e não necessariamente isso é perder a sua essência – caso contrário, terá dificuldade para **adaptar-se ao mercado e promover mudanças**.

É sabido que certos tipos de cultura enfrentam forte resistência à mudança por parte de seus membros, tornando esses processos mais lentos e muitas vezes fracassados – por razões que veremos adiante em um capítulo dedicado à mudança.

O mais importante agora é ressaltar novamente que tanto para manter ou mudar uma cultura e a estratégia de gestão de um escritório de advocacia, o papel do líder é fundamental. Sem o apoio desses líderes não conseguiremos desenvolver estratégias adequadas para a implementação de ideias. Mas o colaborador também tem um papel fundamental, pois imprime seus valores e seu comportamento para moldar uma cultura, que poderá ser favorável ou não a uma determinada estratégia.

Como a cultura é uma ordem social imaterial, as normas culturais de uma banca definem o que é **encorajado ou desencorajado**, **aceito ou rejeitado** dentro de um grupo. Mas, sem dúvida, quando está alinhada a valores, motivações e necessidades pessoais trazidas pelo líder, terá mais facilidade para estabelecer objetivos comuns e estimular a capacidade de evolução da organização.

E, consequentemente, poderá criar **melhores condições e "clima"** para responder a oportunidades e demandas, além de facilitar o estabelecimento de uma estratégia de mudança de cultura combinando os objetivos da liderança com as experiências diárias da equipe.

Quando se trata de inovar uma cultura, vale retomar as dimensões estabelecidas a partir do trabalho de Hofstede no que se refere à influência da cultura de uma nação na formação da cultura de uma organização – e neste caso, vamos falar de Brasil.

Cultura brasileira e advocacia

Como conceituamos anteriormente, segundo Hofstede, a cultura funciona como uma programação, um "software da mente" que se formou a partir do ambiente social onde fomos criados e está sempre presente, distinguindo um grupo humano de outro – agindo de forma diferenciada –, o que não significa que uma cultura é superior ou inferior a outra.[32]

Um estudo de Lívia Barbosa, doutora em Antropologia Social, aponta que

> no Brasil os elementos utilizados para a construção de identidades estão ancorados, predominantemente, em outros grupos sociais como, por exemplo, a família, os amigos, a rede de relações pessoais.

Segundo a autora, são esses elementos que "nos definem e posicionam no interior de uma estrutura social".[33]

Já a organização,

> seja esta pública ou privada, funciona muito mais como um indicador de posição social e estabilidade econômica do que qualquer outra coisa. Isso acontece porque, entre nós, estão ausentes, para a maior parte dos segmentos sociais, ações como a 'meritocracia' e a autoconfiança.[34]

argumenta a antropóloga, completando o conceito ao citar o argumento do antropólogo Roberto da Matta de que, nesse sentido,

---

[32] HOFSTEDE, 2003.
[33] BARBOSA, 1996.
[34] Ibid., p. 13.

CAPÍTULO 9   GESTÃO DA CULTURA NA ADVOCACIA – CONCEITO E PRÁTICA   175

> o lugar onde trabalho e o que eu faço tem um peso muito menor na indicação do que sou enquanto indivíduo, funcionando muito mais como um marcador da minha inserção enquanto pessoa no interior da sociedade brasileira.[35]

Outros autores, como Betânia Tanure de Barros e Marco Aurélio Prates, em seu livro *O estilo brasileiro de administrar*,[36] apresentaram os aspectos que marcam o modelo das organizações em nosso país, entre os quais destaco:

- **A concentração do poder** – baseada na hierarquia e subordinação. A figura hierárquica, fruto de recentes governos ligados ao militarismo;
- **O personalismo** – cada um deve cuidar de seus próprios interesses. Dá mais valor ao seu grupo de pertença (sic) (família, amigos e grupo de trabalho), sobrepondo-se às necessidades do sistema no qual esteja inserida;
- **A postura de espectador** – orientação pela autoridade externa, baixa consciência crítica e, por consequência, baixa iniciativa;
- **A lealdade às pessoas** – a atração pessoal é forte elemento de coesão. Precisam se sentir pertencidos a um grupo. Muitas vezes valorizam mais a necessidade de seu líder e dos membros do seu grupo do que do sistema maior em que está inserido;
- **Formalismo** – o brasileiro teria pouca preocupação com o futuro, focando em resultados imediatistas. Busca maior estabilidade e conservadorismo, o que pode gerar um clima mais tenso que envolve maior carga emocional e agressividade.

Como se vê, estudos enriquecedores sobre a cultura organizacional do país não faltam. Isso não quer dizer que toda organização do Brasil

---

[35] DA MATTA, 1979.

[36] BARROS, 1996.

terá exatamente essas características, a tendência é essa, mas algumas dessas organizações terão mais e outras menos, dependendo do seu grau de flexibilidade, adaptabilidade e da amplitude da mente de seus líderes. E quando falamos em advocacia, é importante considerar todas essas influências na gestão da cultura de uma banca jurídica, pois isso irá também impactar nas mudanças propostas.

A área jurídica não é um setor fácil para se falar em mudanças. A cultura, principalmente dos pequenos escritórios, que é a maioria em nosso país, é repleta de **particularidades**.

Compartilhar o conhecimento técnico, por exemplo, não é comum para a maioria dos advogados. Afinal, o conhecimento é considerado, com razão, uma valiosa conquista pessoal, que vem de anos de dedicação, estudos e experiência. Para muitos, compartilhar esse "**patrimônio profissional**" pode ser encarado como um risco.

Além disso, a profissão é exercida da mesma forma há muito tempo – pela qual cada um trabalha para si próprio –, como dito anteriormente, de uma cultura mais fragmentada.[37] Ou seja, onde o advogado muitas vezes trabalha de portas fechadas, sem contato com o colega ao lado, e deixa o nome da instituição em que trabalha em último plano. Isso poderá ocasionar discordâncias sobre metas estratégicas, dificultando o seu gerenciamento.

A tendência do ser humano, inclusive neurologicamente falando, é permanecer no conforto da rotina. A mudança requer um repensar, uma aprendizagem, e para que possamos atingir uma mudança de forma profunda, lembrando Kourilsky-Belliard, é importante que possamos atingir o nível 3, como mencionei no capítulo "Mudar é... humano!".

Embora a gestão da cultura organizacional seja um processo dinâmico, mudar completamente a cultura de um escritório de advocacia não deve ser o objetivo – e nem é necessário que seja –, pois corre-se

---

[37] GOFFEE; JONES, 1996.

o risco de extrair toda a sua essência. O mais importante é que a trabalhemos para torná-la mais flexível, o que irá ajudar a alinhar valores que irão adaptá-la às inovações do mercado. E nessa gestão as peças fundamentais são as pessoas.

Novamente recorro a Hofstede para falar sobre o diagrama da cebola, que veio para facilitar o entendimento dos diferentes níveis de profundidade das manifestações da cultura. Na camada central, ou no "coração da cebola", ele situa os valores, que representam a parte invisível, o lado mais pessoal. As outras camadas são consideradas periféricas, porque se ligam a questões externas, práticas: os rituais, os heróis e os símbolos.

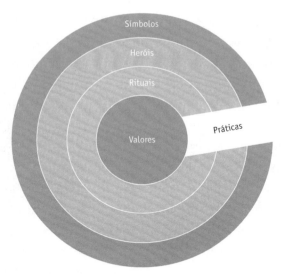

Fonte: HOFSTEDE et al., 1991, p. 7.

Como a cultura vem de uma programação mental que distingue seus membros de outra cultura, cada uma reage de forma diferente, de acordo com o seu próprio sistema de valores, e seus membros se comportam de acordo com as regras adequadas à situação.

Fazendo uma ligação com o que diz Schein sobre iniciar a mudança pelos artefatos, que são elementos externos, consideramos em nosso trabalho propor a mudança pela primeira camada da cebola, a mais externa, e ir avançando até os rituais.

Para Schein, existem dois tipos de valores, os que são abertos à discussão e as **suposições básicas**. Os primeiros, mais visíveis, são aqueles valores que muitas vezes aparecem em um quadro, em um site, ou é falado pelos seus membros. O segundo tipo é a parte mais interna e profunda, assumida como verdadeira e tratada como inegociável, quem não a assume é visto como louco e por isso rejeitado pelo grupo.[38]

A cultura por meio das suas suposições básicas irá definir o que as coisas significam, em que devemos prestar atenção, como reagir emocionalmente ao que ocorre e que ações deverão ser tomadas. A partir do momento em que estivermos integrados com um grupo que compartilha das mesmas suposições básicas, nos sentiremos confortáveis, ao contrário, quando houver choque de valores que possam macular essas suposições básicas, haverá uma inevitável repulsa e defensividade.[39]

A **essência de uma cultura** está nas suposições básicas, mas se manifesta nos artefatos e valores compartilhados, esses, por sua vez, se bem trabalhados podem influenciar as suposições básicas.

Portanto, não é qualquer mudança que fará sentido para um determinado escritório. Ao mesmo tempo, não é impossível que essas mesmas mudanças não possam ser implementadas e novos valores e suposições básicas possam surgir como forma de ajudá-las a passar por esse processo, mas para que isso ocorra é necessária a gestão de cultura organizacional, que, como vimos, envolve trabalhar as pessoas.

Os valores surgem das pessoas que em conjunto moldam a cultura. Alguns valores se tornam tão arraigados, as chamadas suposições básicas, que apresentar ideias que possam contrariá-las pode levar todo o trabalho a se perder. A gestão da cultura organizacional começa com

---

[38] SCHEIN, 2009.

[39] Ibid.

um processo de reconhecimento do perfil e valores das pessoas que compõem a organização, o que faço sempre dentro das minhas consultorias. A mudança começa com cada uma dessas pessoas, e por meio delas vem o alinhamento das expectativas dentro de uma banca. O líder tem um papel fundamental nesse processo para que haja uma implantação eficaz da gestão jurídica alinhada com a cultura do escritório e as exigências do mercado atual e futuro.

Ao falarmos sobre a **implementação de uma gestão jurídica eficaz** dentro dos escritórios de advocacia, é preciso entender de onde ela surgiu e a sua importância. Os primeiros países a adotarem foram os de língua inglesa, ainda na década de 1970. No Brasil, ela chegou um pouco mais tarde, talvez por ser uma realidade distante dos estudos dentro das faculdades de Direito. Com a promulgação da CF/88 houve uma pequena inovação referente às grades curriculares de algumas faculdades de Direito, com a inclusão de mais algumas disciplinas, mas sempre ligadas às técnicas jurídicas.

Na década de 1990, com o *boom* da globalização e uma maior exigência do mercado, os recém-formados em Direito sentiram o impacto e a cobrança no sentido de oferecerem "algo mais" do que apenas as técnicas. Vem desse período o surgimento das grandes bancas denominadas "*full service*", que se comportavam como verdadeiras empresas jurídicas com vários profissionais e inúmeras especializações.

Na virada do século, a gestão jurídica passa a ser realidade em nosso país, mas muitos escritórios continuaram a trabalhar de forma amadora no que se refere à gestão e passaram a sentir um grande impacto negativo nos seus resultados. Fato que levou à ideia de que a advocacia não conseguiria suprir as necessidades dos que a seguissem como profissão, fazendo com que pessoas buscassem cada vez mais as carreiras por meio do concurso público, mesmo que não tivesse aptidão para essas.

Mas o que surpreende é que já se passaram praticamente duas décadas e esse quadro não mudou. As faculdades de Direito no Brasil ainda

180 PARTE II ENTENDENDO A ESSÊNCIA, ENFRENTANDO E FAZENDO MUDANÇAS

continuam deficientes em matérias de gestão e os escritórios, muito deles, ainda continuam resistentes às inovações. Estudiosos preveem que nos próximos vinte anos a advocacia irá crescer mais do que nos últimos duzentos anos. Já ultrapassamos a marca de 1 milhão de advogados no país.[40] Isso não significa, porém, que o mercado está saturado.

Ao contrário, todos sabemos que é enorme o número de processos em tramitação no Judiciário: em 2018 eram cerca de 80 milhões.[41] Trata-se de um mercado gigante, principalmente se considerarmos que cada vez mais as pessoas estão informadas, buscando o seu direito, mais exigentes na hora de procurar um serviço e inúmeras **novas especialidades** despontam com a tecnologia. Direito cibernético, *startups*, crimes digitais, entre outros, são algumas áreas de uma vasta seara ainda a ser explorada, além das tradicionais, como criminal, cível, trabalhista, tributária, família, entre outros.

As bancas que têm visão micro do mercado, ou seja, conservadora, acabam sendo engolidas pelas bancas que se profissionalizam cada vez mais e entendem que mudar é essencial para a sua sobrevivência. A advocacia conservadora, com uma visão fechada, está se tornando obsoleta e sua tendência natural é o desaparecimento com o passar do tempo.

Por que esperar? Está mais do que na hora de enfrentar os desafios da resistência à mudança, desenvolver o espírito empreendedor, inovar e absorver uma **cultura focada em gestão jurídica,** nosso próximo assunto.

---

[40] TOTAL DE ADVOGADOS NO BRASIL CHEGA A 1 MILHÃO, SEGUNDO A OAB, 2016.
[41] POMPEU, 2018.

CAPÍTULO 10

GESTÃO JURÍDICA: UMA CULTURA ALINHADA AOS NOVOS TEMPOS

O novo não está no que é dito, mas no acontecimento de sua volta...
Michel Foucault

A atuação de escritórios de advocacia como empresa intensificou-se na década de 1970, quando, nos Estados Unidos, começou a ser adotada uma gestão especializada para atender às particularidades das organizações jurídicas. Nessa mesma época foi criada a ALA (Association of Legal Administrators), uma associação que conecta líderes e gerentes do setor jurídico do mundo inteiro, com foco na gestão jurídica. No Brasil, essa postura é mais recente e, podemos dizer, ainda discreta. Apesar de ser algo bem difundido hoje, na prática, a maioria ainda é restrita às grandes bancas.

Os pequenos, médios e até mesmo grandes escritórios que cresceram de forma desordenada e ainda resistem à implantação de uma cultura de gestão jurídica sofrem com a falta de produtividade e organização, o que impacta diretamente nos seus resultados.

O conhecimento em gestão jurídica é importante para qualquer advogado, mesmo que esse seja direcionado à produção jurídica ou área técnica do Direito. Mas é preciso frisar que a figura de uma pessoa no escritório responsável pela área de gestão se faz necessária. Essa figura é do gestor jurídico ou sócio gestor, que falarei mais adiante.

A área técnica da advocacia em conjunto com a gestão trará uma maior qualidade às empresas jurídicas. Nas áreas de administração dos escritórios de advocacia podemos encontrar profissionais do Direito, como bacharéis e até mesmo advogados, ou profissionais de outras áreas ligados à gestão financeira, gestão de pessoas e ao marketing jurídico.

A gestão jurídica poderá ser aplicada não apenas aos escritórios, mas também ao departamento jurídico de empresas ou a qualquer outra instituição ligada à área jurídica, afinal a gestão é necessária em qualquer ambiente. A diferença é que a gestão jurídica precisa estar alinhada às particularidades das profissões ligadas a essa área e no caso do advogado, ao seu Código de Ética e Estatuto da Ordem dos Advogados do Brasil (EAOAB).

E falando em EAOAB, apesar de permitir como sócios de escritório somente os advogados regularmente inscritos na Ordem, a figura de pessoas ligadas a outras profissões para as atividades-meio, ou seja, para o bom andamento das funções do escritório, é permitida. Surgem, portanto, algumas funções na cultura da gestão jurídica que vêm atualmente compondo alguns escritórios, podendo ser exercidas por advogados ou não, como:

Paralegais: figuras comuns em países de *common law*, que vêm sendo também utilizadas em algumas bancas no Brasil. Sua função basicamente é de assistente dos advogados. É bom que tenham uma base de conhecimento na área jurídica. Muitos bacharéis do Direito que ainda não são inscritos na ordem assumem essa função.

CAPÍTULO 10   GESTÃO JURÍDICA: UMA CULTURA ALINHADA AOS NOVOS TEMPOS   183

Controller **jurídico:** responsável pelo departamento da Controladoria Jurídica, área que dá suporte e otimiza as atividades técnicas. Trabalha em funções como acompanhamento de publicações jurídicas, qualidade do serviço técnico e parametrização de softwares, entre outros. Precisa ter uma boa base jurídica.

Gerente administrativo: figura que assume o comando de funções administrativas do escritório. Geralmente, são profissionais de outras áreas. Dependendo do porte da banca, pode ser um ou mais, que serão distribuídos em funções diversas.

Assistentes administrativos: ajudam os gerentes administrativos com o bom andamento das ações sob sua responsabilidade.

Gerente jurídico: profissional a quem os sócios delegam a responsabilidade do comando da equipe jurídica de uma ou mais áreas técnicas do Direito. Neste caso, é importante que seja um advogado.

Gestor jurídico: cuida da parte estratégica da banca. Muitos escritórios utilizam-se da própria figura de um dos sócios, mas pode ser também um profissional de confiança desses. Em pequenos escritórios essa figura acaba muitas vezes acumulando a responsabilidade de todas as funções ligadas às áreas de gestão. Fora do escritório, o gestor jurídico pode auxiliar na restruturação e organização de empresas jurídicas diversas.

Todas essas funções podem ou não existir dentro de uma banca, a depender da sua necessidade, para isso é importante que haja um entendimento maior sobre o porte, o momento e a cultura, que poderá ser analisada por um consultor externo que traçará a estrutura que cabe melhor ao perfil da sua banca. Não custa repetir, não existe uma fórmula de bolo, existem modelos que se adéquam ou não à sua realidade.

É importante falar um pouco mais sobre a função do gestor jurídico por sua relevância para a consolidação de uma cultura focada em gestão jurídica ou, como alguns consultores da área dizem, gestão legal.

Precisa ser um profissional com visão administrativa, capacitado a lidar com as particularidades dos escritórios de advocacia e dos departamentos jurídicos. Para tanto, é absolutamente indispensável entender os detalhes da composição societária entre os advogados.

O gestor jurídico tem sob sua responsabilidade todo o trabalho de planejamento, orientação, acompanhamento e análise das atividades do escritório ou departamento jurídico.

Por exemplo, cabe a esse profissional:

- A reestruturação do escritório;
- O planejamento de carreiras;
- O oferecimento de consultorias;
- A contribuição para a profissionalização das corporações;
- A aplicação de novas tendências do cenário jurídico;
- A orientação da equipe sobre a execução dos planos do escritório;
- O acompanhamento da execução desses planos;
- A geração de dados confiáveis para a tomada de decisões;
- A definição do plano estratégico e orçamentário do escritório;
- A implementação da política de qualidade e de resultados.

Na prática, o gestor jurídico pode até executar serviços, mas o seu trabalho – e aí está a sua grande importância – é totalmente voltado para o planejamento estratégico do escritório, cujo objetivo deve estar na competitividade e na conquista de clientes.

Foco no empreendedorismo

O gestor jurídico também é o profissional que trará uma visão empreendedora para o escritório ou departamento jurídico, buscando técnicas e ferramentas atuais de administração. Deverá estar sempre atento às inovações aplicadas ao mercado jurídico, para que essas sejam implementadas.

Cabe ainda a esse profissional desenhar formas para tornar os contratos estabelecidos mais transparentes – o que significa propor medidas de *compliance*, que devem fazer parte das normas do escritório. Sua contribuição é de grande valor para a profissionalização do mercado jurídico.

Engana-se quem pensa que a gestão jurídica deve ser aplicada apenas aos grandes escritórios. Sua contribuição é enorme para empresas jurídicas de todos os portes e composições societárias, sendo, inclusive, uma ferramenta valiosa na mão dos advogados autônomos, que passam a gerenciar o trabalho com um profissionalismo digno de grandes corporações, o que dá a esses profissionais a competência empreendedora tão exigida pelo mercado atualmente.

Portanto, a gestão jurídica é a adaptação de um conjunto de ações atualizadas de uma banca, para uma cultura mais profissionalizada. Para isso é necessário fazer uma adequada implementação dessas ações com técnicas de gestão de mudança, que abordarei em um capítulo adiante.

Como vimos, hoje são inúmeras as opções de atividades profissionais ligadas ao Direito. Até aqui espero que este livro já tenha conscientizado o advogado sobre as mudanças necessárias para a sobrevivência de sua empresa jurídica no atual, volátil e imprevisível mercado – no qual as atividades que antes pareciam alheias a essa profissão passaram a ter cada vez mais importância para a sua sustentabilidade.

Finalmente, para trazer novos valores e conceitos e adaptar a cultura de seu escritório à gestão jurídica, destaco aqui, resumidamente, oito estratégias listadas a partir um e-book de minha autoria.[1] Essas estratégias podem transformar a atuação do advogado no mercado, ajudando-o a fazer a diferença como gestor nos novos cenários.

---

[1] FONTENELE, Ísis P. *8 estratégias inovadoras para aplicar na gestão jurídica*. E-book do IPOG, uma instituição de Pós-Graduação e Graduação do Instituto de Ensino Superior (IES). Disponível em: https://d335luupugsy2.cloudfront.net/cms/files/5213/1522340744E-book_-_8_estrategias_inovadoras_para_aplicar_na_gestao_juridica_1.pdf >.

1. **Ter uma veia empreendedora** – é preciso estar antenado com tudo o que ocorre no mundo para poder oferecer e entregar o melhor serviço ao cliente. O empreendedor é aquele que está sempre atento às novas oportunidades. Para um profissional da área jurídica, esse ponto é muito importante, pois ao pensar e agir como empreendedor, ele conseguirá questionar, analisar, arriscar a procurar soluções para eventuais problemas de forma mais sólida.

2. **Ter visão de longo alcance** – é muito comum vermos profissionais que atuam sob uma visão limitada, focam nos resultados imediatos e ignoram visões estratégicas no longo prazo. Procurar enxergar adiante garante um equilíbrio maior entre o curto e longo prazo, entre qualidade e produtividade, inovação e crescimento.

3. **Ser estratégico** – este ponto está diretamente ligado ao anterior, pois ter uma visão no longo prazo é uma estratégia. Profissionais estratégicos são cada vez mais requisitados no mercado de trabalho, uma vez que são capazes de planejar ações que visem ao crescimento profissional e da banca jurídica. A vantagem é que é possível desenvolver esse lado estratégico, que requer muita preparação, estudo e dedicação.

4. **Estar aberto para o novo** – a área jurídica vem inovado e abraçando novas possibilidades. Portanto, se você não for aberto a essas mudanças, certamente ficará para trás. É preciso analisar cada oportunidade, verificar seus pontos positivos e as possíveis contribuições para você e seu negócio.

5. **Buscar conhecimentos fora do Direito** – é imprescindível ter conhecimento sobre as técnicas do Direito, da Ética e tudo o mais que diz respeito à área. Mas o mercado pede um profissional "multi", que tenha o mínimo de domínio sobre outros assuntos essenciais para a sua atuação. Entre essas áreas de conhecimento estão, principalmente, noções de administração, gestão, negociação, liderança, tecnologia, marketing e relacionamento.

CAPÍTULO 10   GESTÃO JURÍDICA: UMA CULTURA ALINHADA AOS NOVOS TEMPOS   187

6. **Conhecer bem o mercado em que atua** – estar por fora de tudo o que acontece no seu meio de atuação não traz nada de positivo, além de prejudicar a banca. A desinformação também atinge o nome e a carreira do profissional, fazendo-o trabalhar de forma "atrasada", dando espaço para a concorrência. Portanto, é importante potencializar a performance profissional procurando conhecer bem o que há de mais novo em relação ao trabalho e ao mercado. Não faltam meios de informação para se atualizar.

7. **Saber administrar/gerir o seu negócio jurídico** – eis uma tarefa nada fácil. Para boa gestão de um negócio, é preciso dominar técnicas de administração, ter pelo menos algum conhecimento. É importante, também, estar cercado de colaboradores competentes que possam contribuir na gerência e administração da banca. Quanto melhor a administração, maior a possibilidade de a empresa jurídica se destacar no mercado.

8. **Especializar-se em gestão jurídica** – possuir essa especialização irá ajudá-lo a aplicar estratégias administrativas. Fará com que você se torne também mais estratégico e menos operacional. Os advogados precisam entender melhor o seu modelo de negócios, atuando de forma mais ativa e participando das mudanças que estão ocorrendo no meio jurídico. Investir nessa capacitação é de suma importância para essa nova visão de mercado. É ter a possibilidade de ampliar e expandir os tipos de atuação, executando funções jurídicas com inovação e qualidade sem deixar de lado as técnicas do Direito e a ética, mas alinhando-as aos conceitos de gestão, liderança, planejamento, entre outros.

Vamos falar sobre gestão de pessoas?

Segundo alguns estudiosos, essa é uma das áreas mais importantes da gestão hoje. E concordo plenamente, além de comprovar na prática.

Sigo uma linha mais humanizada no meu trabalho porque acredito realmente que as pessoas são a base de uma organização – elas que emprestam a sua essência para compor o que é e o que será aquele escritório de advocacia. E, como vimos no capítulo anterior, essa essência constitui a **base da cultura organizacional**, por isso considero importante me ater a esse pilar da gestão jurídica.

Quando estudamos as teorias administrativas, percebemos que todas foram criadas para melhorar as relações entre trabalho e recursos humanos. Cada pessoa que está ali trabalhando representa um talento a ser desenvolvido ou cultivado, é um agente da cooperação, do compartilhamento, da criatividade, da inovação – enfim, se uma empresa é um organismo vivo, se tem "alma" como costumo dizer, é porque tem gente ali.

Como destaca o autor Idalberto Chiavenato, administrar pessoas vem antes, durante e depois da administração do capital ou de qualquer outro recurso empresarial, como máquinas, equipamentos, instalações e clientes.[2]

Isso não significa, porém, que seja um trabalho fácil, muito pelo contrário. Entretanto, é indispensável, caso você queira gerar bons resultados para a sua empresa jurídica.

O ser humano é complexo – condições emocionais, físicas, relacionais e ambientais podem fazê-lo representar no trabalho uma abertura ou uma barreira, um avanço ou uma paralisação, exigindo do gestor habilidades para que o lado positivo de cada um seja mais forte e disponível do que o negativo. Porém não faltam ferramentas, incentivos e flexibilidade para o gestor bem preparado vencer esses desafios e ajudar a trazer à tona o que há de melhor em cada um dos seus colaboradores.

---

[2] STEWART, 1998 apud CHIAVENATO, 2004.

Aliás, preparar-se e preparar colaboradores é o principal objetivo de outra área que considero muito importante na gestão jurídica: a gestão do conhecimento.

Gestão do conhecimento

Diante dos enormes desafios de adaptação trazidos pelo mundo e mercado atual, a gestão do conhecimento ganha cada vez mais espaço nas organizações, seja qual for o seu tamanho.

E não poderia ser diferente no escritório de advocacia.

Organogramas horizontais, ambientes abertos e compartilhados, fluxo contínuo de informações, alta tecnologia – softwares, inteligência artificial, redes sociais –, tudo contribui para que o conhecimento seja cada vez mais exigido e muitas vezes difícil de administrar.

Como afirma o especialista e teórico em gestão da informação, o britânico Thomas Daniel Wilson:

> Não existe gestão do conhecimento, uma vez que o conhecimento reside nas pessoas. O que pode ser feito é tentar gerenciar a organização de modo a assegurar que o desenvolvimento da aprendizagem e das habilidades seja encorajado e que a cultura organizacional promova o compartilhamento da informação. Estas são as tarefas maiores, e todas elas, certamente, estão fora do escopo da gestão da informação.[3]

Nos escritórios de advocacia um dos maiores ativos é exatamente o intelecto de seus advogados. Acontece que muitos escritórios ainda trabalham de forma individual e, como já mencionei, alguns advogados

---

[3] WILSON, Thomas Daniel. A problemática da gestão do conhecimento. In: TARAPANOFF, 2006.

ainda têm dificuldade de compartilhar seus conhecimentos. Isso já não é mais aceitável.

A gestão do conhecimento requer o compartilhamento de informações e de conhecimentos para fomentar o desenvolvimento da banca. O acervo intelectual deve pertencer à banca e ser acessível a todos que fazem parte dela. O conhecimento adquirido não deve ficar adstrito a um grupo, ou a um advogado, ou seja, é necessário ter espírito de equipe.

Por fim, a gestão do conhecimento também propiciará ao escritório o desenvolvimento de novas competências que o fará cada vez mais rico em recursos que tragam resultados positivos.

Stakeholders e compliance

Foi dentro do universo de estudos sobre gestão que surgiram dois termos que considero importantes conhecer melhor porque são muito usados nas organizações: *stakeholders* e *compliance*. Ambos surgiram em consequência do aumento da complexidade do mundo e da busca por padrões de ética e transparência, valores que hoje fazem a diferença.

O primeiro vem da Teoria dos *Stakeholders*, pulicada em 1984,[4] que define o termo como "grupos ou indivíduos que podem afetar ou são afetados pela organização, na realização de seus objetivos", sendo que a "função-objetivo das organizações é coordenar os interesses dos *stakeholders*".

Na advocacia é importante entender quem são as pessoas físicas ou jurídicas que impactam ou são impactadas pelo seu serviço. Por meio do seu modelo de negócio, procure identificar quem são essas pessoas e o seu papel para a transformação da cultura de seu escritório.

---

[4] FREEMAN, 2004, p. 229 apud MOREIRA, 2009, p. 10.

Já o *compliance*, segundo o Instituto Brasileiro de Governança Corporativa,[5] significa "a busca permanente de coerência entre aquilo que se espera de uma organização – respeito a regras, propósito, valores e princípios que constituem sua identidade – e o que ela de fato prática no dia a dia".

O termo, que vem do *comply*, em inglês, significa "agir em sintonia com as regras", explica o site da Endeavor, acrescentando que, em termos didáticos, significa "estar absolutamente em linha com normas, controles internos e externos, além de todas as políticas e diretrizes estabelecidas para o seu negócio".[6] Todas essas normas precisam estar alinhadas à cultura e aos valores de uma banca jurídica, para que de fato seja praticada por todos os colaboradores.

Sabemos que a imagem ao longo de séculos foi uma das maiores preocupações na advocacia. Mesmo que tenha que ter muito foco hoje em valores como inovação, buscando atualização nas mais modernas técnicas e ferramentas tecnológicas e de gestão, o advogado nunca poderá negligenciar valores que compõem a sua principal essência, que são a ética e a probidade.

Como se percebe, ambos os valores estão relacionados conceitualmente com boas práticas. E, com o aumento da competividade e da complexidade do mundo, deverão ser cada vez mais usados.

As empresas jurídicas deverão estar cada vez mais alinhadas a essa realidade. Isso requer entender como suas ações impactam e são impactadas no mercado. Essas ações poderão contribuir positivamente ou negativamente para a sua imagem.

Planejamento estratégico

O planejamento é outro assunto que não poderíamos deixar de abordar. Ele é de extrema importância para a implementação das

---

[5] IBGC, 2017.

[6] PREVENINDO COM O COMPLIANCE PARA NÃO REMEDIAR COM O CAIXA, 2015.

ações na sua empresa jurídica e precisa estar em perfeita harmonia com a sua cultura organizacional.

Segundo Philip Kotler, "o planejamento estratégico é uma metodologia gerencial que permite estabelecer a direção a ser seguida pela Organização, visando maior grau de interação com o ambiente".[7]

Quando falamos em planejamento, pensamos logo no tempo que isso poderá levar, além do grau de dificuldade para segui-lo. Acontece que planejar nunca será perda de tempo, o planejamento irá otimizar ainda mais as ações da banca, encurtando os caminhos, pois sabendo quais deles seguir, maior a possibilidade de êxito.

O fato é que a falta de planejamento traz risco para qualquer negócio, pois sem ele sua banca não terá um futuro definido e terá de contar com a sorte.

Para um planejamento estratégico são necessárias algumas diretrizes, que devem ser construídas por meio de diagnósticos prévios, além de uma boa análise da cultura organizacional da banca. Cada escritório tem suas demandas, necessidades e rotinas. O melhor modelo de planejamento estratégico é aquele que se adéqua à sua realidade.

Precisa ser analisado, portanto, o momento atual para se traçar metas de curto, médio e longo prazo. Planejar deve fazer parte da sua cultura e ser usado não somente para alcançar os objetivos globais do seu escritório, mas também em áreas e departamentos menores.

As ferramentas usadas durante o planejamento estratégico dependerão muito do estudo e da gestão da sua cultura, mas há as imprescindíveis para um planejamento eficaz. Abordarei aqui algumas que venho utilizando em minhas consultorias.

Após o diagnóstico, isso inclui também a análise de clima organizacional, assunto de que falei em capítulo anterior. É importante tentar entender o modelo de negócios do escritório, que poderá ser analisado por inúmeras ferramentas.

---

[7] KOTLER, 1975, p. 21 apud PALUDO, 2010, p. 226.

Como exemplo cito o *Business Model Canvas Generation*, ou simplesmente Canvas, metodologia criada por Alex Osterwalder que analisa nove elementos: proposta de valor, parcerias-chave, atividades-chave, recursos-chave, relacionamento com o cliente, segmento de clientes, canais de distribuição, estrutura de custos e fluxo de receitas.[8]

A definição de missão, visão e valores é extremamente importante nesse processo, tornando-se uma ferramenta obrigatória em qualquer planejamento estratégico. O Canvas ajudará a identificar melhor a sua missão. Essa metodologia já foi mencionada neste livro no tópico "Liderança e propósito".

A partir do diagnóstico, do entendimento do modelo de negócios e de seus valores, será de grande relevância extrair dessas ferramentas uma parte para identificação da cultura organizacional de sua empresa jurídica, e com ela começar a desenvolver o alinhamento do planejamento estratégico.

O SWOT, sistema criado por Albert Humphrey, é outra ferramenta indispensável para um planejamento estratégico. Ele ajuda a mapear o ambiente interno de sua banca, identificando quais são seus pontos fortes (*Strengths*), os seus pontos fracos (*Weaknesses*), o ambiente externo, ao analisar oportunidades (*Opportunities*), e suas ameaças (*Threats*).

Por meio dessa análise poderemos traçar diversas estratégias, a partir destas quatro perspectivas:

- Pontos Fortes + Oportunidades = estratégia de desenvolvimento;
- Pontos Fortes + Ameaças = estratégia de manutenção;
- Pontos Fracos + Oportunidades = estratégia de crescimento;
- Pontos Fracos + Ameaças = estratégia de sobrevivência.

Do SWOT já poderemos definir algumas ações que demandarão metas. Tais metas precisam ter consistência e objetividade, além de atributos

---

[8] OSTERWALDER, 2011.

como: S (Específico), M (Mensurável), A (Atingível), R (Relevante) e T (Temporal), conhecidas no mercado como metas SMART.

Como defende Brian Tracy, "metas permitem que você controle a direção da mudança em seu favor".[9]

No planejamento estratégico ainda temos ferramentas de checklist, como o 5W2H, criada no Japão por profissionais da indústria automobilística e hoje usada nas organizações para a execução das tarefas. E basicamente traz as seguintes perguntas e os conceitos:

What (O quê?): qual ação deverá ser feita?;

Who (Quem?): quem será o responsável pela ação?;

Where (Onde?): quais serão os locais, ou os canais a serem usados?;

Why (Por quê?): por que motivo fazer determinada ação?;

How (Como?): definição das etapas;

How much (Quanto custa?): qual será o valor do investimento dessa determinada ação?

Existem outras inúmeras ferramentas que poderemos usar no planejamento estratégico, inclusive para o acompanhamento da sua evolução. Mas o objetivo aqui, ao falarmos de planejamento estratégico, é trazer um questionamento maior: como fazer com que de fato as estratégias traçadas possam ser executadas?

É importante a participação e o engajamento de toda a equipe da empresa jurídica. Para isso, durante o processo, seja de planejamento estratégico ou da implantação de uma cultura de gestão jurídica em sua banca, apontarei uma das técnicas que considero de maior relevância: a gestão de mudanças. É o que fará a diferença entre ter ideias e colocar as ideias para realmente funcionar – abordada no próximo capítulo.

---

[9] TRACY, 2011.

CAPÍTULO 11

CULTURA E GESTÃO DE MUDANÇAS – DESAFIOS E IMPLEMENTAÇÃO DE AÇÕES EFICAZES NA ADVOCACIA

*Toda reforma interior e toda mudança para melhor dependem
exclusivamente da aplicação do nosso próprio esforço.*
Immanuel Kant

As mudanças hoje são tão constantes – e tudo indica que continuarão sendo –, que falar em gestão hoje é falar em **gestão de mudança**, pois "é preciso desenvolver uma capacidade contínua de adaptação e mudança".[1] E, mais do que nunca, contar com uma boa liderança, a quem caberá conduzi-la.

Como falamos em capítulos anteriores, a advocacia nos últimos anos passou por grandes mudanças, e adaptar as inovações ao conceito tradicional da profissão tem sido uma tarefa árdua. Mas entendendo mais sobre a cultura da profissão fica mais fácil conduzir essas mudanças, de forma mais concreta e menos abstrata.

---

[1] ROBBINS, 1999, p. 407.

Quando iniciei na consultoria para escritórios e departamentos jurídicos, o maior desafio não era levar as estratégias e nem apresentar as ferramentas e técnicas adequadas de administração, o mais difícil era ao final a equipe dessas organizações colocá-las em prática e, não só isso, garantir a manutenção de sua **perpetuidade**. E foi por esse motivo que passei a me aprofundar cada vez mais em metodologias como gestão de mudança, não sem antes ter estudado e me dedicado à cultura organizacional, afinal, uma está interligada à outra.

Uma pesquisa da Gartner Group à Harvard Business School e Mckinsey & Company identificou que 70% das organizações não conseguem executar as mudanças pretendidas e em relação aos projetos de tecnologia, a porcentagem é ainda mais alarmante, 80% desses projetos não são usados de maneira adequada ou nem sequer foram usados após seis meses da data de sua instalação.[2]

Lembra aquela mudança que você pensou em fazer no seu escritório de advocacia? Você começou muito animado e, com o passar do tempo, o projeto que você gostaria de ter implementado não foi para a frente? Ou aquele software jurídico novo, supermoderno, que te empolgou de cara, mas com o passar do tempo você achou que ele tomaria mais o seu tempo, afinal seriam tantas funcionalidades para aprender?

Então talvez você ainda não conhecesse técnicas fundamentais da gestão da mudança e muito menos a importância do conhecimento de cultura, para de fato executá-las de forma eficaz e perene. E é sobre esses questionamentos que falarei neste capítulo.

Ao pensar em mudança organizacional existem diversos requisitos imprescindíveis para que isso aconteça. São estudos aprofundados sobre **comportamentos humanos** e entendimento sobre a **essência** de uma determinada organização que fazem a diferença.

---

[2] MILLER, 2015.

Teorias sobre a mudança organizacional não faltam, destacarei aqui resumidamente aquelas que considero de relevada importância, pois o tema é bastante amplo. Um dos trabalhos pioneiros e considerado fundamental para a compreensão da mudança organizacional foi proposto pelo psicólogo e estudioso da mudança Kurt Lewin, na década de 1940. Seu modelo aponta três estágios, ou etapas, que explicarei resumidamente:

- **Descongelamento** – é preciso romper o *status quo* antes de construir uma nova forma de atuar;
- **Movimento** – é a mudança em si, quando as pessoas começam a procurar novas formas de fazer as tarefas;
- **Recongelamento** – é a consolidação da mudança, a retomada da estabilidade.

Novos conceitos e modelos

Nos anos mais recentes, muitos conceitos e modelos de mudança organizacional surgiram na chamada administração moderna. Como aponta a antropóloga Lívia Barbosa, os Estados Unidos têm se destacado nas principais teorias, "não obstante a nenhuma sociedade possa ser atribuída à invenção da empresa produtora de bens e serviços e da administração".[3]

"No que concerne à Europa, apenas recentemente começaram a sobressair na área da administração alguns nomes como John Kay e Sumantra Ghoshal, professores da London Business School; Percy Barnevik da Asea Brown-Boveri, conglomerado sueco-suíço" e "Charles Handy, professor convidado da London Business School", que já citei em capítulo anterior, como sendo o criador da teoria da segunda curva.

---

[3] BARBOSA, 1996.

Levando o conceito da mudança organizacional alinhado à teoria da segunda curva em um escritório de advocacia, reforço que elas são necessárias para alinhá-lo aos acontecimentos atuais. Caso a banca mantenha-se inerte a esses acontecimentos, corre o grande risco de ter uma queda brusca em sua curva e não conseguir mais se recuperar. Mesmo quando tudo parece estar relativamente bem, faz-se necessário ter essa percepção da transformação, incluindo para isso processos efetivos de gestão de mudança.

Por exemplo, Steve Jobs era o rei "das segundas curvas", segundo Handy, pois sempre lançava novos produtos antes que as pessoas se cansassem dos precedentes. Muitas organizações são "como lagartas que só pensam em se tornar borboletas sem fazer muitas perguntas".[4]

Na sua opinião, as organizações mais bem-sucedidas são como pequenas borboletas – pequenas entidades que trabalham para os mesmos objetivos, mas de forma independente, com modelos de gestão descentralizados e inovadores.

E como vimos em capítulo anterior, a inovação não é somente a criação de um novo serviço, podendo ser também a forma como esses serviços são entregues ou como eles são gerenciados.

Sobre as técnicas gerenciais a serem aplicadas para acompanhar as mudanças, Handy diz que o primeiro passo é dar espaço para os colaboradores se **expressarem.** Além disso, é muito importante que eles sintam que o negócio também lhes pertence. Devem também estar ligados às principais decisões. E é fundamental encontrar novos modelos pelos quais todas **as vozes sejam ouvidas**.

Este é um princípio que costumo reforçar muito em minhas consultorias: a importância do **pertencimento**, ou seja, fazer com que todos os colaboradores possam participar do processo de mudança e, mais ainda, que haja muita comunicação e transparência nas ações a

---

[4] HANDY, op. cit.

serem executadas. É fundamental que cada um conheça bem o seu papel dentro da banca e que o líder entenda como cada colaborador se sente em relação àquela organização jurídica.

Essas atitudes ajudam a criar confiança no ambiente, o que é extremamente importante no processo de mudança, pois um ambiente que gera desconfiança entre seus colaboradores representa grande risco de um malogro em sua estrutura organizacional.

Inclusive em sua entrevista, Handy também aconselha que, havendo pessoas que fazem trabalho remoto – e vimos que na advocacia isso tem se tornado cada vez mais comum –, é muito importante que todos se conheçam e se encontrem pessoalmente antes de embarcar em um projeto conjunto. Esse contato é primordial, mesmo em tempo de tecnologias avançadas, pois cria sinergia entre as pessoas.

Outro fator que costumo reforçar é o **senso de propósito** que o líder deve despertar em seus colaboradores. Esse sentimento traz **satisfação**, proporciona mais **conexão**, e a conexão é fundamental para a criação de um ambiente mais harmônico e integrativo.

Reforço que a absorção da cultura é essencial para todos que fazem parte de uma mesma organização. As pessoas precisam sentir satisfação pelo que fazem. Como mencionamos em capítulo anterior, a motivação é interna e individual, mas cabe ao líder o papel de criar um ambiente propício para que ela floresça. Palestras motivacionais e *workshops* esporádicos não trarão resultado se as pessoas não estiverem vivenciando um **ambiente saudável** diariamente.

Ainda sobre motivação, lembro-me de certa vez, quando eu estava trabalhando estratégia em um de meus primeiros contatos dentro de uma determinada banca, e um dos sócios me questionou diante dos seus colaboradores sobre como faria para que os presentes executassem as ações que seriam definidas pelo planejamento estratégico, pois ele sabia que todos que ali trabalhavam "eram inertes e acomodados".

Fiquei espantada não somente com o julgamento e a exposição feita na frente de sua equipe, mas sobretudo pelo fato de o sócio "decretar" que tudo ali poderia ir por água abaixo devido às características negativas de seus colaboradores.

O que muitos líderes não se atentam é que na maioria das vezes a inércia, o comodismo e a falta de motivação não são o real o problema, são sintomas, e esses sintomas são de um problema maior – muitas vezes constatados como consequência do modo de agir dos líderes. Como disse John P. Kotter, em seu livro *Liderando mudanças*, "um obstáculo no lugar certo pode interromper todo um processo de mudança".[5] E nesse caso, o maior obstáculo era o próprio "líder".

Ao perceber o impasse, tive que dar uma pausa no processo estratégico, pois senti a equipe desanimar, e a única coisa que me cabia naquele momento era aplicar alguns gatilhos motivacionais, porque seria inútil continuar o processo em uma situação que havia provocado um clima desfavorável para absorção de novas ideias.

Deu resultado, vi por alguns instantes o clima melhorar e o sorriso retornar aos rostos de alguns colaboradores, mas para mim, como consultora, aquilo não era o suficiente. Eu estava apenas apagando "um incêndio", que poderia ter tomado proporções maiores caso eu não usasse uma interferência maior – e vi essa oportunidade na etapa final da sessão de consultoria, quando é realizado o alinhamento de cronograma com os sócios, para o próximo encontro.

Ao me parabenizarem pela minipalestra motivacional, fiz a interferência. Fui direto ao assunto, explicando que usei aquele gatilho motivacional simplesmente para "apagar um incêndio" causado por um dos sócios. Se ele não confiava na capacidade de sua equipe e ainda afirmava isso perante eles, como a equipe compraria a mudança?

---

[5]   KOTTER, 1997, p. 10.

Acrescentei que os gatilhos motivacionais melhoraram o clima naquele instante, mas que o clima deveria ser medido constantemente, para entender o que se passava ali. É papel do líder adotar a técnica de escuta ativa, além de manter uma boa comunicação com a equipe. Seria, portanto, necessária a construção dessa ponte de confiança e de um ambiente saudável para que de fato ocorressem as ações necessárias. Se o líder insiste em não confiar em seus colaboradores, das duas uma: ou ele contratou pessoas erradas ou precisa rever suas posturas como liderança. Se o motivo for contratações equivocadas, não há por que continuar com laços que possam ocasionar graves problemas na estrutura do escritório.

Os líderes precisam ser os primeiros a acreditarem no processo de mudança. Sabe aquela velha frase de "ninguém vende aquilo que não compra"?

A proposta passou a ser, então, dar uma pausa nas estratégias e focar em um trabalho de liderança. E é surpreendente ver, quando fazemos esse tipo de trabalho, o quanto surte efeito. O líder não apenas se engaja nas mudanças, conferindo maior credibilidade ao processo, como consegue motivar a sua equipe a fazer o mesmo, possibilitando a absorção e execução das estratégias com excelência e sustentabilidade.

O principal risco no processo de mudança é que, mesmo ao ver uma equipe desalinhada, desajustada e desanimada, muitos líderes, e até consultores externos, insistem em levar adiante processos de mudanças que não surtirão os efeitos esperados no médio e longo prazo.

Uma mudança sempre envolve processos de inclusão, de equipe, de liderança e engajamento. Tudo precisa estar alinhado para que a sua aplicação possa fluir positivamente.

A gestão da mudança organizacional passa necessariamente por algumas etapas. Segundo o modelo do professor John P. Kotter, esse processo abrange oito pontos, que destaco resumidamente a seguir:

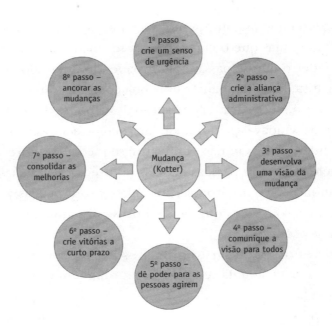

1. **Crie um senso de urgência** – torne evidente que a mudança é necessária e deve ser imediata. Tente elencar os motivos para isso, juntamente com a sua equipe;
2. **Forme e mantenha uma aliança vibrante** – defina um grupo poderoso para guiar a mudança, com habilidades de liderança, credibilidade, boa comunicação e influência;
3. **Desenvolva uma visão do futuro** – mudança gera incerteza, evite-a explicando claramente aonde quer chegar e as estratégias que serão usadas;
4. **Divulgue a visão e a estratégia** – uma comunicação clara sobre a visão e a estratégia esclarece dúvidas e reforça a importância da urgência em mudar. É necessária a transparência;
5. **Incite o engajamento e remova os obstáculos** – mostre a importância do envolvimento de todos. É preciso que todos estejam alinhados;

CAPÍTULO 11 CULTURA E GESTÃO DE MUDANÇAS – DESAFIOS E IMPLEMENTAÇÃO... 203

6. **Comemore as vitórias iniciais** – trace planos de curto prazo, reconheça e valorize cada avanço;
7. **Consolide as vitórias, aprofunde a mudança** – use a credibilidade obtida para a melhoria contínua;
8. **Ancore as mudanças na cultura organizacional** – assegure-se de que as mudanças tenham sido absorvidas pelo grupo. O processo está só começando!

Como já mencionei, aplicar uma mudança a uma empresa jurídica e adaptar a cultura organizacional às inovações não é fácil nem rápido, exige uma boa dose de dedicação e paciência. Engana-se quem pensa que tudo isso possa ser abstrato demais. Seguindo o passo a passo dos processos da gestão da cultura e da mudança organizacional, em alinhamento ao espírito empreendedor, você conseguirá a dose certa para atingir os objetivos.

Para David Miller, um dos mais respeitados experts em mudança organizacional, criador do método ChangeFirst, mudanças organizacionais bem-sucedidas são um processo adaptativo que requer esforços coordenados de uma ampla variedade de pessoas em todos os níveis de uma organização buscando o mesmo resultado positivo.

Portanto, reforçando o que temos colocado, em um escritório de advocacia, os sócios, os funcionários, os associados e os estagiários precisam ter conexão. Isto é, entender bem o sentido do que cada um ali faz, tendo como base o respeito e a colaboração mútua.

No seu livro,[6] Miller destaca que o sucesso dos negócios não é alcançado por aqueles que possam construir a melhor estratégia, mas por aqueles que possam implementar a estratégia escolhida de maneira eficaz e sustentá-la.

Para ele, o desafio das organizações é desenvolver a estratégia apropriada e então implementá-la brilhantemente. A implementação

---

[6] MILLER, op. cit.

– habilidade de traduzir uma potencial solução em realidade prática diária – foi e sempre é o que faz a diferença.

A estratégia apropriada para uma banca jurídica é aquela que melhor se adapta à sua essência, que faça sentido para todos.

Uma das razões pelas quais as organizações não tiram total proveito das iniciativas de mudança é porque confundem instalação e implementação, e param na instalação.

As mudanças são, sem dúvida, as maiores força, fraqueza, oportunidade e ameaça ao seu negócio e à sua carreira.

Miller aponta que, na prática, quando questionamos o porquê de algumas mudanças não serem implementadas, um dos maiores fatores constatados é a resistência do colaborador. Geralmente, ele acha que aquilo irá atrapalhar o seu trabalho ou exigir mais tempo, mas de fato é ele que não sabe lidar bem com aquela mudança. Não sabe o que fazer. Por exemplo, uma solução de TI é simplesmente abandonada ou, mais provavelmente, será usada em parte.

A mudança não ocorre quando um novo sistema está a postos, o software está instalado nos servidores ou o hardware está funcionando, diz o autor. Acontece quando alguém se compromete com o novo sistema. Ocorre quando alguém diz: "Sim, este sistema é útil para mim", ou "Eu só preciso me dar bem com ele e aprender algumas novas habilidades". Nesses momentos as mudanças são implementadas, o comportamento muda e o potencial total do negócio é percebido. Portanto, o desenvolvimento de novas habilidades deve ser constante.

Sem os adequados processos de gestão de mudanças é muito difícil adaptar sua cultura ao novo e, consequentemente, conquistar os objetivos de transformações da sua empresa jurídica com consistência.

Quanto aos custos associados à instalação de mudanças, Miller cita alguns, entre os quais:

- A mudança instalada, algumas vezes, é cara;
- Gera um alto custo pessoal;
- Pode custar aos líderes a sua credibilidade.

Por outro lado, diz ele, você até poderá não ter 100% da implementação em todas as suas iniciativas, mas existirá uma grande recompensa financeira e vantagem competitiva. Afinal, em grandes projetos de mudanças em que foram gastos mais de 1 milhão de libras, a gestão de mudança acrescentaria 6,5 libras de valor para cada libra gasta.

Sobre o papel da liderança em todo o processo, Miller diz que, independentemente das características culturais da organização, para que se tenha de fato uma mudança saudável e sustentável é preciso contar com a ajuda de três líderes, os quais trazemos para a realidade de uma empresa jurídica:

- *Sponsors* – esse papel cabe a cada gestor. Seriam os sócios ou diretores jurídicos. Lideram com atos, comunicam as mudanças de forma consistente e congruente. É o estratégico.
- **Agentes de mudanças** – trabalham com os *sponsor*s, planejando e executando as tarefas que possibilitam as pessoas se adaptarem às mudanças e asseguram que essas estejam totalmente implantadas. Seriam os *controllers*, gerentes e consultores.
- **Influenciadores** – lidam com poderes informais. Conseguem persuadir as pessoas sobre os benefícios da mudança. Geralmente estão no operacional auxiliando os *sponsors*.

Todos deverão estar alinhados com uma boa comunicação, que é uma das ferramentas essenciais para uma mudança bem-sucedida.

Ferramentas práticas e ágeis

Além do desafio do sucesso na implementação de projetos, inclusive na gestão jurídica, estamos em um mundo, como mencionamos nos capítulos anteriores, altamente volátil. Tudo acontece de uma forma extremamente acelerada, portanto, como trabalhar em algo que não tenha metodologias necessárias e não alinhadas com os tempos de hoje?

Mencionei várias vezes que a maioria das organizações ainda utiliza a forma taylorista, uma administração mais mecanizada. E no Direito pecamos muito em usá-la praticamente em tudo que queremos implementar de novo em termos de gestão – tanto em projeto como em operação. E cabe um parêntese aqui para fazer uma diferenciação entre projeto e operação em administração.

Projeto é quando você está instalando algo mais novo, mais atual e mais inovador em seu ambiente de trabalho. Instalar a gestão jurídica é um exemplo, tendo em vista que até há pouco tempo raros escritórios utilizavam esse método, muitos trabalhando ainda de modo bastante artesanal.

Operação é quando você já implementou um determinado projeto e alguns procedimentos já seguem um determinado padrão ou regra, lembrando que tudo precisa estar adaptado à nova realidade do mercado.

E estar adaptado à nova realidade do mercado é estar integrado com o que acontece de novo também no mundo da administração, mesmo que você seja da área do Direito. Afinal, nos primeiros capítulos entendemos o quanto é necessário que a administração esteja presente no nosso dia a dia, e não há advogado bem-sucedido hoje que não tenha conhecimento nesta área.

Se queremos mudar e inovar, precisamos estar antenados com tudo o que há de novo também em outros mercados, empregando técnicas e ferramentas adequadas à nova realidade global. Não sem motivo, estamos vendo crescer a tendência para as metodologias ágeis de gestão. O mercado está mais competitivo e imprevisível, e precisa de respostas rápidas, considerando custos menores.

O mesmo se aplica ao mercado jurídico, no qual as metodologias ágeis podem ser um rápido e importante meio para alcançar maior produtividade e competitividade por meio de uma gestão eficaz.

É bom ressaltar que eficiente é diferente de eficaz. O primeiro seria o ato de fazer certo as coisas, enquanto o segundo é fazer as coisas certas. As metodologias ágeis buscam dar prioridade para fazer o que de fato é importante e o que trará resultados mais rápidos, buscando, portanto, ser mais eficaz. Cabe ressaltar aqui que, ao longo desse livro, procurei trazer sempre ações que fossem mais eficazes para a sua advocacia.

Quando se fala em metodologias ágeis, a primeira coisa que se pensa é nas *startups* ou empresas de tecnologia, talvez por se apresentarem como rápidas, inovadoras e disruptivas. Porém, apesar das metodologias ágeis terem surgido na área de tecnologia – como é o caso da Scrum –, ela é adotada hoje para diferentes tipos de projetos em uma organização. Portanto, pode-se usar essas metodologias para fazer adequadas mudanças em um escritório de advocacia, ou até mesmo usá-las na vida pessoal, para organizar um casamento, a construção de uma casa, entre outros.

Essas metodologias surgiram em 2001, com o **Manifesto Ágil**, mas de fato ganharam força apenas de uns cinco anos para cá. Têm como base alguns valores que acho extremamente importantes para a aplicação de qualquer mudança que desejamos implementar, como revela Jeed Sutherland em seu livro sobre o Scrum[7]:

1. **Indivíduos** em vez de processos;
2. Produtos que de fato **funcionem** em vez de documentação dizendo como deveriam funcionar;
3. **Colaboração** com o cliente em vez de negociação com ele;
4. **Responder às mudanças** em vez de seguir um plano.

Vamos deixar claro que o quarto valor não exclui o plano, porém diz que devemos estar atentos a mudanças que exigem cada vez mais

---

[7] SUTHERLAND, 2019.

respostas rápidas. Isso não significa o fim do planejamento estratégico, mas a sua adequação a esse mundo ágil no qual estamos vivendo.

A ferramenta 5W2H, de que falamos no capítulo anterior, precisa estar mais alinhada aos novos tempos, as respostas aos seus questionamentos (*where, what, why, who, how much, how, when*) precisam ser mais precisas, trabalhadas com mais **dinamismo**, em curtos intervalos de tempo e com ações mais pontuais.

Evidentemente, nas devidas proporções, muitas coisas terão de ser adaptadas para se alinhar a este novo mundo em que estamos vivendo. Não à toa surgiram metodologias cada vez mais práticas, como o Canvas, de que também falei no capítulo dedicado à gestão jurídica. Alexander Osterwalder o criou com o intuito de **simplificar o modelo de negócios** em um único quadro, com fácil visualização. A partir dele surgiram novos quadros que têm ajudado nas ferramentas de gestão, alinhados também a um modelo mental mais prático e conectado a um mundo volátil.

Entendemos que planejar é necessário, mais importante ainda quando se analisam os possíveis riscos e como devemos lidar com eles. Para isso é necessário estar antenado com as mudanças do mercado como um todo.

Mas é na hora em que saímos do planejamento e passamos para a execução que inúmeros desafios surgem. Porque dependemos exclusivamente das pessoas, são elas que farão a total diferença na implementação ou não de um projeto.

Aliás, é por essa razão que estamos vendo hoje inúmeras técnicas e ferramentas sendo adaptadas para o fator humano – exatamente porque ajudam no processo de implementação.

SCRUM

O Scrum, por exemplo, tem como base a forma como as pessoas realmente trabalham, ao invés de como elas **dizem** que trabalham, explica Jeff Sutherland.[8] Ou seja, é necessário entender a essência e a forma como cada pessoa trabalha dentro do seu escritório, para então adaptá-las ao contexto geral. Lembra-se da visão sistêmica? Entender as partes para daí então entender o todo.

O termo Scrum veio do rúgbi, esporte criado na Inglaterra. No jogo há um intenso contato físico com passes de bola feitos com as mãos até levá-la à linha do gol. O Scrum deve ser feito de forma colaborativa, com diversos passes/ações, até que todos possam chegar a um **objetivo comum**.

Assim como ocorre no rúgbi, no Scrum todos os passos devem ser calculados e **não se deve perder muito tempo** planejando. Porém, atenção, isso não exclui o planejamento, que sempre será de grande importância, mas no Scrum ele deverá ser mais célere. A ideia é saber se a banca está seguindo o caminho certo para atingir os objetivos que almeja. Além disso, o método proporciona um maior engajamento e uma maior confiança entre as pessoas, envolvendo-as em um determinado projeto. Para J. Sutherland, essa junção de propósitos e de confiança gera excelência.

O autor diz que somos horríveis em prever o tempo de um determinado projeto e eu acrescento que, além disso, somos ruins em detectar o que de fato é prioridade, e essas questões também são trabalhadas no Scrum. Para ele, a interação com o ambiente irá guiar nossos comportamentos.

Vamos relembrar aqui mais uma vez a importância da cultura e como ela interfere neste ambiente. Dentro deste ambiente existe um sistema que é responsável, muitas vezes, por nossas condutas e o Scrum é projetado para trabalhar e modificá-lo. Ao invés de procurar culpados por uma falha ocorrida em um projeto, essa metodologia foca nos comportamentos positivos, fazendo com que as pessoas se concentrem em trabalhar em grupo, extraindo o que há de melhor

---

[8] Ibid.

em cada um dos envolvidos para completar determinada atividade e gerar os resultados esperados.

As metodologias ágeis, em sua maioria, acolhem a **criatividade**, a **incerteza** e até mesmo as **falhas**, para que possam ser sanadas o quanto antes.

Não há nada mais frustrante do que começar um determinado projeto em seu escritório de advocacia, seguir passo a passo o que foi definido – muitas vezes em seis meses ou mais – e, ao final, ver que gastou muito tempo e dinheiro sem um resultado favorável.

Agora pense se for possível, nesse mesmo projeto – e usaremos aqui como exemplo uma implantação de uma das técnicas da gestão jurídica, a controladoria jurídica –, começar a planejar e, ao mesmo tempo, **testar** algumas de suas funcionalidades.

No Scrum e no Design Thinking, sobre o qual falarei adiante, esse teste chama-se **protótipo**. Você pode testar as mudanças que serão implementadas em sua empresa jurídica antes de elas serem totalmente instaladas.

Ao testar protótipos, você visualizará se determinado projeto está seguindo no caminho certo, sem perder tempo com aquilo que poderia não dar resultados para a sua banca, fazendo ainda com que você tenha a ideia do tempo que isso levará, bem como o seu custo total, evitando gastos desnecessários.

Existem diversas ferramentas hoje desenvolvidas no mercado jurídico para que você possa colocar em prática esse lado mais ágil e criativo. Nas aulas que ministro sobre Inovação, Criatividade e Empreendedorismo Jurídico, tenho desenvolvido cada vez mais técnicas que incentivam tais práticas. E quando fazem sentido também para um determinado escritório de advocacia, aplico-as em minhas consultorias.

Com as metodologias ágeis, conseguimos desenvolver mais ações em curto espaço de tempo, dependendo da agilidade da equipe a ser trabalhada.

O advogado também poderá usar essa prática em suas **consultorias jurídicas** para melhorar o relacionamento com o seu cliente, mas é necessária muita cautela para a correta aplicação. Devem ser usadas somente em ações que demandam maior agilidade.

O Scrum, por exemplo, segundo Sutherland, está baseado em uma metodologia muito simples: seria a verificação de intervalos regulares de um projeto – intervalos chamados de *sprints* –, que são nada mais nada menos que **ciclos**, trabalhados o tempo todo com uma equipe colaborativa. Ou seja, temos uma espécie de revisão para analisar se estaríamos indo pelo caminho certo e dando prioridade ao que é preciso.

Nos escritórios de advocacia costumo aplicar algumas técnicas do Scrum como incentivo a reuniões diárias, também chamadas de *"scrum meetings"*, priorizações de ações e intervalos para acompanhamento de cada etapa das ações.

A metodologia ágil utilizada no planejamento estratégico ajudará na divisão de etapas menores e uma maior sinergia entre a equipe do escritório.

Na execução, será usada quando equipes operam quadros divididos por colunas: "A fazer", "Fazendo" e "Feito", que vêm do sistema Kanban, criada pelos japoneses da Toyota. Esse sistema utiliza-se de post-its ou cartões colocados no quadro para marcar etapas de um processo, deslocando-os a cada andamento das ações. Cada ação deverá ter a identificação do seu responsável. Esse método traz transparência e a compreensão sobre o papel de cada um e colabora com a mudança a ser implementada no escritório.

Parece simples demais. Mas as metodologias ágeis são exatamente isso, extremamente simples. Elas ajudam a otimizar a produtividade, a diminuir os custos e a melhorar os resultados, tudo isso dentro de uma **técnica humanizada** – sobre a qual tenho falado em todos os processos de gestão jurídica.

Design Thinking

E quando o tema abrange métodos humanizados não poderia deixar de falar de um modelo que também utilizo em meus processos de mudança e implantação de ações eficazes: o Design Thinking.

Falar em mudança é falar em **criatividade**, que no início deste livro citei como competência essencial para o século XXI, de acordo com o Fórum Econômico Mundial.

A criatividade **amplia a mente** e nos faz enxergar coisas que antes não havíamos atentado. É como uma "mola" propulsora da inovação. E é trabalhada no Design Thinking que, para muitos especialistas, não pode ser considerada uma metodologia, mas um **modelo mental** que inclui alguns valores imprescindíveis como **empatia**, **colaboração** e **experimentação**.

Como a mudança vem de um novo padrão de comportamento, o Design Thinking, por ser um modelo mental, utiliza esses comportamentos para gerar soluções, sejam elas simples ou complexas. Além disso, ajuda a descobrir os reais problemas e trabalhar ideias que podem saná-los – e para isso é preciso entender o ser humano em toda a sua essência e o ambiente a ser trabalhado.

Em alguns escritórios de advocacia sou chamada para tentar solucionar problemas que parecem não estar claros para a equipe – problemas que na verdade são **sintomas** de algo ainda incompreendido. Por exemplo, se existe uma equipe desmotivada e sem iniciativa, isso não é o real problema, isso é somente um sintoma do problema que ainda teremos de encontrar.

E encontrar as perguntas certas para diagnosticar o real problema de uma banca não é tão simples. Entretanto, isso é facilitado pelo Design Thinking que, por meio de uma equipe colaborativa, poderá diagnosticar o problema, oferecendo uma chance real de uma mudança saudável e sem resistências.

Portanto, o trabalho em equipe, a colaboração, a identificação do problema e a listagem de ideias a partir de um *brainstorming* são utilizados por meio de uma técnica do Design Thinking, chamada Duplo Diamante, criada pelo Design Council do Reino Unido, por meio de um mapeamento e da aplicação do pensamento do design, como mostra a figura a seguir:

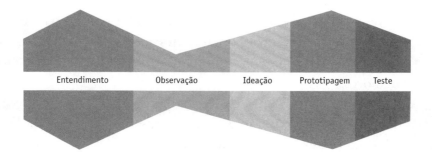

Cada uma dessas fases ajuda na implementação de uma mudança por meio dos valores do Design Thinking já mencionados, como a empatia, a colaboração e a experimentação. O primeiro diamante representa o tempo em que se passa estudando o problema e o segundo, a solução, por momentos que passam pela divergência (abertura) e pela convergência (fechamento) do pensamento. A seguir, explico cada uma das fases e como você poderá aplicá-la em sua empresa jurídica.

- **Entendimento** – momento de colher todos os dados possíveis sobre um problema supostamente identificado, em busca de um novo olhar;
- **Pesquisa e observação** – momento de sair da zona de conforto e questionar as pessoas à sua volta. Nesta fase é essencial usar a empatia e a suspensão de julgamento. Além disso, é o momento em que você precisa estar alinhado com a essência e os valores da sua empresa jurídica;
- **Ponto de vista** – depois de gerar vários *insights*, é o momento de convergir e divergir, e tentar rever um problema sob outro ângulo. O objetivo é identificar a sua causa real e "desmascarar" o sintoma;

- **Ideação** – é o momento de trazer ideias. Com a real identificação do problema torna-se muito mais fácil do que se imaginava. Aqui utiliza-se de toda a criatividade possível;
- **Prototipagem** – é quando tiramos a ideia do papel para gerar sensações antes mesmo da solução existir;
- **Teste** – é hora de validar se a ideia de fato faz sentido para o seu cliente interno e/ou para o seu cliente externo;
- **Interação** – é o momento de repensar nossas ideias e torná-las melhores.

Todas essas etapas do duplo diamante requerem uma visão holística e, mais do que isso, humanizada.

Ao nos depararmos com tantos inventos tecnológicos de ponta, inclusive para o mundo jurídico, percebemos que o mercado exige cada vez mais *expertises* que buscam metodologias com grande foco na humanização.

Adquirir competências como criatividade, pensamento crítico, resolução de problemas, gestão de pessoas, relacionamento interpessoal e flexibilidade cognitiva ajudarão a implementar metodologias cada vez mais necessárias que poderão trazer para você e sua equipe um nível maior de consciência transformacional.

Ou seja, opções para liderar mudanças não faltam. E quanto mais o líder conhece os processos envolvidos, tanto em mudança organizacional como na resistência à mudança, mais poderá fazer bom uso deles.

Endomarketing e comunicação interna na advocacia

Apesar de serem temas interligados e muitas vezes interpretados como sinônimos, na prática podemos ver algumas diferenciações entre os termos "endomarketing" e "comunicação interna".

O endomarketing – que ajuda na melhoria do clima organizacional e consequentemente impacta na cultura organizacional –, é um conjunto de estratégias voltadas para o engajamento dos colaboradores. A comunicação interna seria uma dessas estratégias, com o objetivo de incentivar a troca de informações no público interno sobre assuntos que tendem a contribuir com os processos da organização.

Comunicação interna

Abordar o tema da comunicação na advocacia parece até irônico, pois falar e escrever bem são habilidades essenciais nessa profissão, que tem na argumentação e na oratória suas mais famosas características.

Porém não vamos tratar aqui desse tipo de comunicação, e sim da comunicação interna de uma organização, que hoje envolve muito mais do que uma ferramenta para informar o seu público sobre políticas institucionais e decisões da gestão, comunicados gerais da alta direção, relações com a imprensa, entre outras. Como em outras áreas administrativas, as mudanças globais pressionaram para uma "reinvenção" do conceito de comunicação interna, passando a abranger o compartilhamento das relações entre colaboradores e líderes, multiplicar opiniões, atrair e reter talentos, agilizar processos de informação e de trabalho, dar e receber feedback, alinhar objetivos e participar das mudanças.

Como diz a especialista na área, Analisa de Medeiros Brum, "a comunicação interna é a técnica utilizada para alinhar o pensamento das pessoas às políticas, estratégias e diretrizes da empresa".[9] Além disso, conceitua ela, por

> ter uma posição privilegiada a ponto de receber tanto a informação formal quanto a informal, o público interno pode ser considerado formador de opinião por excelência. Ele sai da

---

[9] BRUM, 2010, p. 41.

empresa e a sua opinião passa a ser dividida com familiares, amigos, vizinhos etc. Tudo isso acontece muito rapidamente.[10]

E isso acaba impactando na forma como a imagem da organização é passada para o mercado.

Para David Miller, a comunicação cria clareza e quando planejada poderá ajudar a vencer barreiras em relação às resistências – ao contrário, uma comunicação fraca ou mal executada poderá causar ou fortalecer uma resistência.

Além disso, explica ele, sempre que possível, a comunicação deve ser usada face a face e em mão dupla. A **conversa** pode até demorar mais do que uma troca de e-mails, mas, segundo ele, é infinitamente mais eficaz.[11] Aliás, em tempos de redes sociais, é preciso cautela quanto à comunicação, pois uma vez mal interpretada pode causar sérios danos. Portanto, quando tratar-se de assuntos mais delicados e que demandam uma atenção especial, prefira conversas pessoalmente.

Nas conversas tente ser claro, objetivo e o mais natural possível, sem que necessariamente precise fazer apresentações. Aliás, Miller diz que muitas vezes essas apresentações podem inibir a conversa. A comunicação deve ser clara e precisa.

Cada indivíduo é, por definição, único, enfatiza Françoise Kourilsky. A complexidade e a beleza da comunicação humana estão no surgimento de uma harmonia criada por essas diferenças. Humanizar as relações, segundo a autora, é libertar-se de comportamentos arcaicos de defesa e ataque. A comunicação deve ser baseada no respeito mútuo, integrando as diferenças, para daí então conjugá-las de maneira criativa. É dessa forma que se constrói um acordo.[12]

Uma das coisas que mais tenho observado dentro da maioria dos escritórios de advocacia é a pouca troca de comunicação e informação.

---

[10] Ibid., p. 29.

[11] MILLER. op. cit.

[12] BELLIARD, 2004, p. 120.

Isso se dá porque, como mencionei no tópico *"O líder no escritório de advocacia"*, os advogados até há pouco tempo trabalhavam de forma individual e sempre tiveram grande receio de repassar os seus mais valiosos conhecimentos.

E posso dizer aqui que essa ainda é uma das barreiras que tenho de quebrar em alguns escritórios onde desenvolvo a gestão jurídica. Acontece que esse modelo de retenção do conhecimento está totalmente ultrapassado. A troca de informações passa a ser essencial dentro dos escritórios. E quanto maior a transparência, maior o engajamento da equipe. Podemos começar a exercê-la em reuniões, grupos de estudos e rituais que possam explorar cada vez mais essa integração entre advogados.

Você deve ter observado no capítulo anterior que em todos os modelos de mudança citados, a boa comunicação do líder com os colaboradores é fator fundamental para esclarecer objetivos, motivar, fazer ajustes, entre outros. A comunicação deverá contribuir para um maior engajamento das pessoas, que envolvidas na mudança se tornarão mais comprometidas.

Endomarketing

O endomarketing vem da união de duas palavras: *endo*, que significa "para dentro", "interno" e marketing, que vem de *market*, mercado.

Interpretado como "mercado interno" ou marketing interno, é aplicado a todo o tipo de comunicação que envolve o ambiente de negócios e seu público no interior de uma organização, e o seu principal objetivo é obter a coordenação entre as diferentes áreas, ajudando, por exemplo, o desenvolvimento e a correta implementação de **planos e estratégias**. É também fundamental para fazer os colaboradores se sentirem **dentro do contexto**, ou seja, terem um senso de pertencimento, compartilhando seus valores e objetivos, valorizando bem o seu papel.

218 PARTE II ENTENDENDO A ESSÊNCIA, ENFRENTANDO E FAZENDO MUDANÇAS

Analisa de Medeiros Brum aponta duas estratégicas básicas relacionadas ao endomarketing. Uma focada na **visão da direção com os propósitos e objetivos da organização**, como os programas de mudança de cultura interna, visando a modificar a atitude de seus funcionários buscando compromisso e lealdade com os princípios da empresa. A outra, relacionada à **tarefa**, focando a comunicação de questões específicas quanto ao trabalho em si e a coleta de opinião da equipe sobre maneiras de melhorar o desempenho e novas formas de trabalho – e aí os objetivos estão diretamente relacionados à eficiência dos métodos de produção.[13]

É necessário o entendimento de que dentro de uma banca as pessoas que ali estão são seus clientes internos, portanto, o seu primeiro mercado. Por serem clientes precisam ser conquistados, afinal eles serão também os seus comunicadores externos, influenciando diretamente na reputação de sua banca jurídica perante o mercado e, consequentemente, contribuindo para o seu resultado.

O endomarketing tem como papel primordial a diminuição do absenteísmo e da rotatividade, além de melhorar os relacionamentos organizacionais por meio de uma comunicação efetiva.

Muitas vezes boas iniciativas organizacionais não vão adiante devido à falta de uma **comunicação efetiva**. Ao contrário, quando tudo é amplamente comunicado, ninguém se sentirá pego de surpresa quando um novo evento ocorre ou é lançado um novo serviço. Outro importante benefício da comunicação é permitir a prática constante de **feedbacks** tanto de grupo quanto individuais.

O valor do feedback e do networking

Aliás, no que se refere ao feedback, muitos gestores pecam em sua liderança por não apresentarem uma comunicação assertiva, prejudicando

---

[13] BRUM, op. cit.

a performance da equipe. E a razão que mais aparece é a forma incorreta como os feedbacks são aplicados. Portanto, nunca é demais lembrar os pontos principais para uma aplicação produtiva do feedback:

- Cultivar a **transparência** e a **liberdade de comunicação** dentro do escritório. Isso contribui para a diversidade de pensamentos e estimula o respeito às opiniões diferentes. Além disso, desperta a criatividade;
- Ao cultivar a liberdade de comunicação, o líder jurídico abre espaço para também **entender melhor o perfil** dos seus liderados;
- É preciso ter cuidado na exposição do feedback, expressando críticas de forma **construtiva** e nunca depreciativa;
- Antes de dar um feedback é importante considerar as **forças e fraquezas** de seus colaboradores, pois ajuda a orientar as críticas positivas e negativas;
- Ao destacar os pontos fortes do colaborador, deve-se **destacar** o seu crescimento antes de dizer o que espera dele em relação à melhoria de sua performance;
- Ao destacar os pontos fracos e negativos, é importante colocar que são questões que devem ser trabalhadas para sua **melhoria**.

Hoje existem inúmeras metodologias e práticas para melhorar a comunicação – cursos especializados, práticas orientadas, coaching e outros, oferecem resultados recompensadores no desenvolvimento da empatia, da escuta ativa –, habilidades importantíssimas para a gestão de pessoas.

Um dos projetos inovadores que criei dentro da OAB foi a Rede de Negócios Jurídicos, que trabalha exatamente essa proposta de comunicação.

A ideia seria reunir advogados de vários escritórios em um almoço em que pudessem trocar suas experiências em relação às áreas em que atuam, além de contar um pouco sobre a trajetória de seus escritórios, tudo por meio de dinâmicas. Além do mais, ainda teriam a oportunidade de exercer o **networking**, um dos meios de comunicação externa de elevada importância para aumentar o leque das redes de contato. A troca de experiências e networking também ajudariam na melhoria da comunicação dos advogados ali presentes, e eles poderiam exercê-la internamente em seus escritórios.

E isso de fato ocorreu, como constatei por meio dos relatos que recebi dos advogados que participaram desse evento, promovido pela Comissão de Inovação e Gestão da OAB-GO, fundada por mim em 2016.

Ainda em minhas palestras e consultorias, sempre destaco para as lideranças a importância de desenvolver uma boa comunicação em todos os processos que permeiam a sua performance profissional, entre os quais, um dos mais desafiadores: a resistência à mudança.

CAPÍTULO 12

É HORA DE VENCER A RESISTÊNCIA À MUDANÇA, ALINHAR A CULTURA E COLOCAR EM PRÁTICA A GESTÃO JURÍDICA

Toda vez em que se fala em mudança, é impossível não tocar no tema "resistência", muito estudado na psicologia. Segundo um dos pioneiros da psicologia social, Kurt Lewin, as organizações poderiam ser consideradas processos "em equilíbrio quase-estacionário, sujeitas a forças opostas da mesma intensidade" e as mudanças viriam "quando uma das forças superasse a outra em intensidade, deslocando o equilíbrio para um novo patamar".

Assim, "a resistência à mudança é o resultado da tendência de um indivíduo ou de um grupo se opondo às forças sociais que objetivam conduzir o sistema para um novo patamar de equilíbrio", como cita artigo de José Mauro Hernandez e Miguel P. Caldas.[1]

Mas foi em 1948, com uma publicação do administrador Lester Coch (1921-2005) e do cientista social John French Jr. (1913-1995)[2] que o tema começou a ganhar repercussão, sendo bastante abordado entre as décadas de 1950 e 1970, quando muitos trabalhos foram publicados.

---

[1] HERNANDEZ; CALDAS, 2001.

[2] COCH; FRENCH JR., 1948.

Quanto a superar a resistência, tornaram-se clássicas as estratégias genéricas estabelecidas por Kotter e Adam Schlesinger em 1979,[3] aplicadas ainda hoje em grandes organizações. Você poderá utilizá-las a partir do entendimento da resistência a ser trabalhada em sua banca jurídica:

- Educação e comunicação – educar as pessoas quanto à ação que será implementada na banca e dizer quais são os seus efeitos. A comunicação ajuda a clarear as necessidades da mudança. É ideal quando a resistência é baseada em informações imprecisas. Por exemplo: apresentações, relatórios, conversas individuais;
- Participação e envolvimento – fazer com que as pessoas participem da mudança, se envolvam, tenham um senso de pertencimento e se sintam comprometidas. Por exemplo: participação em algumas ações estratégicas e reuniões;
- Facilitação e suporte – ser solidário, oferecendo treinamentos que incluam novas habilidades, e ser mais aberto, oferecendo inclusive apoio emocional. Esse método é essencial quando o medo e a ansiedade são os maiores motivadores da resistência;
- Negociação e acordo – é indicado quando estiver claro que alguém poderá perder alguma coisa com o resultado da mudança;
- Manipulação e cooperação – seria a cooptação de uma pessoa, dando a ela um papel desejável na implementação da mudança, entendendo que essa pessoa exerce um papel de grande influência na organização;
- Coerção explícita e/ou implícita – nessa estratégia as mudanças são enfrentadas de forma coercitiva. Assim como a manipulação, essa estratégia é arriscada, podendo gerar um efeito negativo, sendo usada somente em último caso, quando a mudança se faz urgente.

---

[3] KOTTER; SCHLESINGER, 1979.

Segundo os autores, o maior erro dos líderes é usar uma abordagem ou um conjunto limitado dessas ações, ou ainda não saber usá-las de forma adequada.

Vencendo a resistência à mudança na advocacia

Nos escritórios de advocacia, a questão da **resistência à mudança** é mais comum do que se pensa – posso afirmar por experiência nas minhas consultorias. Inclusive publiquei artigo abordando o tema, cujos pontos principais reproduzo a seguir[4] como orientação básica para se livrar do medo de mudar e assumir a gestão da mudança.

Em uma época de grandes transformações na política, na economia, nos hábitos, na tecnologia e no relacionamento entre as pessoas, as empresas jurídicas precisam se adaptar às mudanças e, talvez, o principal limitador seja o medo.

Esse medo que causa pânico, que paralisa, que faz com que o advogado não saia do lugar, não mude seu *status quo* e não se atualize com esse novo mercado e que oferece o grande risco de aplicar ferramentas cada vez mais obsoletas na gestão do escritório.

Para isso, reforço, é necessário compreender mais a sua cultura, entender as mudanças que se processam no macroambiente e efetuar as necessárias adequações na cultura e na estratégia do negócio que demanda grande atenção da alta administração, ou melhor, dos sócios do escritório.

Livrar-se do medo de mudar e dos velhos hábitos não é uma coisa tão simples de fazer, como por exemplo: não saber de fato como liderar, ter miopia em marketing, pensar que o sucesso profissional do presente ou futuro pode se basear plenamente no êxito e nas conquistas

---

[4] FONTENELE, 2018.

adquiridas no passado. Atitudes como essas afastam os escritórios cada vez mais da realidade e dos resultados esperados.

Portanto, entender uma organização e como a sua cultura evolui, e trabalhar melhor a gestão de mudanças são fatores importantes para que haja de fato uma transformação saudável e sustentável em um ambiente que precisa estar alinhado com o que o mercado exige.

E como então eu poderia vencer essas resistências por meio da gestão de mudança na advocacia?

Resumidamente, como vimos anteriormente, a gestão de mudanças é a forma planejada de aumentar a adaptabilidade e a flexibilidade da banca diante de um mercado cada vez mais dinâmico e transformador. A flexibilidade às mudanças é pressuposto básico para a sobrevivência e o sucesso de um negócio. E para que essa mudança possa ocorrer de forma saudável e sustentável, ela precisa estar alinhada à cultura organizacional do escritório de advocacia e no engajamento das pessoas nessa jornada.

A banca precisa estar por dentro de todas as transformações ocorridas no macroambiente, de modo a atingir os objetivos do negócio mais rapidamente, com alto nível de **performance e comprometimento**, dentro de um orçamento interno previsto.

De acordo com a pesquisa Demografia das Empresas 2014 divulgada pelo IBGE, a cada dez empresas que abrem no Brasil, seis não sobrevivem após cinco anos de atividade. Em 2017, essa pesquisa constatou que cinco anos após serem criadas, pouco mais de 60% das empresas já haviam fechado as portas. E esse cenário se acentuou ainda mais durante e após a crise financeira do país.[5]

Falta de planejamento e organização é um dos principais causadores desse resultado. Apesar de não termos dados financeiros e nem o número de falências de escritórios de advocacia, o fato de muitos advogados não serem preparados para administrar o seu negócio,

---

[5] DE CADA DEZ EMPRESAS, SEIS FECHAM ANTES DE COMPLETAR 5 ANOS, APONTA IBGE, 2016.

levando-o a negligenciar aspectos como o planejamento e a organização, além do receio de investir, podem trazer dados ainda piores.

Ajustes necessários

O mercado hoje pede que a cultura das empresas jurídicas se **ajuste** aos novos tempos, sob pena de não resistirem às constantes mudanças, aos desafios e ao turbilhão de informações que surgem todos os dias.

Para facilitar esse processo, listei algumas sugestões úteis ao advogado que quiser colocar em prática a gestão de mudança:

- **Entender** e **absorver** as novas tecnologias na área jurídica para que se possa otimizar os trabalhos e consequentemente alcançar melhores resultados por meio da produtividade que satisfaça o cliente, pelas facilidades alcançadas. Por isso, é importante informar-se sobre qual o melhor software para a sua estrutura e necessidades, estruturar a área de TI e acompanhar as mudanças tecnológicas participando de simpósios, palestras e eventos voltados para essas áreas;
- **Melhorar** os processos operacionais da banca, para que haja uma maior agilidade nas atividades, diminuição dos custos e a melhoria na qualidade dos serviços entregues, por meio de uma boa gestão financeira, uma boa controladoria jurídica e rotinas adequadas;
- **Reestruturar** as bancas a partir da comunicação interna, da melhoria no quadro funcional e no desenvolvimento das pessoas;
- **Implementar** a profissionalização no dia a dia do escritório. A saturação do mercado e consequente perda de clientes e rentabilidade começa quando eu entrego o mesmo serviço e da mesma forma que os meus concorrentes entregam;

- **Ampliar o** *mindset*, a busca incessante da melhoria e qualidade dos serviços prestados. O desenvolvimento e a participação de toda a equipe farão a diferença para que uma banca possa se consolidar cada vez mais no mercado;
- É importante também **olhar para as oportunidades** com menos pânico – atualizando-se e familiarizando-se sobre temas não ligados às técnicas do Direito. Sairá na frente o advogado disposto a abrir a mente e discutir também sobre negócios.

Quanto às etapas para implementar a gestão de mudanças na área jurídica, indico:

- Traçar **objetivos claros** e definidos, estabelecidos no médio e longo prazo, estabelecer valores e princípios;
- Ter **abertura para novas ideias**. A banca deve ser flexível, dinâmica, estar atenta às inovações, ter senso de oportunidade, ser líder de tendências e criar um ambiente motivador;
- Estabelecer a **integração e a comunicação**. É preciso incentivar comunicação interna entre os diversos níveis e áreas de forma simples e aberta;
- Desenvolver uma **visão sistêmica**, entendendo que a banca é composta de partes interligadas direta e indiretamente, sejam elas operacionais, táticas ou estratégicas;
- Ter **atenção** ao desempenho profissional. O trabalho é estimulante para os colaboradores e oferece desafios profissionais, possibilidade de crescimento e valorização pessoal;
- Manter constante **aprendizado e desenvolvimento**. A banca deve estimular e proporcionar oportunidade de desenvolvimento profissional para os funcionários.

Para o acompanhamento das ações de mudança e a sua correta execução, poderá ser empregado na sua banca uma ferramenta interativa, que funciona em ciclos, com quatro passos. Essa ferramenta se chama PDCA, que significa:

Plan (Planejar): momento em que se cria um plano de ação;

Do (Desenvolver): momento de executar a ação;

Check (Verificar): momento para saber se a ação está trazendo ou não resultados;

Action (Agir): momento de consolidação e/ou correção de uma ação. Aqui se reinicia uma nova etapa.

Criado por Walter A. Shewhart, mas difundido por William Edward Deming, cada passo é usado formando um círculo. A ferramenta busca melhoria contínua das ações e tem um papel fundamental na implantação das mudanças.

Dependendo das ações a serem implementadas, você também poderá aplicar a esta ferramenta alguns procedimentos de metodologias ágeis da qual falei em capítulo anterior.

E para verificar e medir essas ações, como por exemplo, a adequada utilização de um software jurídico, o Balanced Scorecard (BSC), por meio de indicadores e metas que traduzem a estratégia, avaliam e verificam se a banca está indo ou não para a direção correta e se de fato as ações implementadas estão gerando resultados positivos.

O consultor Jorge Bassalo aborda em seu livro *Metodologia para gestão de mudanças organizacionais*[6] que para a mudança ser efetiva é necessária a participação de três elementos: racional, emocional e transformacional.

O **racional** é formado pelos profissionais da área técnica. O **emocional** compreende o time de gestão de mudanças, com foco no aspecto humano da mudança. Representa as ações tomadas pela organização

---

[6] BASSALO, 2017.

para apoiar a transição dos colaboradores do estado "A" para o estado "B". E o elemento **transformacional** representa a liderança.

Os líderes precisam introjetar que a mudança é uma questão de sobrevivência necessária para a sua banca. Depende deles a formulação da estratégia e definição das alterações necessárias. E dar suporte para as decisões fundamentais.

Por fim, **motivar e envolver** as pessoas – elas são as peças-chave para que haja de fato uma mudança **saudável e sustentável** para o negócio. Quando as pessoas estão envolvidas, as bancas jurídicas tendem a ter maiores resultados. Quando você envolve as pessoas no processo, constrói **comprometimento com as mudanças**. As pessoas envolvidas sentem-se mais valorizadas e "ouvidas" do que se fossem simplesmente receber ordens. São elas que abraçam ou não um projeto e que executam ou não uma ação.[7]

Por essas razões, entender a sua empresa jurídica, como a sua cultura evolui e trabalhar melhor a gestão de mudanças são fatores fundamentais para que haja de fato uma transformação positiva e perene em um ambiente que precisa estar alinhado com o que o mercado exige nesses tempos de Quarta Revolução Industrial.

---

[7] MILLER, op. cit.

CONCLUSÃO

EMPREENDENDO, APRENDENDO E MUDANDO

O sentido e a essência não se encontram em algum lugar atrás das coisas, senão em seu interior, no íntimo de todas elas.

Hermann Hesse

hegamos ao final desta jornada.

É com grande satisfação que finalizo uma obra de grande relevância para uma profissão da qual eu também faço parte, agora em um papel transformacional. Escrevi todos os capítulos deste livro com paixão e dedicação, de dias incansáveis e repletos de expectativas.

A busca incessante por conhecimento jamais pode parar, principalmente em um mundo que muda constantemente.

A advocacia sempre terá seu importante papel na sociedade, mas adaptá-la às mudanças se faz necessário para enfrentar esses tempos tão desafiadores para os(as) advogados(as)!

Dividi esta obra conceitualmente em duas partes: O QUE FAZER e COMO FAZER.

A primeira parte trouxe capítulos que mostraram uma visão ampla sobre a advocacia, a administração e o mercado em geral.

Comecei contando um pouco sobre a história da profissão e tentei extrair toda a sua essência para entender como isso ainda impactaria hoje no modo de agir, falar e se comportar do(a) advogado(a). Vislumbramos seu papel fundamental na história da humanidade e a sua constante responsabilidade com a justiça.

Entendemos mais sobre as suas lutas e conquistas perante uma sociedade em constante transmutação, e como a própria profissão veio se transformando ao longo do tempo.

E que apesar dos alardes, não existe uma nova advocacia, mas sim uma nova forma de advogar, pois o seu modelo de prestação de serviço não poderá ser o mesmo de anos atrás. O papel do advogado mudou. Se antes era visto como um semideus sentado em uma cadeira imponente à espera de um cliente, hoje precisa ser um guerreiro para conquistar clientes exigentes e imbuídos de muitas informações, pois o acesso a essas informações estão cada vez mais fáceis, além disso, torna-se uma profissão cada vez mais competitiva.

Vimos que o mundo vem trazendo cada vez mais a sensação de volatilidade, incerteza, ambiguidade e complexidade, o que reflete cada vez mais na forma como as pessoas se comportam. Como diz Zygmunt Bauman, um mundo líquido que escorre pelas mãos e que requer que tenhamos rápidas tomadas de decisões.

As faculdades de Direito precisam se atentar para esta mudança e incluir na sua grade matérias que ensinem ao bacharel a arte de gerir, planejar e organizar, afinal isso é essencial para qualquer profissão.

Os escritórios de advocacia precisam se ver como empresas jurídicas independentemente do seu porte e entender que, para implementação de uma gestão jurídica eficaz, é necessário ter espírito empreendedor, além de um bom conhecimento de cultura organizacional e técnicas de gestão da mudança.

CONCLUSÃO EMPREENDENDO, APRENDENDO E MUDANDO 231

Vimos que as áreas de humanas são extremamente necessárias em um ambiente de grandes transformações – o que o Fórum Econômico Mundial, em 2016, confirmou ao divulgar as competências essenciais para o século XXI: resolução de problemas, pensamento crítico, criatividade, gestão de pessoas, relacionamento interpessoal, inteligência emocional e flexibilidade cognitiva.

Na segunda parte voltamos nossos olhos para as peças-chave no processo transformacional de uma empresa jurídica. O líder, como maestro de uma orquestra, não consegue sozinho implementar mudanças se não tiver os seus liderados a seu favor. Portanto, deve ter ao seu lado uma equipe coesa e conectada, para criar um clima favorável ao ambiente organizacional. É necessário que este líder possua características como inteligência emocional, resiliência e saiba identificar talentos.

A sociedade de advogados vem se transformado para adaptar-se às novas realidades do mercado jurídico. Precisa ter um olhar mais holístico e sistemático. Precisa expandir seus conhecimentos técnicos, envolvendo principalmente a expertise de gerir um escritório. Além de gerir, precisa conhecer profundamente também a essência da sua organização, ou seja, a cultura, com todos seus princípios e valores.

Entender esse conhecimento de gestão da cultura organizacional de uma empresa jurídica é de fundamental importância para a efetividade das mudanças que serão implementadas – está refletida na essência dos princípios e valores de uma organização. E as pessoas que dela fazem parte ajudam a imprimir a "alma" dessa cultura.

Vimos que, independente do porte e do tempo do escritório, a cultura é essencial e não é imutável. É preciso estar constantemente analisando os comportamentos dos colaboradores que a compõe, bem como o clima organizacional para um maior entendimento de como adaptá-las às transformações essenciais para que a banca possa sobreviver neste novo mercado.

Por isso é necessário ter sempre presente os níveis de cultura definidos por Edgar Schein – artefatos, valores e pressupostos, lembrando que levar mudanças que possam ferir os valores mais profundos de um escritório representa um maior risco para não conseguir executá-las.

É necessário entender também as raízes mais profundas de uma banca, sua história, seus fundadores e valores – e que esses valores façam sentido para aqueles que compõem a organização. Ao mesmo tempo, é fundamental que se construa na cultura dos escritórios a flexibilidade para que esteja sempre aberta à integração de novos valores, de modo a garantir a sua perpetuidade no mercado. A diversidade é outro ponto que precisa ser trabalhado, pois traz criatividade, e a criatividade gera inovação.

Enfim, nesta jornada transformacional, entender a cultura é primordial para gerir a mudança, processo que exige gestão própria, com uso de metodologias específicas para ajudar a execução das ações estratégicas visando a profissionalização do escritório de advocacia, banca ou empresa jurídica, seja qual for a sua preferência em chamá-la.

Como a maior dificuldade dos escritórios é tirar as ideias do papel e, principalmente, executar planejamento estratégico, a gestão de mudança ajuda neste processo. Porque esse processo envolve gente. Pessoas precisam ter um senso de pertencimento, sentir-se parte do projeto, tendo em mente metas claras e comunicação.

A resistência à mudança é superada com a confiança das pessoas que compõe uma banca, do líder com seus liderados e dos liderados com seu líder, além da sinergia entre os próprios liderados. Todos precisam estar alinhados para seguir em uma mesma direção – esta é a razão pela qual a comunicação interna precisa ser objetiva, clara e, sobretudo, precisa haver transparência nas ideias e ações. Ferramentas não faltam para que isso ocorra.

Vimos ainda que metodologias ágeis e práticas ajudam na objetividade, rapidez e conexão entre equipes, e podem também ser usadas em projetos na área da advocacia. Estas metodologias possuem um viés humanístico muito forte, tendência cada vez maior para as ações administrativas que trazem resultados positivos para as organizações.

Endomarketing e comunicação interna são as duas áreas essenciais para o engajamento e, apesar da advocacia ser uma profissão com fortes características no processo da comunicação, em alguns escritórios é necessário melhorar a comunicação interna para vencer a resistência às mudanças e pensar em implementar uma gestão jurídica eficaz. Afinal, o mundo dos negócios se torna cada vez mais instável e profissionalizar sua banca é como dar um selo de garantia à sua sustentabilidade.

Espero que as dicas apresentadas neste livro tenham sido úteis para você, mas elas representam apenas um dos passos para que você possa efetivar as transformações necessárias em seu escritório e em sua carreira.

É possível adaptar a cultura das organizações jurídicas para os tempos atuais?

Claro que sim! Como vimos, a mudança não é um processo fácil – se fosse, toda organização a implementaria com grande sucesso, mas a realidade não é bem essa. Leva-se muito tempo e requer paciência e resiliência. Por isso, desenvolver as habilidades necessárias para gerir mudanças ajudará nessa empreitada, além de tornar você um profissional ainda melhor.

É verdade que o conhecimento traz a conscientização, mas é a prática que irá consolidá-la. É preciso um tempo até dominarmos algo, e é a prática que nos faz adquirir a excelência.

Nunca pare de aprender! Segundo David Miller, "no minuto que você diz que sabe tudo o que precisa sobre mudança, é o momento em que você perde seu diferencial".[1] E esta frase serve para qualquer assunto no qual você queira torna-se um expert.

O mundo hoje oferece inúmeras ferramentas de aprendizado. Utilize-as! – No on-line ou no off-line.

---

[1] MILLER, 2012, p. 183.

Eu, particularmente, continuo e sempre continuarei na busca incessante de mais conhecimento que possa cada vez mais agregar, e nunca me cansarei também de transmiti-lo da melhor forma possível, seja em minhas consultorias, aulas, cursos ou palestras. Espero um dia poder conhecer você em uma dessas minhas andanças.

Selecione as melhores mudanças, não por modismo, mas aquelas que de fato sejam necessárias para o seu escritório. Conhecer melhor a sua cultura organizacional lhe trará esta visão.

No apêndice deste livro você encontrará entrevistas com líderes de renomados escritórios que souberam, através da sua cultura, implementar ações que lhe garantiram destaque no mercado jurídico. Após a leitura, utilize as perguntas para que você também possa respondê-las, direcionadas à realidade do seu ambiente de trabalho.

Mas lembre-se sempre: escolha as pessoas certas para seguir com você nesta caminhada da advocacia de excelência. Não importa se você é sócio, funcionário ou associado, a escolha de seguir junto ou não a um grupo é inteiramente sua.

Como não canso de afirmar, pessoas fazem toda diferença, são elas que em conjunto escolherão entre permanecer no *status quo* ou se juntar para fazer a verdadeira mudança que irá alavancar a sua banca e as pessoas que ali estão.

REFERÊNCIAS BIBLIOGRÁFICAS

AI MUST BE BUILT WITH EMPATHY, MICROSOFT CEO SATYA NADELLA SAYS DURING UK RELEASE OF BOOK HIT REFRESH. *Microsoft News Centre UK*. 6 out. 2017. Disponível em: <https://news.microsoft.com/en-gb/2017/10/06/ai-must-be-built-with-empathy-microsoft-ceo--satya-nadella-says-during-uk-release-of-book-hit-refresh/>. Acesso em: 25 ago. 2018.

AIRPORT LAWYER. *Volunteer Lawyers:* protecting refugees and travelers. Disponível em: <https://www.airportlawyer.org/>. Acesso em: 28 maio 2019.

ALBION, Mark. *Making a Life, Making a Living*: Reclaiming Your Purpose and Passion in Business and in Life. New York: Warner Books, 2000.

ANDRADE, Rui Otávio Bernardes de; AMBONI, Nério. *Teoria geral da administração*. 3. ed. Rio de Janeiro: Elsevier, 2018.

AS 5 TENDÊNCIAS QUE O ADVOGADO PRECISA CONHECER AINDA HOJE. *Thomson Reuters Brasil*. 28 ago. 2018. Disponível em: <https://www.thomsonreuters.com.br/pt/juridico/blog/As--5-tendencias-que-o-advogado-do-futuro-precisa-conhecer-ainda-hoje.html>. Acesso em: 03 maio 2019.

ATKINSON, Phillip; MACKENZIE, Robert. Without leadership there is no change. *Management Services*. 2015. Disponível em: <http://www.philipatkinson.com/uploads/7/1/5/0/7150143/without_leadership_there_is_no_change_article.pdf >. Acesso em: 16 maio 2019.

AUDY, Jorge. *Scrum*: 360. Um guia completo e prático de agilidade. São Paulo: Casa do Código, 2015.

BARBOSA, Lívia N. de Holanda. Cultura administrativa: uma nova perspectiva das relações entre antropologia e administração. *Revista de Administração de Empresas*. São Paulo, v. 36, n. 4, out./nov. 1996. Disponível em: <http://www.scielo.br/pdf/rae/v36n4/a02v36n4.pdf>. Acesso em: 26 maio 2019.

BARROS, Betânia Tanure de; PRATES, Marco Aurélio Spyer. *O estilo brasileiro de administrar*. São Paulo: Atlas, 1996.

BASSALO, Jorge. *Metodologia para gestão de mudanças organizacionais*: guia prático de conhecimentos da Strategy Consulting. São Paulo: Brasport, 2017.

BAUMAN, Zygmunt. *Modernidade líquida*. Rio de Janeiro: Zahar, 2001.

BELLIARD, Françoise Kourilsky. *Do desejo ao prazer de mudar*. 2. ed. São Paulo: Manole, 2004.

BERGAMINI, Cecília Whitaker. Motivação: uma viagem ao centro do conceito. *GV Executivo*. s.l.: s.e., v. 1, n. 2, 2003. Disponível em: <http://bibliotecadigital.fgv.br/ojs/index.php/gvexecutivo/article/view/34822>. Acesso em: 9 jul. 2019.

BERTALANFFY, Ludwig von. *Teoria geral dos sistemas*. Petrópolis: Vozes, 1973.

BERTOLIN, Patrícia Tuma Martins. Feminização da advocacia e ascensão das mulheres nas sociedades de advogados. *Cadernos de Pesquisa*. v. 47, n. 163, p. 20, janeiro/2017. Disponível em: <http://www.scielo.br/scielo.php?pid=S0100-15742017000100016&script=sci_abstract&tlng=pt>. Acesso em: 23 ago. 2019.

BETIOLI, Antonio Bento. *Introdução ao Direito*. 14. ed. São Paulo: Saraiva, 2015.

BILLIER, Jean-Cassien; MARYIOLI, Aglaé. *História da filosofia do Direito*. Barueri: Manole, 2005.

BLANCHARD, Kenneth H.; HERSEY, Paul. *Psicologia para administradores*: teoria e as técnicas da liderança situacional. São Paulo: EPU, 1986.

BONELLI, Maria da Glória; SIQUEIRA, Wellington Luiz. *Profissões republicanas*: experiências brasileiras no profissionalismo. São Carlos: EdUFSCar, 2016.

BONOME, João Batista Vieira. *Teoria geral da administração*. Curitiba: IESDE Brasil, 2009.

BRETAS, Hugo Rios. Ética, um compromisso social e profissional do advogado: advocacia "pro bono" e seus limites éticos. *Dom Total*. Disponível em: <https://cdn.domtotal.com/direito/uploads/pdf/688bd5dee30b4c070247d1af49ade969.pdf>. Acesso em: 3 jul. 2019.

BRUM, Analisa de Medeiros. *Endomarketing de A a Z*: como alinhar o pensamento das pessoas à estratégia da empresa. São Paulo: Integrare, 2010.

CANTON FILHO, Fábio Romeu. Impacto da tecnologia de informação na advocacia. *O Estado de São Paulo*, São Paulo, 29 maio 2018. Disponível em: <https://politica.estadao.com.br/blogs/fausto-macedo/impacto-da-tecnologia-de-informacao-na-advocacia/>. Acesso em: 20 maio 2019.

CHIAVENATO, Idalberto. *Introdução à teoria geral da administração*: uma visão abrangente da moderna administração das organizações. 7. ed. rev. e atual. Rio de Janeiro: Elsevier, 2003.

_____. *Princípios da administração*: o essencial em teoria geral da administração. São Paulo: Manole, 2013. ed. digital.

CHRISTENSEN, Clayton M. *The Innovator's Dilemma:* When New Technologies Cause Great Firms to Fail. Harvard Business Review Press, 2016.

CHUEIRI, Vera Karam de. *Fundamentos de Direito constitucional*. Curitiba: IESDE Brasil, 2009.

CLAVELL, James. *A arte da guerra*. 1. ed. Rio de Janeiro: Record, 1999.

COCH, Lester; FRENCH JR., John R P. Overcoming Resistance to Change. *SAGE Journals*. 1 nov. 1948. Disponível em: <https://journals.sagepub.com/doi/10.1177/001872674800100408>. Acesso em: 28 maio 2019.

COHEN, Mark A. Goodbye Guild: Law's Changing Culture. *Forbes*. 3 jul. 2017. Disponível em: <https://www.forbes.com/sites/markcohen1/2017/07/03/goodbye-guild-laws-changing-culture/#55d76b6970e8>. Acesso em: 12 maio 2019.

_____. The future Lawyer. *Forbes*. 30 maio 2017. Disponível em: <https://www.forbes.com/sites/markcohen1/2017/05/30/the-future-lawyer/#1e7e8f9a1d18>. Acesso em: 05 maio 2019.

CONNORS, Roger; SMITH, Tom. *Mude a cultura da sua empresa e vença o jogo!*. Rio de Janeiro: Elsevier, 2011.

CORTELLA, Mario Sergio. *Por que fazemos o que fazemos?* São Paulo: Planeta, 2018.

CORTEZ, Alexandre Tavares. Responsabilidade civil do advogado. *Conjus*. 08 maio 2005. Disponível em: <https://jus.com.br/artigos/7159/responsabilidade-civil-do-advogado>. Acesso em: 26 ago. 2019.

COTÉ, Cristian. *L'approche systémique en santé mentale*. Montreal: Les presses de l'Université de Montréal, 1999. Disponível em: <https://psychaanalyse.com/pdf/APPROCHE_SYSTEMIQUE_EN_SANTE_MENTALE_1.pdf>. Acesso em: 24 abr. 2019.

CRAIG, Nick; SNOOK, Scott A. From Purpose to Impact. *Harvard Business Review*. Maio 2014. Disponível em: <https://hbr.org/2014/05/from-purpose-to-impact?autocomplete=true>. Acesso em: 06 jun. 2019.

DaMATTA, Roberto. *Carnavais, malandros e heróis*: para uma sociologia do dilema brasileiro. Rio de Janeiro: Zahar, 1979.

DANIEL GOLEMAN. Disponível em: <http://www.danielgoleman.info/topics/emotional-intelligence/>. Acesso em: 18 abr. 2019.

DANS UN CABINET D'AVOCATS, LE MANAGEMENT EST COLLECTIF, IL FAUT CONSTRUIRE LE CONSENSUS AVEC MÉTHODE. *Decideurs Magazine*. 01 abr. 2016. Disponível em: <https://www.magazine-decideurs.com/news/dans-un-cabinet-d-avocats-le-management–est-collectif-il-faut--construire-le-consensus-avec-methode>. Acesso em: 28 abr. 2019.

DARDOT, Pierre; LAVAL, Christian. *A nova razão do mundo*: ensaio sobre a sociedade neoliberal. São Paulo: Boitempo, 2016.

DE CADA DEZ EMPRESAS, SEIS FECHAM ANTES DE COMPLETAR 5 ANOS, APONTA IBGE. *UOL*. 14 set. 2016. Disponível em: <https://economia.uol.com.br/empreendedorismo/noticias/re-dacao/2016/09/14/de-cada-dez-empresas-seis-fecham-antes-de-completar-5-anos-aponta-ibge.htm>. Acesso em: 26 jul. 2019.

DESSLER, Gary. *Organization Theory*: Integrating Structure and Behavior. New Jersey: Prentice--Hall, 1980.

DIAS, Reinaldo. *Cultura organizacional*: construção, consolidação e mudança. São Paulo: Atlas, 2003.

DIREITO SISTÊMICO: OFICINA "CONVERSAS DE FAMÍLIA". *Instituto Ipê Roxo*. 5 dez. 2017. Disponível em: <https://iperoxo.com/2017/12/05/direito-sistemico-oficina-conversas-de-fami-lia/>. Acesso em: 24 abr. 2019.

DOLABELA, Fernando. *Oficina do empreendedor*: a metodologia de ensino que ajuda a transformar conhecimento em riqueza. Rio de Janeiro: Sextante, 2011. ed. digital.

DOMICIANO, Carolina. Diversidade no ambiente de trabalho: por que é importante? *RH Portal*, 31 maio 2017. Disponível em: <https://www.rhportal.com.br/artigos-rh/diversidade-no-ambiente-de-trabalho/>. Acesso em: 12 jul. 2019.

DORNELAS, José Carlos Assis. *Empreendedorismo*: transformando ideias em negócios. 3. ed. rev. e atual. Rio de Janeiro: Elsevier, 2008.

DRUCKER, Peter F. *Inovação e espírito empreendedor*: prática e princípios. São Paulo: Cengage Learning, 1986.

_____. The Coming of the New Organization. *Harvard Business Review*, jan. 1988. Disponível em: <https://hbr.org/1988/01/the-coming-of-the-new-organization>. Acesso em: 16 maio 2019.

DWECK, Carol S. *Mindset*: a nova psicologia do sucesso. São Paulo: Objetiva, 2006.

EASWARAN, Eknath. *Gandhi the Man*: How One Man Changed Himself to Change the World. 4. ed. Nilgiri Press, 2011.

EDERSHEIM, Elizabeth H. *A essência de Peter Drucker*: uma visão para o futuro. Rio de Janeiro: Elsevier, 2007.

ESTADÃO. Hora de inovar: confira 9 negócios que sugiram em momentos de crise. *Insper*. 16 set. 2016. Disponível em: <https://www.insper.edu.br/noticias/hora-de-inovar-confira-9-negocios-que-surgiram-em-momentos-de-crise/>. Acesso em: 24 ago. 2019.

FACE TO FACE: VIV WILLIAMS. *Solicitors Journal*. 07 jul. 2006. Disponível em: <https://www.solicitorsjournal.com/comment/face-face-viv-williams>. Acesso em: 05 maio 2019.

FELIPE, Bruno Farage da Costa; PERROTA, Raquel Pinto Coelho. Inteligência artificial no direito – uma realidade a ser desbravada. *Revista de Direito, Governança e Novas Tecnologias*, Salvador: v. 4, n. 1, jan./jun. 2018, p. 01–16. Disponível em: <http://www.egov.ufsc.br/portal/sites/default/files/inteligencia_artificial_no_direito_-_uma_realidade.pdf>. Acesso em: 22 abr. 2019.

FUSCO, José Paulo Alves; SACOMANO, José Benedito. *Operações e gestão estratégica da produção*. São Paulo: Arte e Ciência, 2007.

FONTENELE, Ísis P. Como colocar em prática a gestão de mudança na advocacia? *JUS*. Ago. 2018. Disponível em: <https://jus.com.br/artigos/68709/como-colocar-em-pratica-a-gestao-de-mudanca-na-advocacia>.

FREEMAN, R. Edward. *Strategic Management*: A Stakeholder Approach. Nova York: Cambridge Management, 2004.

GIRLING, Nigel. VUCA in Leadership: Adapting to Change. *Babington*. 27 out. 2015. Disponível em: <https://babington.co.uk/blog/leadership-management/vuca-leadership/>. Acesso em: 2 maio 2019.

GLENN, Cheryl. *Rhetoric Retold*: Regendering the Tradition from Antiquity Through the Renaissance. Southern Illinois: University Press, 1997. Disponível em: <https://books.google.com.br/books/about/Rhetoric_Retold.html?id=zgTKrbMSsiQC&printsec=frontcover&source=kp_read_button&redir_esc=y#v=onepage&q&f=false>. Acesso em: 12 abr. 2019.

GOLEMAN, Daniel. *Inteligência emocional*: a teoria revolucionária que redefine o que é ser inteligente. Rio de Janeiro: Objetiva, 2011.

_____; BOYATZIS, Richard E. A inteligência emocional possui 12 elementos. Em quais você precisa melhorar? *Harvard Business Review*. 28 maio 2018. Disponível em: <https://hbrbr.uol.com.br/inteligencia-emocional-12-elementos/>. Acesso em: 1 jul. 2019.

GONÇALVEZ, Antonio Baptista. *Quando os avanços parecem retrocessos:* um estudo comparativo do Código Civil de 2002 e do Código Penal brasileiro com os grandes códigos da história. Barueri: Manole, 2008.

GOFFEE, Rob; JONES, Gareth. What Holds the Modern Company Together? *Harvard Business Review*. nov./dez. 1996. Disponível em: <https://hbr.org/1996/11/what-holds-the-modern-company-together>. Acesso em: 20 ago. 2019.

GRANT, Adam. *Originais*: como os inconformistas mudam o mundo. Rio de Janeiro: Sextante, 2017.

GROYSBERG, Boris et alii. Manual da cultura corporativa para o líder. *Harvard Business Review*. 1 fev. 2018. Disponível em: <https://hbrbr.uol.com.br/cultura-corporativa-para-o-lider/>. Acesso em: 14 abr. 2019.

HANDY, Charles. *Além do capitalismo*. São Paulo: Makron Books, 1999.

_____. *The Second Curve*: Thoughts on Reinventing Society. Toronto: Kobo Editions, 2015.

HARARI, Yuval Noah. *21 Lições para o século 21*. São Paulo: Companhia das Letras, 2018.

_____. *Homo Deus:* uma breve história do amanhã. São Paulo: Companhia das Letras, 2016.

HERNANDEZ, José Mauro da Costa; CALDAS, Miguel P. Resistência à mudança: uma revisão crítica. *RAE*. abr./jun. 2001. Disponível em: <http://www.scielo.br/pdf/rae/v41n2/v41n2a04>. Acesso em: 22 maio 2019.

HISRICH, Robert D.; PETERS, Michael P.; SHEPHERD, Dean A. *Empreendedorismo*. 9. ed. Porto Alegre: AMGH, 2014.

HOCHLEITNER, A. Vigil; FERNÁNDEZ, Carlos S.; COHEN, Mark. El negocio del Derecho ya no es exclusivo de los abogados. *El País*. 08 jan. 2018. Disponível em: <https://cincodias.elpais.com/cincodias/2018/01/05/legal/1515150111_094534.amp.html>. Acesso em: 29 abr. 2019.

REFERÊNCIAS BIBLIOGRÁFICAS 239

HOFSTEDE, G. *Cultura e organizações*: compreender a nossa programação mental. Lisboa: Silabo, 2003.

HOUAISS, Antonio. *Dicionário Houaiss da Língua Portuguesa*. São Paulo: Objetiva, 2009.

HUNT, Lynn. *A invenção dos direitos humanos*: uma história. São Paulo: Companhia das Letras, 2009.

IBGC. *Compliance à luz da governança corporativa*. São Paulo, 2017. Disponível em: <http://ibdee. org.br/wp-content/uploads/2018/05/Guia-IBGC-Compliance-e-Governanc%CC%A7a-.pdf>. Acesso em: 27 jul. 2019.

JOHANN, Sílvio Luiz. *Comportamento organizacional*: teoria e prática. São Paulo: Saraiva, 2013.

_____; et al. *Gestão da mudança e cultura organizacional*. Rio de Janeiro: FGV, 2015.

JUNG, Carl Gustav. *O eu e o inconsciente*. 27. ed. Rio de Janeiro: Vozes, 2015.

KEELEY, Larry; PIKKEL, Ryan; QUINN, Brian. *Dez tipos de inovação*: a disciplina de criação de avanços de ruptura. São Paulo: DVS, 2015.

KEMPSTER, Steve; JACKSON, Brad; CONROY, Mervyn. Leadership as purpose: Exploring the role of purpose in leadership practice. *SagePub*, 2011. Disponível em <https://pdfs.semanticscholar. org/b975/bd197b91f2139d0f6e5aef4d6c1d1e59d363.pdf>. Acesso em: 06 jun. 2019.

KOFMAN, Fred. *Liderança e propósito*: o novo líder e o real significado do sucesso. Rio de Janeiro: HarperCollins Brasil, 2018. ed. digital.

KOONCE, Rob; VAN LOON, Rens. *The Dialogical Challenge of Leadership Development*. Charlotte: IAP, 2019.

KOTLER, Philip. *Administração de marketing*: análise, planejamento, implementação e controle. 5. ed. São Paulo: Atlas, 1998.

KOTTER, John P. *Liderando mudanças*. 17. ed. Rio de Janeiro: Elsevier, 1997.

_____; SCHLESINGER, Leonard A. Choosing Strategies for Change. *Harvard Business Review*. Boston, v. 57, n. 2, p. 106-113, mar./abr. 1979.

KOURILSKY-BELLIARD, Françoise. *Do desejo ao prazer de mudar*. 2. ed. São Paulo: Editora Manole, 2004.

KRITZER, Herbert M. *The professions are dead, long live the professionals*: legal practice in a post-professional world. Disponível em: <https://faculty.polisci.wisc.edu/kritzer/research/legalprof/postprof.htm>. Acesso em: 2 de maio de 2019.

KUNSCH, Margarida Maria Krohling. *Planejamento de relações públicas na comunicação integrada*. 2. ed. São Paulo: Summus, 2002.

LACERDA NETO, Nelson Teixeira. *As dimensões culturais de Hofstede e a Política Nacional de Humanização do Sistema Único de Saúde*: estudo de caso em um hospital universitário. Disponível em: <http://www.teses.usp.br/teses/disponiveis/18/18157/tde-25052017-091049/pt-br.php>. Acesso em: 19 maio 2019.

LEWIS, Carrol. *Aventuras de Alice no País das Maravilhas*. São Paulo: Círculo do Livro, 1986.

MACUCCI, José Valério. *A cultura organizacional e o impacto competitivo nas empresas*. 18 maio 1995. Disponível em: <https://bibliotecadigital.fgv.br/dspace/handle/10438/5073>. Acesso em: 18 maio 2019.

MADEIRA, Hélcio Maciel França. *História da advocacia*: origens da profissão de advogado no direito romano. São Paulo: Revista dos Tribunais, 2002.

MAMEDE, Gladston. *A advocacia e a Ordem dos Advogados do Brasil*. Porto Alegre: Síntese, 1999.

_____. *Semiologia do Direito*: tópicos para um debate referenciado pela animalidade e pela cultura. 3. ed. São Paulo: Atlas, 2009.

MARINOFF, Lou. *O caminho do meio*: como encontrar a felicidade em um mundo de extremos. Rio de Janeiro: Record, 2008.

MARTINS, Jomar. Especialistas ensinam técnicas de gestão a escritórios. *Consultor Jurídico Conjur.* 10 ago. 2012. Disponível em: <https://www.conjur.com.br/2012-ago-10/especialistas-ensinam-tecnicas-gestao-escritorios-advocacia>. Acesso em: 12 ago. 2019.

MARTINS, Thays. Segundo pesquisa, pais têm grande influência na carreira dos filhos. *Correio Braziliense*. 07 abr. 2019. Disponível em: <https://www.correiobraziliense.com.br/app/noticia/eu--estudante/trabalho-e-formacao/2019/04/07/interna-trabalhoeformacao-2019,748028/pesquisa-mostra-que-pais-grandes-influenciadores-na-carreira-dos-filho.shtml>. Acesso em: 29 jun. 2019.

MASCENA, Keysa Manuela Cunha de. *Priorização de stakeholders*: um estudo em empresas que divulgam relatórios com a estrutura da Global Reporting Iniciative – (GRI) no Brasil. 2013. Disponível em: <https://www.teses.usp.br/teses/disponiveis/12/12139/tde-22112013-194916/pt-br.php>. Acesso em: 29 jul. 2019.

MCSHANE, Steven L; GLINOW, Mary Ann Von. *Comportamento organizacional*: conhecimento emergente. Realidade global. 6. ed. São Paulo: AMGH, 2014.

MERCADO JURÍDICO MOVIMENTA R$ 50 BI POR ANO NO BRASIL, APONTA LEVANTAMENTO. *Consultor Jurídico Conjur.* 14 set. 2017. Disponível em: <https://www.conjur.com.br/2017-set-14/mercado-juridico-movimenta-50-bi-ano-pais-levantamento>. Acesso em: 04 maio 2019.

MILLER, David. *Gestão de mudança com sucesso*: uma abordagem organizacional focada em pessoas. São Paulo: Integrare, 2015.

MOREIRA, Elen Gongora. *Incentivos e recompensas*. Curitiba: IESDE Brasil, 2019.

MORGAN, Gareth. *Imagens da organização*. São Paulo: Atlas, 1996.

MORGAN, Jacob. The Truth About Self-Awareness From New York Times Bestselling Author Dr. Tasha Eurich. *The Future Organization*. 27 ago. 2018. Disponível em: <https://thefutureorganization.com/truth-self-awareness-dr-tasha-eurich/>. Acesso em: 26 abr. 2019.

MORIN, Edgar. *Introdução ao pensamento complexo*. 3. ed. Porto Alegre: Sulina, 2015.

MOTTA, Fernando C. Prestes; VASCONCELOS, Isabella F. Gouveia de. *Teoria geral da administração*. 19. ed. São Paulo: Pioneira, 1995.

NAISBITT, John. *Megatrends*: Ten New Directions Transforming Our Lives. New York: Warner Bokks, 1982.

_____. *Paradoxo global*. Rio de Janeiro: Campus, 1994.

NEVES, José Roberto de Castro. *Como os advogados salvaram o mundo*: a história da advocacia e sua contribuição para a humanidade. Rio de Janeiro: Nova Fronteira, 2018.

O MUNDO NOVO NA INTELIGÊNCIA ARTIFICIAL. *O Estado de S. Paulo*, 27 maio 2019. Disponível em: <http://patrocinados.estadao.com.br/mundodigital/o-mundo-novo-da-inteligencia--artificial/>. Acesso em: 27 maio 2019.

OSTERWALDER, Alexander. *Inovação em modelos de negócios*: um manual para visionários, inovadores e revolucionários. Rio de Janeiro: Alta Books, 2011.

PÁDUA, Luciano. "Precisamos de uma geração de engenheiros legais", diz Richard Susskind. *JOTA Info*. Disponível em: <https://www.jota.info/carreira/susskind-futuro-direito-05062018/amp>. Acesso em: 04 maio 2019.

PALUDO, Augustinho Vicente. *Administração pública*: teoria e mais de 500 questões. Rio de Janeiro: Elsevier, 2010.

PLANEJAMENTO É A ESCALADA PARA ALCANÇAR O SUCESSO, DIZ ALPINISTA. *Unimed João Pessoa*. 24 fev. 2015. Disponível em: <https://www.unimedjp.com.br/noticia/planejamento--a-escalada-para-alcanar-o-sucesso-diz-alpinista/8615>. Acesso em: 03 jul. 2019.

REFERÊNCIAS BIBLIOGRÁFICAS   241

POMPEU, Ana. Judiciário brasileiro tem 80,1 milhões de processos em tramitação. *Revista Consultor Jurídico.* 27 ago. 2018. Disponível em: <https://www.conjur.com.br/2018-ago-27/judiciario-brasileiro-801-milhoes-processos-tramitacao>. Acesso em: 18 maio 2019.

POSNER, Barry Z.; KOUZES, James M. *Credibilidade:* o que os líderes devem fazer para conquistá-la e evitar sua perda. 2. ed. Rio de Janeiro: Campus-Elsevier, 2012. ed. digital.

PREVENINDO COM O COMPLIANCE PARA NÃO REMEDIAR COM O CAIXA. *Endeavor Brasil.* 21 jul. 2015. Disponível em: <https://endeavor.org.br/pessoas/compliance/>. Acesso em: 29 jul. 2019.

RAMACHANDRAN, V. S. *O que o cérebro tem para contar:* desvendando os mistérios da natureza humana. Rio de Janeiro: Zahar, 2014.

RAMOS, André de Carvalho. *Curso de direitos humanos.* 5. ed. São Paulo: Saraiva Educação, 2018. Disponível em: <https://books.google.com.br/books?id=a9RiDwAAQBAJ&pg=PT53&dq=revolu%-C3%A7%C3%A3o+francesa+declara%C3%A7%C3%A3o+dos+Direitos+do+Homem&hl=en&-sa=X&ved=0ahUKEwjKzdbi4qDkAhUZILkGHWp-Bl0Q6AEIWDAG#v=onepage&q=revolu%-C3%A7%C3%A3o%20francesa%20declara%C3%A7%C3%A3o%20dos%20Direitos%20do%20Homem&f=false>. Acesso em: 26 ago. 2019.

_____. *Teoria geral dos direitos humanos na ordem internacional.* 6. ed. São Paulo: Saraiva, 2016.

RADDING, Charles M.; CIARALLI, Antonio. *The Corpus Iuris Civilis in the Middle Ages:* Manuscripts and Transmission from the Six Century to the Juristic Revival. Boston: Brill, 2007.

RIBEIRO, Afonso. Influência dos pais define escolha da profissão de 72% dos vestibulandos. *Destak São Paulo.* 6 maio 2018. Disponível em: <https://www.destakjornal.com.br/cidades/sao-paulo/detalhe/influencia-dos-pais-define-escolha-da-profissao-de-72-dos-vestibulandos>. Acesso em: 29 jun. 2019.

ROBBINS, S. P. *Mudança organizacional e administração do estresse:* comportamento organizacional. 9. ed. Rio de Janeiro: LTC, 1999.

ROGERS, Jenny. *Developing a Coaching Business.* London: Open University Press, 2006.

ROSA, Alexandre Reis. Um século de taylorismo. *Sociedade e Gestão,* s. l.: FGV, v. 10, n. 2, jul./dez. 2011. Disponível em: <http://bibliotecadigital.fgv.br/ojs/index.php/gvexecutivo/article/view/22829/21593>. Acesso em: 01 jul. 2019.

SCHEIN, Edgar H. *Cultura organizacional e liderança.* São Paulo: Atlas, 2009.

SCHUMPETER, J. A. *Teoria do desenvolvimento econômico:* uma investigação sobre lucros, capital, crédito, juro e o ciclo econômico. São Paulo: Abril Cultural, 1982.

SCHWAB, Klaus. *A Quarta Revolução Industrial.* São Paulo: Edipro, 2016.

SECCIONAL ENTREGA CARTEIRA DE NÚMERO 300 MIL. *OAB-SP.* Disponível em: <http://www.oabsp.org.br/portaldamemoria/noticias-para-a-historia/seccional-entrega-carteira-de-numero-300-mil/>. Acesso em: 28 jun. 2019.

SENGE, Peter. *A quinta disciplina:* a arte e prática da organização que aprende. São Paulo: Best Seller, 2018. Disponível em: <https://books.google.com.br/books?id=vqVdDwAAQBAJ&p-g=PT23&dq=Peter+Senge+as+organiza%C3%A7%C3%B5es+funcionam+do+jeito+que+fun-cionam+por+causa+da+maneira+pela+qual+trabalhamos,+pensamos+e+interagimos;+as+mu-dan%C3%A7as+exigidas+n%C3%A3o+s%C3%A3o+apenas+nas+organiza%C3%A7%-C3%B5es,+m&hl=en&sa=X&ved=0ahUKEwjAiNbjoJ_kAhUDILkGHcEnChgQ6AEIKjAA#-v=onepage&q=Peter%20Senge%20as%20organiza%C3%A7%C3%B5es%20funcionam%20do%20jeito%20que%20funcionam%20por%20causa%20da%20maneira%20pela%20qual%20trabalhamos%2C%20pensamos%20e%20interagimos%3B%20as%20mudan%C3%A-7as%20exigidas%20n%C3%A3o%20s%C3%A3o%20apenas%20nas%20organiza%C3%A7%-C3%B5es%2C%20m&f=false>. Acesso em: 26 ago. 2019.

SIMIONATO, Monica. *Liderança para advogados:* direito, gestão e prática. São Paulo: Saraiva, 2013. (Série GVLaw).

SINEK, Simon. *Comece pelo porquê:* como grandes líderes inspiram pessoas e equipes a agir. Rio de Janeiro: Sextante, 2018.

_____; MEAD, David; DOCKER, Peter. *Encontre seu porquê:* um guia prático para descobrir o seu propósito e o de sua equipe. São Paulo: Sextante, 2018.

SIQUEIRA, Mirlene Maria Matias. *Medidas do comportamento organizacional:* ferramentas de diagnóstico e de gestão. Porto Alegre: Artmed, 2008.

SOARES, Ricardo Maurício Freire. *O princípio constitucional da dignidade da pessoa humana.* São Paulo: Saraiva, 2010.

SOBEJANO, Juan. La crisis explicada por Charles Handy. *Paper blog.* Disponível em: < https://es.paperblog.com/la-crisis-explicada-por-charles-handy-816694/>. Acesso em: 2 out. 2019.

STEWART, Thomas A. *Capital intelectual:* a vantagem competitiva das empresas. Rio de Janeiro: Campus, 1998.

SURUGUE, Lea. Le management, c'est comme un doughnut. *Les Echos Executives.* 15 maio 2019. Disponível em: <https://business.lesechos.fr/directions-generales/strategie/idees/0212009478657-le-management-c-est-comme-un-doughnut-309536.php>. Acesso em: 26 maio 2019.

SUTHERLAND, Jeff; SUTHERLAND, J. J. *Scrum:* a arte de fazer o dobro do trabalho na metade do tempo. Rio de Janeiro: Sextante, 2019.

TARAPANOFF, Kira (Org.). *Inteligência, informação e conhecimento em corporações.* ago. 2006. Brasília: IBICT; UNESCO. Disponível em: <http://livroaberto.ibict.br/handle/1/465>. Acesso em: 29 jul. 2019.

TIDD, Joe; BESSANT, John. *Gestão da inovação.* 5. ed. Porto Alegre: Bookman, 2015.

TOFFLER, Alvin. *A terceira onda.* Rio de Janeiro: Record, 1980.

_____. *O choque do futuro.* São Paulo: Arte Nova, 1972.

_____. *Powershift:* Knowledge, Wealth, and Power at the Edge of the 21st Century. New York: Bantam Books, 1991.

TOLEDO, Roberto Pompeu de. *A capital da solidão:* uma história de São Paulo, das origens a 1900. Rio de Janeiro: Objetiva, 2003.

TOTAL DE ADVOGADOS NO BRASIL CHEGA A 1 MILHÃO, SEGUNDO A OAB. *Revista Consultor Jurídico.* 18 nov. 2016. Disponível em: <https://www.conjur.com.br/2016-nov-18/total-advogados-brasil-chega-milhao-segundo-oab>. Acesso em: 28 jul. 2019.

TRACY, Brian. *Metas:* como conquistar tudo o que você deseja mais rápido do que jamais imaginou. São Paulo: Best Seller, 2011.

TZU, Sun. *A arte da guerra.* São Paulo: Editora Pensamento, 2007.

U.S. ARMY HERITAGE AND EDUCATION CENTER. Disponível em: <http://usawc.libanswers.com/faq/84869>. Acesso em: 4 maio 2019.

WORLD ECONOMIC FORUM. The Future of Jobs: Employment, Skills and Workforce Strategy for the Fourth Industrial Revolution. 2016. Relatório. Disponível em: <http://www3.weforum.org/docs/WEF_Future_of_Jobs.pdf>. Acesso em: 18 abr. 2019.

APÊNDICE

ENTREVISTAS FEITAS EM DESTACADOS ESCRITÓRIOS DE ADVOCACIA DO BRASIL

I Machado e Meyer Advogados

São 46 anos construindo uma trajetória inspirada em princípios éticos e sólidos, na qualidade técnica de seus profissionais e no contato próximo com os clientes. Esta é a reputação de um dos principais escritórios do Brasil, com mais de setecentos colaboradores.

Entrevistado: Carlos José Santos da Silva – sócio

Ísis P. Fontenele: O que é cultura para você e como acha que ela interfere no dia a dia do escritório?

Carlos José Santos da Silva: A cultura representa a essência do nosso escritório, como as pessoas trabalham e se sentem aqui dentro. Ela reflete o dia a dia do Machado Meyer, quem somos, o que queremos e como trabalhamos, ou seja, em que valores nos baseamos para alcançar nosso propósito.

IPF: Você considera que em seu escritório exista uma cultura forte? Por quê?

CJ: Como todos os escritórios tradicionais, compreendo que o Machado Meyer possui uma cultura que foi fortalecida nesses 47 anos de realizações. E permanecemos em constante evolução. E, sim, nossa cultura é forte e vem da nossa história de 47 anos de existência.

IPF: Qual foi o momento ou período mais significante da formação da cultura no escritório? (Membros importantes do presente e do passado e o que eles fizeram pelo escritório; crise ou incidente crítico que foi identificado, o que foi feito e qual o desfecho.)

CJ: Desde sua fundação, o Machado Meyer é destacado pelo seu foco no cliente, não só em atender as solicitações, mas compreender e contribuir com o negócio do cliente. Então, nosso propósito de "Oferecer inteligência jurídica para negócios que transformam realidades" nasceu com os primeiros sócios. É interessante ver que com o crescimento do escritório e união de dezenas de sócios como temos hoje, muito dessa essência permaneceu. Os sócios fundadores foram mentores e formadores de muitos dos sócios que hoje representam a geração que está na gestão do escritório e, com o ingresso de novos colaboradores ao longo do tempo, fizemos um importante resgate de nossa cultura e valores em 2016, quando lançamos a nossa nova marca também.

IPF: No que a cultura do escritório tem ajudado e o que tem causado obstáculo para a implementação das estratégias e das necessárias mudanças?

CJ: Nossa cultura representa valores que sempre estiveram presentes em nosso dia a dia, alguns mais percebidos e alguns valores mais aspiracionais, que queremos desenvolver melhor. Ética, atenção ao cliente e orgulho são valores comuns entre todos nós e que primeiro vêm em mente das nossas pessoas. Mesmo assim, queremos incentivar cada vez mais parcerias de longo prazo, mas queremos estar presentes em todas as fases dos projetos, queremos oferecer mais transparência aos nossos colaboradores em relação ao mérito de cada um, incentivando as pessoas a serem mais colaborativas. Queremos inovar para antecipar as necessidades dos nossos clientes e estimulamos a proatividade. Talvez o obstáculo seja conseguir atingir a grande quantidade de colaboradores e os ingressantes, para que todos compreendam os nossos valores e os pratiquem em todas as atividades do dia a dia, de maneira uniforme.

IPF: Quais são os valores, princípios e as normas que norteiam o escritório e como eles contribuem para o seu desenvolvimento?

CJ: Nosso propósito é "Oferecer inteligência jurídica para negócios que transformam realidades" e nos baseamos nos seguintes valores: valorizamos as nossas pessoas, fazemos o melhor para o cliente, atuamos com ética e transparência, inovamos para gerar valor e temos orgulho de ser Machado Meyer. São direcionadores identificados em pesquisas internas como existentes e desejados para nosso escritório. Dessa forma, estamos com um grande projeto atualmente para reforçamos os valores com nossos colaboradores, justamente porque entendemos que com nossa cultura alinhada podemos contribuir cada vez mais para o dia a dia dos colaboradores e para o desenvolvimento do escritório. Quando os valores são claros e praticados em nossas atividades rotineiras, contribuímos para um ambiente mais saudável e positivo para todos. Com isso, é claro que os resultados do escritório também são beneficiados.

IPF: De que forma o escritório tem utilizado a cultura para a implementação das mudanças? Você as considera satisfatórias?

CJ: Hoje estamos relembrando e reforçando nossos valores perante todos, para contribuir com as mudanças que sempre são necessárias. Nosso segmento, o mercado de trabalho e os negócios de forma geral são extremamente dinâmicos. Por isso, nossa evolução precisa ser constante. Precisamos contar cada vez mais com a liderança para praticar os valores, dar o exemplo. Dessa forma, entendo que o escritório vem trabalhando com este objetivo e continuará com este foco. Os valores inseridos na nossa cultura são satisfatórios, mas as ações que levam à prática e à disseminação desses valores devem ser contínuas, para que sempre estejam presentes aos antigos colaboradores e aos novos integrantes e para que continuem sendo praticadas.

II Mattos Filho, Veiga Filho, Marrey Jr. e Quiroga Advogados

Fundado em 1992 e com mais de sessenta sócios, o escritório é considerado um dos maiores da América Latina. Ganhou diversos prêmios e reconhecimentos nacionais e internacionais. Tem posição de destaque em aproximadamente trinta áreas do Direito, representando inúmeras empresas no mundo. Pioneiro na prática *pro bono* no Brasil, além de desenvolver importantes ações socioambientais.

Entrevistada: Renata Sadakane Maiorino Arcon – diretora de desenvolvimento humano

Ísis P. Fontenele: O que é cultura para você e como acha que ela interfere no dia a dia do escritório?

Renata Sadakane: A cultura é a nossa essência, aquilo que fazemos quando ninguém está nos observando. Não existe um jeito certo ou errado de construí-la, o mais importante é fazermos sempre o melhor em relação ao que nos propomos. E tem tudo a ver com as pessoas, afinal, o que forma a cultura são as pessoas. Então, nossa cultura está relacionada a nossa origem. O escritório Mattos Filho já completou 27 anos e carrega em seu DNA características marcantes de seus fundadores, principalmente no que diz respeito à visão inovadora e focada na excelência.

APÊNDICE 247

IPF: Você considera que em seu escritório exista uma cultura forte? Por quê?

RS: Apesar do escritório ainda ser jovem, estabelecemos uma cultura empreendedora muito forte. Temos um olhar visionário e priorizamos a qualidade e a excelência na prestação de serviço aos nossos clientes. Nosso planejamento estratégico é bem consolidado, as diretrizes muito acertadas e os modelos de remuneração, assim como de gestão de pessoas, bastante organizados. Por isso, todas as áreas da empresa são extremamente relevantes para o negócio e podem crescer, seja o departamento jurídico, administrativo, financeiro, de tecnologia ou de comunicação e marketing. O reconhecimento dos diferentes setores da empresa também é um forte traço da nossa cultura.

A mentalidade de fazer mais e melhor se estende dos fundadores aos colaboradores. Pensamos no escritório como uma instituição e nossas iniciativas buscam a visão de longo prazo e a perenidade do negócio. Pensamos nas próximas gerações, quebrando paradigmas e superando desafios a partir do reconhecimento do coletivo. Também valorizamos a diversidade e buscamos promover um ambiente de trabalho com uma pluralidade de ideias e perfis profissionais.

IPF: Qual foi o momento ou período mais significante da formação da cultura no escritório?

RS: A mudança mais significativa foi em 2009, quando implementamos um novo modelo de gestão, que tinha como principal objetivo fortalecer a perpetuidade da sociedade com a consequente valorização dos nossos profissionais. Passamos a adotar um sistema pelo qual os sócios passaram a ser remunerados de acordo com o desempenho geral do escritório e não apenas o da sua área de atuação. Para promover essa mudança, quebramos um paradigma, em que a área técnica teve que passar a priorizar os resultados coletivos para "vencerem juntos". Esse princípio sedimentou a cultura de um escritório único, permitindo uma maior integração entre as áreas e conferindo a cada profissional a responsabilidade e o comprometimento pelo sucesso do negócio. Os ganhos nesses últimos dez anos são enormes e tangíveis, principalmente nos quesitos engajamento e desenvolvimento.

IPF: No que a cultura do escritório tem ajudado e o que tem causado obstáculo para a implementação das estratégias e das necessárias mudanças?

RS: Pautamos todas as nossas ações por meio de um pilar fundamental de nossa cultura, que é a confiança. Todos precisam confiar no escritório, na sua gestão e liderança. Outro aspecto importante é o ambiente de oportunidades que buscamos oferecer, em que todos possam fazer mais, contribuir mais, crescer mais. E, talvez, os maiores desafios para alcançar este resultado são os de engajar diferentes gerações e criar um ambiente propício ao diálogo. Precisamos estimular cada indivíduo a desenvolver suas próprias potencialidades, os seus projetos e ações, tornando clara a sua razão de fazer parte da instituição. Alguns estão mais engajados em projetos de negócios, outros mais envolvidos em áreas de gestão. Há, literalmente, uma diversidade. Pensamos no grupo de sócios de diferentes formas. E diante do crescimento exponencial do escritório, temos de lidar com o desafio típico de gestão de pessoas, pois queremos manter a nossa cultura do coletivismo consolidada. Trabalhamos continuamente para oferecer um clima organizacional bom e saudável. As pessoas se relacionam bem, são parceiras e trabalham em equipe. É um traço forte da nossa cultura e não queremos perder isso, pois os benefícios são coletivos.

IPF: Quais são os valores, princípios e as normas que norteiam o escritório e como eles contribuem para o seu desenvolvimento?

RS: Os principais valores são o respeito e a valorização das pessoas. É um escritório que sempre olhou muito para o indivíduo, para as ideias, para a contribuição de cada um, afinal, isso é muito significativo para nós e está enraizado em nosso DNA. É um ambiente que exala inspiração e transformação. As pessoas gostam de estar aqui, se sentem à vontade, consideram o espaço amigável e compartilham o sentimento de pertencimento. A visão do coletivo norteia as nossas ações.

Por mais que tenhamos de lidar com o desafio de um escritório que cresceu muito rápido, as pessoas participam ativamente desse processo de crescimento. Essa união passou a ser um traço da nossa cultura e nós temos a responsabilidade de mantê-la. É o que faz as pessoas dizerem: "estou com você". É o coletivo.

IPF: De que forma o escritório tem utilizado a cultura para a implementação das mudanças? Você as considera satisfatórias?

RS: Acho que a cultura pode passar por transformações importantes. Quando fizemos a mudança de remuneração dos sócios há dez anos, ela exigiu um grande esforço de nossa parte para mostrar o poder do coletivo e da confiança. Passamos por uma fase de propor novas ideias e integrar times, valorizando as pessoas em todos os processos. Com essas mudanças, não perdemos a nossa cultura, só passamos a valorizar outros aspectos pertencentes a ela. E como estamos falando de um escritório que cresceu muito nos últimos anos, naturalmente há uma renovação do quadro de profissionais. Então, consideramos parte do processo os desafios de choques culturais. Existem pessoas que estão no escritório há mais de dez anos e outras há menos de um mês. Como estimular o sentimento de pertencimento em todas elas? Acreditamos que seja por meio do diálogo transparente e da comunicação. É importante que cada um tenha liberdade de se expressar, claro, respeitando uns aos outros. Então, quando permitimos a expressão e diversidade, quebramos alguns paradigmas do modelo tradicional de advocacia. Em contrapartida, fortalecemos a nossa marca e estimulamos a soma de talentos diversos. Quanto à transformação, todos os segmentos profissionais passam por ela e enquanto tivermos um ambiente que valoriza o ser humano, poderemos considerá-la impulsionadora de crescimento.

III Brasil Salomão e Matthes Advocacia

Fundado em 1969, o escritório Brasil Salomão e Matthes construiu ao longo de quase cinco décadas uma história de solidez, credibilidade e excelência na prestação de serviços. Excelência no atendimento, sustentabilidade da organização, aprimoramento contínuo e harmonia nas relações são os valores inerentes à atuação do escritório.

Entrevistado: Brasil Salomão – sócio-fundador

Ísis P. Fontenele: O que é cultura para você e como acha que ela interfere no dia a dia do escritório?

Brasil Salomão: Cultura seria o conjunto de conhecimentos mínimos sobre a história da humanidade e informações detalhadas sobre as conquistas mais recentes nas áreas das relações humanas, desde religião, artes, regimes políticos até lutas sociais. A interferência no dia a dia do escritório deriva, primordialmente, do conhecimento jurídico da área de atuação (o escritório é bastante departamentalizado em áreas do Direito), mas, com conhecimento holístico sobre o DIREITO COMO UM TODO. A cultura humanística é importante para o relacionamento interno e com o mundo externo de clientes, poder político e Poder Judiciário.

IPF: Você considera que em seu escritório exista uma cultura forte? Por quê?

BS: Existe uma busca, constante, para se ter uma cultura forte. Isso se inicia nos processos seletivos de ingresso de novos advogados, estagiários e colaboradores. Depois, semanalmente, são feitas reuniões de estudos, tanto com matérias jurídicas como com outras áreas do conhecimento humano. Chamamos de Cejur, Centro de Estudos Jurídicos. Não raro trazemos especialistas de fora da equipe para nos falar e conosco discutir e, aqui, os convidados procedem de todas as áreas do conhecimento humano.

IPF: Qual foi o momento ou período mais significante da formação da cultura no escritório? (Membros importantes do presente e do passado e o que eles fizeram pelo escritório; crise ou incidente crítico que foi identificado, o que foi feito e qual o desfecho.)

BS: O escritório completou, em março de 2019, cinquenta anos de existência na forma de sociedade civil, devidamente registrada na OAB/SP. Sem dúvida, o momento mais importante ocorreu quando deixamos de ser uma SOCIEDADE PURAMENTE FAMILIAR, com meu comando exclusivo, e com abertura para novos sócios, escolhidos entre aqueles da equipe que tinham presença cultural e de liderança forte em suas áreas de trabalho. Isso faz quinze anos. A seguir, há doze anos fizemos a governança corporativa com estruturação profissional no comando pleno do escritório. A partir de então, por influência da doutora Ana Boranga, da Simone Viana Salomão e, mais recentemente da TOTVS Juritis, o escritório tomou a forma de EMPRESA. No curso dos cinquenta anos foram abertas várias filiais e cada um de tais momentos foram, igualmente, importantes para um período – relativamente – longo de cinquenta anos, foram muitos os nomes que passaram pela nossa história. Seria incorreto eleger alguns.

IPF: No que a cultura do escritório tem ajudado e o que tem causado obstáculo para a implementação das estratégias e das necessárias mudanças?

BS: O escritório tem um DNA bem típico, que pode ser considerado sua FORMA CULTURAL mais forte: conhecimento profundo no segmento jurídico, por áreas específicas, com número grande de doutores, mestres e pós-graduados, o que acrescenta peso de qualidade junto ao universo de clientes já fidelizados e aos que nos procuram em função deste conteúdo cultural. Os obstáculos são pequenos e decorrem, sobretudo, da diversidade de pensamento dos que, hoje, comandam a equipe. De qualquer forma, mudanças constantes têm acontecido, inclusive, a mais recente, com a travessia do Atlântico e abertura de duas filiais em Portugal.

IPF: Quais são os valores, princípios e as normas que norteiam o escritório e como eles contribuem para o seu desenvolvimento?

BS: Temos um estatuto de *compliance* e um código de ética específicos do escritório. E sempre exigindo dos que adentram a empresa que conheçam tais dispositivos (a leitura é obrigatória) e no caso dos novos advogados, se cobra, igualmente, a leitura do código de ética da OAB. Significa dizer que nosso princípio básico é a ética. Temos conceitos formalizados e divulgados em todas as áreas do escritório (inclusive nas filiais) que retratam nossa MISSÃO, nossos VALORES e nossa VISÃO, em que sobressai um fato de nosso DNA: o cliente é rei! Esse caldo de conceitos e princípios têm sido a base importante no desenvolvimento do escritório, mas agora, se exigindo também conhecimento em tecnologia da informação.

IPF: De que forma o escritório tem utilizado a cultura para a implementação das mudanças? Você as considera satisfatórias?

BS: A formação cultural é mais importante para o exercício da advocacia, mas facilita a implementação de mudanças pelos conceitos de sociabilidade e gestão plural em que prevalecem decisões por maioria, sem qualquer voto qualificado. Todos, absolutamente, com o mesmo peso! Entendo que os resultados têm sido bem satisfatórios.

IV Nelson Wilians & Advogados Associados

Fundado há quase duas décadas, está presente em todas as capitais brasileiras com estrutura própria. A matriz está em São Paulo.

Entrevistado: Nelson Wilians – CEO e fundador

Ísis P. Fontenele: O que é cultura organizacional para você e como acha que ela se apresenta no dia a dia do escritório?

Nelson Wilians: Temos uma forma muito específica de atuar. Todos os nossos valores são replicados para os nossos sócios em todo o país. Criamos um modelo de negócio que deu certo. É um modelo agregador. Sempre procurei maximizar virtudes e minimizar defeitos. Passo isso para todos do NWADV. Há algumas características que estão em nosso DNA. Somos uma empresa de advocacia corporativa que presta serviço em todas as áreas do Direito, com abrangência nacional. Por isso, temos que padronizar nossa atuação, que preza por dar aos nossos clientes um tratamento personalizado, próximo, de alto valor técnico e a um custo-benefício justo. De Norte ao Sul, procuramos atender nossos clientes da mesma forma. Nossos sócios são formados dentro dessa cultura; não houve um embate, porque o escritório começou do zero. Muitos começaram aqui ou, pelo menos, se destacaram aqui. Conseguimos, assim, atuar uniformemente.

IPF: Você considera que em seu escritório exista uma cultura forte? Por quê?

NW: Sim. Há uma cultura profundamente enraizada aqui. Quando olho para a história do escritório, como ele foi formado, como são passadas as metas para nossos colaboradores, percebo que muita gente está no NWADV porque veio atrás de um sonho, de criar um escritório grande, o maior do Brasil. E eles acreditaram nesse sonho. É o poder do todo em prol do mesmo objetivo, trazendo um resultado coletivo, e, ao mesmo tempo, para cada um que está aqui. E a mola propulsora disso é a nossa cultura, nossa organização, os valores que a gente replica de forma institucional.

IPF: Qual foi o momento ou período mais significante da formação da cultura no escritório?

NW: O NWADV nasceu de um sonho, de estar em todo o país, com estruturas próprias e que pudesse prestar ao mundo corporativo um serviço ágil, qualificado e economicamente viável. Acredito que o grande salto para essa realidade aconteceu em 2008, quando peguei o edital de um grande banco e pensei: eu quero participar disso. O escritório, porém, não fazia contencioso, só tributário. Mas pensei: em cinco anos esse edital vai sair de novo e eu vou participar. Ali, projetei uma mudança de atuação. E comecei a despertar esse desejo também entre nossos colaboradores e sócios. Começamos a trabalhar para buscar novos clientes, para aprender como funciona. Então, em 2011, com filiais no Brasil todo, o NWADV passou por uma crise financeira, algo momentâneo, provocada pela crise econômica. Chamei todos os sócios do escritório e descentralizei a administração, dando autonomia às filiais para que atingissem o objetivo de tornar o escritório um especialista no direito contencioso.

Assim foi feito. Em 2015, vencemos uma grande licitação com cerca de 300 mil processos. Vencemos nos 27 Estados. Quando começamos a executar esse contrato, a lógica era concentrar o trabalho, pois é muito mais fácil e barato de gerir. No entanto, contrariando essa lógica, dividimos esse contrato por várias filiais, para que elas ganhassem corpo, estrutura e porte. Isso trouxe mais negócios e fez com que o escritório fosse reconhecido como uma referência. Com certeza, essa virada na chave foi muito significativa.

IPF: No que a cultura do escritório tem ajudado e o que tem causado obstáculo para a implementação das estratégias e das necessárias mudanças?

NW: Quando há uma sociedade onde as pessoas são completamente diferentes, a gente aglutina, se complementa. Não há um método perfeito, uma receita, um planejamento que se baste. Então, acho que esse é um ponto em que procuramos evoluir constantemente, agregando outras formas de pensar. É preciso ter uma abertura para ouvir todas as pessoas nas tomadas de decisões e fazer com que elas colaborem com os objetivos.

IPF: Quais são os valores, princípios e as normas que norteiam o escritório e como eles contribuem para o seu desenvolvimento?

NW: Quando você entra em uma agência do Banco do Brasil ou do Bradesco, a identidade visual e a filosofia de trabalho são as mesmas. Em qualquer cidade. Isso também acontece com o NWADV. A diferença é que as questões tratadas em cada filial podem ser muito diferentes. Aí é que nos diferenciamos, pois temos que dar um tratamento personalizado e, ao mesmo tempo, regional para cada caso, sempre dentro do padrão e da cultura que nos une e nos identifica. Temos uma pluralidade de ambientes. Temos a filial do Acre, por exemplo, com uma cultura regional completamente diferente da do Rio Grande do Sul ou de Minas Gerais.

Além disso, tem a gestão de pessoas. Queremos que nossos colaboradores se sintam bem, se identifiquem com os objetivos do escritório e cresçam. Para usar o slogan do Pão de Açúcar, o NWADV tem que ser lugar de gente feliz. Isso faz parte da nossa cultura. Gente feliz produz, se empenha, gosta do que faz e atua em equipe.

E aí, qual é o grande desafio? Fazer com que esses valores sejam repassados, replicado em todas as filiais, para cada um de nossos colaboradores.

IPF: De que forma o escritório implementa mudanças?

NW: Acho que o escritório precisa olhar para aquilo que o trouxe até aqui, fazer uma análise crítica do que não deu certo, do que deu certo e projetar o futuro. O mercado muda, nossos clientes mudam de posições, a tecnologia avança. E nós temos que nos adequar a isso rápida e constantemente. Uma história de sucesso é uma inspiração para continuarmos trilhando esse mesmo caminho. E, ao mesmo tempo, uma responsabilidade. Então, como fazer essas pessoas felizes aqui? É preciso refletir para avançar e entregar um trabalho de qualidade. Dessa forma, precisamos nos adaptar. É muito bacana identificar e implantar uma nova ferramenta, mas se as pessoas não se identificam com isso, não vai funcionar. A tecnologia não é autônoma, ela depende das pessoas que, por sua vez, precisam entender o porquê de apertar o botão.

V Almeida Advogados Direito Corporativo

Fundado em 2001, é um escritório *full service* com forte atuação em fusões e aquisições, restruturações e disputas societárias. Com crescimento exponencial, conta hoje com mais de 250 profissionais, advogados experientes, com espírito contemporâneo e, ao mesmo tempo, de olho no futuro da advocacia.

Entrevistados: André de Almeida, Daniela Christovão e Rodrigo Petry Terra – sócios

Ísis P. Fontenele: O que é cultura para você e como acha que ela interfere no dia a dia do escritório?

Rodrigo Petry Terra: Entendo que cultura, em um ambiente corporativo, representa o conjunto de valores e atitudes intrínsecos a uma organização e que representam a sua identidade.

No Almeida Advogados, a interferência da cultura está presente nos mais variados aspectos do dia a dia, sobretudo na forma de interagir e se comunicar com os clientes e com o mercado, no tipo de linguagem adotada, na forma de interação com os colaboradores e nas políticas e ações de recursos humanos.

IPF: Você considera que em seu escritório exista uma cultura forte? Por quê?

RPT: Sim, sem dúvida.

A união da mais fina técnica jurídica com uma comunicação simples, inteligível e jornalística é hoje umas das principais características culturais do Almeida Advogados, principalmente por estar presente nos valores da organização desde a fundação do escritório, em 2001.

Tal característica é reforçada periodicamente com o time interno (advogados, estagiários e time administrativo) por meio de treinamentos e palestras lideradas pelos sócios e pelo time de Recursos Humanos, o que, consequentemente, faz com que a cultura do escritório evolua e se fortaleça com o passar dos anos.

IPF: Qual foi o momento ou período mais significante da formação da cultura no escritório? (Membros importantes do presente e do passado e o que eles fizeram pelo escritório; crise ou incidente crítico que foi identificado, o que foi feito e qual o desfecho.)

Daniela Christovão: A fundação do escritório, há dezoito anos, por um jovem advogado com visão empreendedora é, sem dúvida, um traço marcante até hoje, constitui base fundamental na cultura do escritório. Além do empreendedorismo, ecoam desse período a atitude de estar conectado à vanguarda do mundo dos negócios dentro da mais fina técnica jurídica para melhor atender aos clientes empresariais.

À época, com menos de trinta anos, André de Almeida acreditava que seria possível atender os clientes com excelência e com uma linguagem mais simples, livre do "juridiquês". Foi com essa mentalidade que o escritório foi fundado e foi nesse contexto que a cultura do Almeida Advogados se enraizou e continua tão presente até os dias atuais. Graças a essa atitude empreendedora, o escritório é responsável hoje por ações inovadoras, como a *class action* contra a Petrobras que indenizou os acionistas da companhia nos Estados Unidos por danos causados por corrupção (Lava Jato) e muitas outras construções jurídicas de vanguarda no direito corporativo.

IPF: No que a cultura do escritório tem ajudado e o que tem causado obstáculo para a implementação das estratégias e das necessárias mudanças?

DC: No caso do Almeida Advogados, a cultura organizacional só tem ajudado quando se trata de implementar mudanças e novas estratégias. O mundo hoje está cada vez mais dinâmico, as relações interpessoais cada vez mais informatizadas e a nova geração de profissionais cada vez mais em busca de ambientes de trabalho leves e desafiadores, o que faz com que uma cultura jovial, flexível e livre das formalidades que sempre estiveram presentes do mundo jurídico auxilie na forma de entender e se adaptar a todas essas mudanças.

O Almeida Advogados, justamente por ser um escritório que tem a jovialidade em seu DNA, reflete em sua cultura – desde 2001 – valores que estão diretamente relacionados ao momento em que vivemos hoje.

IPF: Quais são os valores, princípios e as normas que norteiam o escritório e como eles contribuem para o seu desenvolvimento?

André de Almeida: A visão do Almeida Advogados é a de que o Direito se inter-relaciona com a economia e a sociedade e, por isso, uma excelente prestação de serviços jurídicos depende tanto da boa técnica quanto da capacidade do advogado de se comunicar e interagir com seus clientes.

Baseado nesta premissa, nossos principais valores são a técnica jurídica (sempre dentro dos padrões éticos que a profissão requer) aliada a uma comunicação simples e inteligível.

Acreditamos que tais valores sejam hoje um diferencial do Almeida Advogados em relação ao mercado, uma vez que os clientes sabem que encontrarão no escritório não apenas profissionais qualificados tecnicamente, mas também profissionais que se comunicam de forma simples e alinhada com a linguagem da realidade empresarial.

IPF: De que forma o escritório tem utilizado a cultura para a implementação das mudanças? Você as considera satisfatórias?

AA: O Almeida Advogados está em expansão e tem implementado uma série de mudanças como forma de disseminar e fortalecer sua cultura juntos aos colaboradores.

Um exemplo são as ações do time de Recursos Humanos (palestras, treinamentos e mentorias), estruturadas justamente como forma de disseminar e reforçar os valores do escritório para todo o time e também receber a influência, o oxigênio, das novas gerações ou contratações laterais, o que contribui para a evolução da cultura organizacional, sem perder o seu DNA. Atualmente, há, por exemplo, um programa de desenvolvimento específico para os estagiários, outro para o time técnico em geral e, ainda, outro para advogados que têm desempenhado um papel de liderança dentro do escritório.

Os resultados são, sem dúvida, bastante satisfatórios. Desde então, temos notado não apenas um maior alinhamento dos atuais colaboradores com os valores do Almeida Advogados, mas também um crescimento da reputação do escritório perante profissionais que buscam recolocação no mercado de trabalho.

VI Afonso Paciléo Advocacia Trabalhista

Referência no Direito do Trabalho há quinze anos, o escritório tem mais de cinquenta anos de tradição familiar na Justiça do Trabalho. Um dos maiores escritórios voltados para a área trabalhista no Brasil.

Entrevistado: Afonso Paciléo – sócio

Ísis P. Fontenele: O que é cultura para você e como acha que ela interfere no dia a dia do escritório?

Afonso Paciléo: A cultura é parte do que somos e vivenciamos no decorrer de nossa existência como pessoa humana e nela está o que regula nossa convivência e nossa comunicação em sociedade. No dia a dia do meu escritório implementamos a cultura de respeitarmos as diferenças, as habilidades e dificuldades de cada colaborador que aqui trabalha, pois são esses aspectos que constroem a realidade vivenciada todos os dias e dá forma às relações tornando mais simples o estabelecimento de valores, normas e direitos de cada um, tornando o escritório mais produtivo, competente e harmonioso para todos, seja cliente ou colaborador.

IPF: Você considera que em seu escritório exista uma cultura forte? Por quê?
AP: Sim. Pois cada um que aqui trabalha tem como princípio a dedicação, seriedade e profissionalismo, buscando o crescimento pessoal, profissional, bem como fazer sua parte para que tenhamos uma sociedade mais justa e igualitária.

IPF: Qual foi o momento ou período mais significante da formação da cultura no escritório? (Membros importantes do presente e do passado e o que eles fizeram pelo escritório; crise ou incidente crítico que foi identificado, o que foi feito e qual o desfecho.)
AP: Seria extremamente injusto nomear alguém aqui. Pois desde a abertura de meu escritório há doze anos tive a sorte de contar com uma equipe unida e coesa, sempre pronta a dar o seu 101%. E foi exatamente nos momentos de crises, cortes e doenças que tive certeza que fiz a escolha certa de meus funcionários. E que posso contar com cada um deles para o que precisar, fazem parte de uma força-tarefa em que cada um visa ao bom andamento do escritório e à satisfação de nossos clientes, cada um contribuindo de maneira exemplar.

IPF: No que a cultura do escritório tem ajudado e o que tem causado obstáculo para a implementação das estratégias e das necessárias mudanças?

AP: A cultura utilizada no escritório acabou criando confiança e conexões, impedindo conflitos, pois quando há a compreensão de uma emoção negativa e de como lidar com ela, evita-se o estresse, trazendo uma maior satisfação com o trabalho, o que resulta em ganhos na dinâmica do grupo, no pensamento crítico e criativo e na agilidade em resolver problemas. E são esses fatores que diminuem os obstáculos fazendo com que a implementação de estratégias e mudanças sejam bem-aceitas por todos os colaboradores.

IPF: Quais são os valores, princípios e as normas que norteiam o escritório e como eles contribuem para o seu desenvolvimento?

AP: Estar sempre na incansável busca pela justiça, para tornar a sociedade mais igualitária e humana, protegendo os direitos individuais de maneira imparcial, sem predileções ou julgamentos que denotem qualquer tipo de preconceito em virtude de credo, sexo, cor ou classe social. Ser um modelo na área do Direito do Trabalho, reconhecido por clientes e parceiros como um escritório moderno, inovador e eficiente.

Atuar em âmbito nacional, primando pela qualidade e encontrando soluções jurídicas que proporcionem resultados, de modo a exceder as expectativas de mercado.

Cuidando do Direito do Trabalhador de forma imparcial, sem predileções ou julgamentos. Acreditar que a assessoria jurídica trabalhista é a melhor solução para evitar transtornos desnecessários.

Comprometimento: compromisso dos sócios e colaboradores na prestação de serviços jurídicos de qualidade, visando conquistar e manter a confiança de clientes e parceiros.

Excelência: prestar serviços com eficiência e qualidade, superando as expectativas do mercado.

Integridade e ética: atuar de maneira íntegra e ética na condução dos negócios e na relação com colaboradores, interagindo com respeito nas relações pessoais e profissionais.

Reunir as melhores competências individuais para otimizar resultados, absorvendo grandes talentos, de modo a incentivar a qualificação continuada desses profissionais, além de investir constantemente em seu crescimento profissional.

Apreço à lei, ao trabalho, à verdade, ao ambiente que nos abriga, às pessoas que nos cercam e ao nosso patrimônio histórico de credibilidade.

E são esses os valores, princípios e as normas que norteiam o nosso escritório e que contribuíram para o seu desenvolvimento progressivo, fazendo com que hoje tenhamos o merecido reconhecimento de colegas, colaboradores e clientes.

IPF: De que forma o escritório tem utilizado a cultura para a implementação das mudanças? Você as considera satisfatórias?

AF: A forma que o escritório encontrou de utilizar a cultura para a implementação de mudanças é a de nos colocar em ação, ela é a chave para realizarmos qualquer coisa. Quando nos colocamos em movimento, o Universo trabalha para nos entregar o que tanto buscamos. Sempre agindo com transparência, respeitando, conversando, trocando ideias e ideais, entendendo que não estamos e não podemos ser sozinhos em nossas decisões, pois elas afetam várias vidas que estão interligadas à nossa. Direcionando a cada um dos integrantes da equipe o seu quinhão de responsabilidade para que as mudanças que se fizerem necessárias para o bem do grupo sejam colocadas em prática. Acredito que essa forma e visão de enxergar colaboradores, clientes e colegas é a chave para alcançarmos grandes objetivos, sem perder a harmonia das relações interpessoais e a produtividade nos negócios.

VII Reis Advogados Associados

O escritório Reis Advogados foi fundado em 1969 em Bebedouro, no interior de São Paulo. Nesses cinquenta anos, uniu gestão, tecnologia e foco em resultados. Tem como clientes as principais instituições financeiras do país, além de empresas líderes nos demais segmentos em que está presente, atendidos por quase quinhentos colaboradores.

Entrevistado: Luiz Felipe Perrone dos Reis – sócio

Ísis P. Fontenele: O que é cultura para você e como acha que ela interfere no dia a dia do escritório?

Luiz Felipe: Entendemos como cultura empresarial a soma dos fatores compartilhados pelos integrantes de nossa equipe tanto no que diz respeito às regras e aos procedimentos de execução das tarefas relacionadas ao atendimento de nossos clientes, quanto no que se refere ao relacionamento interpessoal dentro de nosso escritório.

IPF: Você considera que em seu escritório exista uma cultura forte? Por quê?

LF: Nosso escritório tem uma cultura bastante forte, que se consolidou ao longo do tempo.

IPF: Qual foi o momento ou período mais significante da formação da cultura no escritório? (Membros importantes do presente e do passado e o que eles fizeram pelo escritório; crise ou incidente crítico que foi identificado, o que foi feito e qual o desfecho.)

LF: Na verdade são muito fatores e esses tiveram origem no estilo de trabalho de meu pai, doutor Paulo Roberto Joaquim dos Reis, fundador de nosso escritório. Ele sempre demonstrou, pelo exemplo, a atenção individualizada dedicada a cada cliente e aprendemos que esse fator é fundamental para prestarmos um serviço adequado às suas necessidades específicas e proporciona-lhe satisfação. Foi agindo assim, de forma consistente e sempre transparente, que conquistou a confiança de todos e escreveu sua história de sucesso, da qual hoje temos a oportunidade de fazer parte, com a responsabilidade de dar-lhe continuidade.

IPF: No que a cultura do escritório tem ajudado para a implementação das estratégias e das necessárias mudanças?

LF: A forma de atenção ao cliente que o fundador também dedicou e continua dedicando a cada colaborador de sua equipe. Consequentemente, também conquistou a confiança interna, facilitando, portanto, as implementações necessárias.

IPF: Quais são os valores, princípios e as normas que norteiam o escritório e como eles contribuem para o seu desenvolvimento?

LF: A base ética da cultura de nossa organização está em sua essência. A minha mãe, a professora Maria Carmelita, também teve um papel fundamental, ajudou a cuidar das atividades de responsabilidade social do escritório, dando grande apoio ao fundador. Portanto, como advogados, pelos exemplos mencionados, iniciamos nossa carreira sempre pautada na ética, principalmente de respeito ao próximo, que reina em nosso escritório.

IPF: De que forma o escritório tem utilizado a cultura para a implementação das mudanças? Você as considera satisfatórias?

LF: As regras e os procedimentos hoje adotados pelo escritório derivaram dos pilares como ética e respeito ao próximo, que hoje complementam a nossa cultura empresarial, que ainda englobam outros fatores, que poderíamos classificar como culturas que se somam e integram: a busca constante pela excelência, estimulada por programas de incentivo, a promoção por mérito e o diálogo aberto e transparente. Em resumo, a valorização das pessoas que, em nossa organização, não é uma expressão retórica, mas um fato sentido por todos.

VIII Pinheiro Neto Advogados

Com mais de setenta anos de história, consolidou-se no mercado jurídico nacional e internacional em razão da qualidade e dedicação de seus advogados no relacionamento com os clientes, tendo recebido diversos prêmios e reconhecimentos por diversas instituições. Possuem uma escola de formação criada para aprimorar os conhecimentos dos advogados do escritório em todos os níveis profissionais, desde o início do plano de carreira.

Entrevistado: Alexandre Bertoldi: sócio-gestor e membro do Comitê Diretivo, eleito o gestor do ano em 2007 pela publicação Latins Lawyer

Ísis P. Fontenele: O que é cultura para você e como acha que ela interfere no dia a dia do escritório?

Alexandre Bertoldi: A cultura é a coisa mais importante, não só de um escritório, mas de qualquer outra organização. É o DNA de cada instituição. É o que determina se você vai conseguir reter ou não os melhores talentos, o que vai tornar a sua instituição mais ou menos atraente para quem trabalha nela. Eu e todos que trabalham aqui tem a satisfação de compor um escritório com uma cultura distinta e muito forte. As pessoas comentam que sentem a diferença e é isso que a gente procura mesmo! Diferença na maneira de se portar, de cumprimentar os outros, de se posicionar em uma mesa de negociação, por exemplo. No escritório, não trouxemos sócios lateralmente, todos trabalharam aqui como advogados. Mais de 90% deles começaram como estagiários. Então, faz parte da nossa cultura formar pessoas, profissionalizá-las. E o melhor é que com a prática dessa cultura, todos nós nos conhecemos muito bem. Por isso, para mim, a grande diferenciação entre as instituições é a cultura organizacional.

IPF: Por que você acredita que em seu escritório existe uma cultura forte?

AB: Eu penso que a cultura não só é forte como é bem clara. Todo mundo conhece os valores do escritório, como por exemplo a questão de que os sócios têm o compromisso de tornar a sociedade melhor do que quando ingressaram. E é possível identificar algumas características da nossa cultura em coisas simples, como por exemplo: a gente procura nunca falar ao mesmo tempo que o outro, respeitar o seu tempo, a sua posição. Além disso, tem uma total transparência em tudo o que acontece aqui dentro. Posso citar o fato de que todos os sócios sabem o quanto os demais ganham, então é tudo claro, absolutamente aberto. Se um sócio ingressou ontem no escritório, o voto dele, a posição dele tem a mesma importância que a minha, que já estou há mais de trinta anos aqui, por exemplo.

Para nós, os valores mais importantes são a ética, a lealdade, o comprometimento e a sociedade como um todo. Nós temos mais de 250 funcionários com mais de vinte anos de casa. Isso porque acreditamos no treinamento das pessoas. Todos os anos, mandamos quinze pessoas, com a ajuda do escritório, para estudar no exterior e passar um ano fora. Sempre temos de 25 a trinta pessoas fazendo treinamento, estudando, realizando um mestrado fora do país. É um investimento no conhecimento, na formação de pessoas. O Pinheiro Neto fez a opção lá atrás de formar as pessoas aqui dentro e a gente continua acreditando nisso. Só para se ter uma ideia, não existem casos, nos últimos quinze anos, de pessoas que deixaram o escritório para ir para outro escritório.

IPF: Qual foi o momento ou período mais significante da formação da cultura no escritório? (Membros importantes do presente e do passado e o que eles fizeram pelo escritório; crise ou incidente crítico que foi identificado, o que foi feito e qual o desfecho.)

AB: Foi quando o fundador, o próprio Pinheiro Neto, lá atrás, no começo dos anos 1990, teve um despertar para o fato de que ele não era eterno. Vindo de uma família de advogados, ele optou por não trabalhar com o pai e apostar em um modelo diferente. Ele foi para a Inglaterra, conheceu o modelo de trabalho de lá e resolveu implantá--lo aqui. Já de início, ele optou por não ficar com o grosso da receita do escritório, dividia tudo de uma maneira bem mais equilibrada do que acontecia naquela época. Ele passou a atender clientes estrangeiros que naquele tempo vinham com suas empresas para o país. Implantou um plano de carreira, o que era muito raro. Começou a estimular a ida de pessoas para o exterior.

Nos anos 1990, ele percebeu que não seria eterno e que o escritório poderia sofrer muito com a ausência dele. Então ele correu atrás da capacitação e profissionalização de pessoas. Ele foi nos Estados Unidos e contratou uma empresa de gestão, especializada em escritórios de advocacia, muito conhecida na época. A partir disso, fizeram um plano de institucionalização do escritório, foi criada uma política de governança, o que era inédito para os escritórios de advocacia.

Então, tudo passou a se desenvolver a partir disso e foi sendo aprimorado, como democratização do capital, mecanismos de distribuição de lucros, práticas mais transparentes, regras para admissão de novos sócios. E ainda com o Pinheiro Neto presente, passamos por um momento de institucionalizar valores e princípios que ainda norteiam o escritório e garantem sua perenidade.

Esse momento de institucionalizar o escritório foi importante, pois foi possível despersonificar, migrar a instituição da figura forte do Pinheiro Neto para um outro conjunto de pessoas. A partir daí o escritório passa a ser mais importante do que qualquer outra pessoa, independentemente de quem esteja nele.

IPF: No que a cultura do escritório tem ajudado e o que tem causado obstáculo para a implementação das estratégias e das necessárias mudanças?

AB: A cultura contribui muito nas decisões do dia a dia, ajuda em uma participação mais colaborativa de todos os sócios, o que faz com que tudo seja decidido e discutido em conjunto, de forma eficaz, sem a necessidade de retornar aos assuntos com a justificativa de que alguém não foi consultado. Uma vez decidido, é implementado o certo. Então é importante ter essa cultura de busca de consenso entre os sócios. Em relação aos obstáculos, às vezes os processos podem perder um pouco a agilidade, mas a gente acredita que compensa. Uma vez decidido, todos trabalham remando para o mesmo lado. E há discussões exaustivas sobre tudo. Existe o comitê, depois uma assembleia, onde trocamos ideias e realizamos votações. É trabalhoso praticar a escuta ativa, ouvir a opinião de todos, mas até hoje tem valido a pena.

IPF: Quais são os valores, princípios e as normas que norteiam o escritório e como eles contribuem para o seu desenvolvimento?

AB: A ética está acima de tudo. Nós temos um crivo muito criterioso para clientes e, graças a essa cultura que abarca nossos valores, nunca tivemos nenhum problema envolvendo questionamentos sobre a ética do escritório, especialmente nessas últimas crises não perdemos nenhum cliente. Pelo contrário, nós ganhamos mais, pois não trabalhávamos com empresas envolvidas na Lava Jato, por exemplo. Já deixamos de atender a clientes grandes por considerar nossos valores éticos.

Além disso, o escritório se desenvolve muito com a prática dos nossos valores, principalmente porque acreditamos na formação e no treinamento das pessoas. Isso ajuda a não tolerar mentiras, a praticar o respeito entre colegas de trabalho e a compreender que a soma do trabalho de todos é muito maior que cada um individualmente. Isso mexe com a vaidade e a independência de um advogado, por isso, a pessoa que deseja se tornar sócio aqui precisa entender que no escritório se preza pela colaboração e respeito a todos igualmente. Eu não sou o Alexandre Bertoldi, eu sou o

Alexandre Bertoldi do Pinheiro Neto, é como se fosse uma extensão do seu nome, pois o escritório está acima, em qualquer momento.

IPF: De que forma o escritório tem utilizado a cultura para a implementação das mudanças? Você as considera satisfatórias?

AB: Falar dos princípios e dos valores e, na prática, não colocar em uso faz com que tudo fique no discurso. Você perde a credibilidade. Mas, do contrário, quando todos vivenciam aquilo que é pregado, tudo se torna mais concreto. E a nossa cultura proporciona isso, contribui para a credibilidade de qualquer coisa que será realizada aqui. É quando, por exemplo, anunciamos alguma mudança no escritório e apontamos os benefícios que todos terão com as alterações internas. As pessoas não desconfiam, não acham que exista algum motivo não declarado, elas acreditam porque realmente as vantagens vêm e porque o escritório tem credibilidade para apresentar mudanças, benefícios, dentre outras coisas.

Então, a cultura ajuda a implementar toda e qualquer mudança necessária, ou ainda justificar certas coisas que não são feitas. Quando a cultura se torna concreta e é percebida como algo verdadeiro, da instituição, ela ajuda você a ter credibilidade para tudo, para fazer ou deixar de fazer qualquer coisa, seguindo os valores e princípios do escritório.

Outra questão é essa busca pelo consenso, a escuta ativa, a discussão eficaz e prévia que contribui para a adoção de mudanças. A cultura do nosso escritório incentiva os funcionários a serem participativos, a terem voz e isso faz toda a diferença. Costumo dizer que não é essa mesa, não é esse telefone, computadores, nada de material que importa para nós, o nosso maior capital são as pessoas que estão aqui, são elas que têm o maior valor, porque fazem tudo acontecer. O que é fundamental é ter um time que acredite na instituição, é o que faz a diferença.

Os "profetas do apocalipse" dizem que é impossível trabalhar com a geração *millennials*, que ela não aceita esse tipo de trabalho, que o modelo do escritório de advocacia está fadado ao fracasso. Enfim, tudo isso tem um pouco de verdade e eu acho que nós temos de adaptar a nossa cultura para atender a algumas demandas, mas, honestamente, não vejo a necessidade de uma mudança substancial, radical, por enquanto. Talvez fique difícil, futuramente, encontrar pessoas que queiram trabalhar dez, onze horas por dia, ter um plano de carreira mais longo, mas também acredito que sempre terá pessoas e pessoas. Alguns querem algo mais estruturado, outros querem mais liberdade, então acho que a nossa cultura está fundamentalmente certa, porque ela é calcada em princípios. Mas eu vejo adaptações constantes, são ajustes. Se estivermos errados, aí estaremos muito errados e tudo acaba. Mas se o Pinheiro Neto sofrer mudanças radicais, corre o risco de perder a essência, corre o risco de deixar de ser o escritório que é.

> Contato com a autora
> ipfontenele@editoraevora.com.br

Este livro foi impresso pela BMF Gráfica em papel *Offset* 75 g.